JN006101

フィジカル
インターネットの
実現に向けて

The Physical Internet

産官学と欧米の
有識者の熱い思い

編・荒木 勉

まえがき

　人類が地球上で生活を始めたときから狩りで得た獲物を住居まで運び、保管し、ときには他人のものと物々交換するために木の葉で包み、持ち歩いたといわれている。人間が生きていくための当然の活動として運搬、保管、荷役などの活動をしてきた。その後、運搬するために馬や牛、象、らくだなどの動物を使うことを覚え、人間自身で思うように運ぶ道具として一輪車や荷車を使うようになった。さらに、重いものをより遠くまで運ぶための道具として船や自動車、航空機の発明が行われてきた。産業革命のときに蒸気機関が発明され、一度に多くの人間や荷物を輸送することが可能になり、地球規模の交流が盛んになった。

　我が国には「そば屋の出前」という言葉があるように、古くから近距離の配達という活動は存在していた。長距離輸送は船に頼っていて、明治維新以降、鉄道が敷かれ、自動車が普及してくると人々は遠くに移動することが多くなり、それにつれて荷物の運搬も盛んになった。戦後、全国に工業団地ができると材料や部品の運搬から製品を消費地に運搬することが必要となり、ものの移動を円滑に実施することが求められてきた。その頃にアメリカから「Physical Distribution」という言葉を倣い、物的流通と訳し、「物流」と短縮して使われるようになった。

　郵便小包や国鉄の鉄道小荷物チッキによって個人の荷物を全国に送ることはできていたが、荷扱いや所要時間に問題があり、利用者は限られていた。1976年に宅急便が生まれ、翌日または翌々日には全国津々浦々まで届けられるようになった。当初は、クロネコの宅急便以外に飛脚宅配便、ペリカン便、カンガルー便、パンサー宅配便、ダックス

フント、こぐまなど動物戦争といわれたほど運送業の各社が宅配便に参入したが、設備の稼働率やドライバー不足などの問題が出たところは撤退することになった。現在は、宅配便の年間約50億個を宅急便、飛脚宅配便、ゆうパックの3社で約95％を取り扱っている。

インターネットは1990年ごろから全国に広がり、通信スピードが3Gから4G、5Gとどんどん速くなっており、さまざまな機能を持ったスマートフォンが普及し、ネット通販で商品を購入する人が多くなり、宅配便での配送と組み合わさり、消費者の生活の一部となった。消費者が豊かな社会生活を送るためには、宅配便を中心に物流という仕事はなくてはならないものになっている。

2011年3月の東日本大震災では、地震と津波で橋やトンネルなどが倒壊して道路や鉄道はいたるところで寸断されてしまった。太平洋側の輸送ルートは使えず、日本海側の道路や鉄道から山越えで被災地に食品や日用雑貨が届けられた。その後の九州や中国地方での洪水や地滑りでも道路や鉄道が倒壊してサプライチェーンが寸断した。輸送業者各社と自衛隊が共同して救援物資の輸送にあたった。災害に見舞われるたびに物流の大切さが人々の話題に上がっている。

2020年初頭から新型コロナウイルス感染症がパンデミックとなり、不要不急の外出が自粛されるようになった。このCOVID-19によって、多くのビジネスパーソンは在宅勤務となり、学校の授業はオンラインで実施されるようになった。感染防止のために非対面、非接触が進められて、キャッシュレスや置き配などが急速に普及し、人々の新しい生活習慣が形成され、ニューノーマルになりつつある。

世界のさまざまな業種の工場従業員が新型コロナに感染し、生産停止や減産となった。自然災害とは違ったことが原因で生産財を中心としたサプライチェーンが世界各地で寸断された。ロシアのウクライナ侵攻の影響でガソリン価格が高騰し、物流費にも影響が出てきている。

消費財といわれる最終製品を工場から小売店を通して消費者に届け

る物流については比較的知られている。しかし、原材料や部品、中間製品などの生産財の物流についてはあまり知られていない。この部分にも小口化や人手不足などの影響があり、積載率は下がり、生産性の低下、価格高騰など大混乱しているのが実態である。

工場を消費地に近いところに立地すると、消費財の物流は短くなるが生産財の物流は長くなる。大型トラックが消費地に頻繁に入り込むことになる。工場を地方に立地すると生産財の物流は効率的になるが、消費財の物流が長くなり、中間在庫が多くなってしまう。このトレードオフの関係をどのように解決するかが大きなテーマである。

物流が人々の生活に重要であることが認識されているにもかかわらず、ものが届かなかったり、遅れたりすることが毎日のように各地で発生し、人々の期待を裏切るようなことになっているのも事実である。

このように、フィジカルインターネット（Physical Internet：PI：π）による物流の改革が期待される状況になっている。2019年からこのテーマに取り組んでいるが、最初から「究極のオープンな共同物流」と言っていた。大学の授業では、インターネットの仕組みやそれを利用した情報の中身について解説していた。そのインターネットの考え方を物流に当てはめると、誰でも、自由に、送りたいものを預ければ、目的地に確実に送られるべきであり、これから構築する物流システムは、開かれたシステムであるべきと考えたからである。

2021年10月から経済産業省商務・サービスグループ消費流通政策課物流企画室と国土交通省総合政策局物流政策課が「フィジカルインターネット実現会議」を立ち上げ、2022年3月にロードマップを作成した。その中での議論でフィジカルインターネットを国が構築すると誤解する声が聞こえてきた。今更、郵便局のような組織を国がつくることはない。フィジカルインターネットは、民間主導で構築すべきシステムである。

2022年6月に「一般社団法人フィジカルインターネットセンター」を

設立した。フィジカルインターネットに必要なハードウエアやソフトウエアの標準化や料金基準などについてステークホルダーと議論し、フィジカルインターネットの本質を理解した人材を育成することを目的にしている。欧米との強いパイプを維持してグローバルロジスティクスを実現させたいと思っている。

スマートフォンのキャリアにはNTTドコモ、au、Softbank、Rakutenモバイルがあり、それぞれが特徴あるサービスを提供している。空港に行けばJAL、ANAがサービス競争をしている。車を購入しようとすればTOYOTA、NISSAN、HONDAが特徴ある車種をそろえている。といったように、フィジカルインターネットも複数のグループや系列のような競争相手が存在することが必要である。便利で、正確で、速くて、安価で、使いやすいフィジカルインターネットでなければならない。そのためには、競争の原理が入っていることが望ましい。複数のフィジカルインターネットが立ち上がることを期待している。異なるフィジカルインターネットの相互乗り入れを可能とするためには標準化が重要である。新しく立ち上げるフィジカルインターネットセンターは、競争と協調の調整役を務めることを目指している。

フィジカルインターネットに対してさまざまな考え方や期待、思いを持ち、取り組みをしている我が国の産官学と欧米の有識者17名に論文を書いていただき、ひとつの書籍にまとめたいと企画した。共通のテーマは「フィジカルインターネットの実現に向けて」であり、内容については自由に執筆していただいた。

17名からは企画・構想した通りの多種多様の内容の論文を提供していただいた。官では、国土交通省、経済産業省、農林水産省のそれぞれの担当における物流政策に関する寄稿があり、大学教授やシンクタンクの著者からはたいへんユニークな考え方、提案、関連知識、熱い思いなどの寄稿があり、民間企業からは共同物流のさまざまな取り組み事例を寄稿していただき、ヨーロッパやアメリカでのフィジカルイ

ンターネットの取り組み状況に関する寄稿をしていただいた。国内外の有識者17名の論文を読み終えると、さまざまなフィジカルインターネットの青写真やシステムが思い浮かぶが、そのひとつでもふたつでも実現することを願っている。

　読者もフィジカルインターネットという言葉から物流の新しい仕組みを連想していることと思います。この書籍が、これから新しい物流システムを構築していくための参考になるものと確信しています。

　2022年6月23日
　荒木　勉
　上智大学　名誉教授　一般社団法人ヤマトグループ総合研究所　専務理事

目 次 Contents

物流の標準化と効率化

髙田公生 国土交通省総合政策局物流政策課長（執筆時）

髙田公生
（たかた きみお）

海上保安庁第四管区海上保安本部次長（執筆時は国土交通省総合政策局物流政策課長）。1996年4月運輸省入省。これまで、自動車交通局（貨物課、安全政策課等課長補佐）、総合政策局（政策課企画専門官）、海事局および港湾局（企画官）、内閣官房（内閣参事官等）等で勤務。2021年7月から2022年3月まで国土交通省総合政策局物流政策課長。

はじめに

　みなさんは「物流」という言葉を聞いてどのようなことを連想される
だろうか。

　高速道路を走行する大型トラック、港、駅や空港で集積されている
コンテナ、幹線道路沿いに立ち並ぶ大型物流施設や量販店、近年成長
を遂げているEC（Electronic Commerce）、新型コロナウイルス感染症
の中で荷物を届ける宅配やフードデリバリーサービス、等々。

　日常生活に欠かせない物流は、さまざまな方々によって担われてい
る。製造業者、卸売業者、運送事業者、倉庫業者、小売業者等々。（【図
1】）こうした我が国の社会インフラとしての物流を持続可能なものと
するためには、時代に応じた取り組みが必要である。以下では、今後、
運送事業者や倉庫業者といった物流事業者のみならず、製造業者、卸
売業者、小売業者等にとっても重要な取り組みとなる物流標準化や物
流効率化の課題を中心に、最近の取り組みを紹介する。

図1 ● 物流とは～物流を構成する基本的活動～

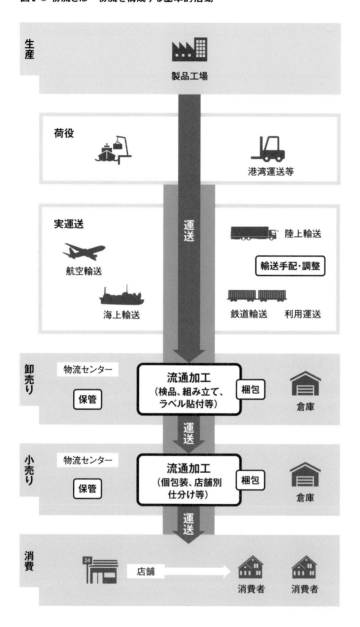

2 総合物流施策大綱
（2021年度〜2025年度）

　人口減少下において、昨今、多くの業界で事業の維持や発展のための人手不足が唱えられている。物流を取り巻く環境においても同様だ。また、小口多頻度化の傾向、地球温暖化対策、災害時における安定した物資供給等といった、物流を巡るさまざまな課題がある。こうした課題に対処し、我が国の経済の持続的な成長と安定的な国民生活の維持のためには、物流の担い手たるさまざまな事業者や国（政府）だけではなく、直接物の運送や保管に関与しない民間企業、地方公共団体、有識者等のさまざまな方々が知恵を結集させ、物流を進化させることが重要になってくる。

　我が国の物流施策の方向性を示すものとして、総合物流施策大綱という閣議決定文書が存在し、1997年から原則5年ごとに策定している。最近では、2021年6月15日に、「総合物流施策大綱（2021〜2025年度）」（以下「大綱」と称する）として向こう5年間の取り組むべき施策をまとめた。

　大綱の策定に当たっては、2020年7月から12月にかけて、有識者から構成される「2020年代の総合物流施策大綱に関する検討会」（座長：根本敏則　敬愛大学教授）の場において議論がなされた。[1] 同検討会では、
○EC市場の規模が拡大する一方、物流現場では働き手不足が加速しており、荷主や物流事業者等サプライチェーン全体での解決が必要な課題が顕在化している
○日本は欧米と比較して物流分野のDXは後れを取っているが、新型コロナウイルス感染症の流行や人手不足等を背景に、今後はDXを

図2 ● 総合物流施策大綱（2021年度〜2025年度）概要

これまで進捗してこなかった、
物流のデジタル化や構造改革を加速度的に促進させる好機

新型コロナ流行による社会の劇的な変化もあいまって、
我が国の物流が直面する課題は先鋭化・鮮明化

❶物流DXや物流標準化の推進によるサプライチェーン全体の徹底した最適化（簡素で滑らかな物流）

(1)物流デジタル化の強力な推進
(2)労働力不足や非接触・非対面型の物流に資する自動化・機械化の取組の推進（倉庫等の物流施設へのロボット等の導入支援等）
(3)物流標準化の取組の加速
(4)物流・商流データ基盤等
(5)高度物流人材の育成・確保

❸強靱で持続可能な物流ネットワークの構築（強くてしなやかな物流）

(1)感染症や大規模災害等有事においても機能する、強靱で持続可能な物流ネットワークの構築
(2)我が国産業の国際競争力や持続可能な成長に資する物流ネットワークの構築
(3)地球環境の持続可能性を確保するための物流ネットワークの構築（カーボンニュートラルの実現等）

❷労働力不足対策と物流構造改革の推進（担い手にやさしい物流）

(1)トラックドライバーの時間外労働の上限規制を順守するために必要な労働環境の整備
(2)内航海運の安定的輸送の確保に向けた取組の推進
(3)労働生産性の改善に向けた革新的な取組の推進
(4)農林水産物・食品等の流通合理化
(5)過疎地域におけるラストワンマイル配送の持続可能性の確保
(6)新たな労働力の確保に向けた対策
(7)物流に関する広報の強化

通じた省力化・標準化を通じ、物流の装置産業化・投資産業化が進んでいくだろう

○日本でDXが遅れた要因としては顧客都合への対応力の高さや、誤出荷等の最小化・生産性の最大化が求められる風土が挙げられるが、良い面は残しつつ、改めるべきは改めていくことも必要ではないか

○人手不足やマーケットの変化といった環境変化に対応するためには、効率的なインフラ構築を通じた拠点や機能の集約や、同業他社や他業種とのアライアンスを通じたリソースの有効活用等が必要となる等のさまざまな意見が出た。

　検討会での議論を踏まえ、大綱では、

①物流DXや物流標準化の推進によるサプライチェーン全体の徹底した最適化（簡素で滑らかな物流）

②労働力不足対策と物流構造改革の推進（担い手にやさしい物流）

③強靱（じん）で持続可能な物流ネットワークの構築（強くてしなやかな物流）

の3本柱を掲げ、この柱の下にさまざまな施策を進めることとした。（【図2】）

　また、大綱で掲げた施策を推進していくために、

○各施策の進捗を客観的に管理・検証すべく、大綱の代表的な指標（KPI：Key Performance Indicator）をはじめ可能な限り定量的な数値を把握する

○有識者や関係事業者等を交えた政策評価の場を設け、定期的に開催し、施策の進捗管理や検証を行う

などとした。[2]

3 物流DXと物流標準化

　2で触れたとおり、物流を取り巻くさまざまな課題が挙げられている。一方、これまで、物流分野においては、事業者からの個別の求めに応じて、それぞれ必要とする品目、荷姿等の情報量や形式に関し、多くの取引において紙やファクスでの書面や電話等を使用して手続きが行われている。また、長時間の荷待ちや契約にない付帯作業が重なり、長時間労働となるトラックドライバー[34]が見られる。さらに、物流事業者の効率化努力を難しくする、あるいは、こうした努力が反映されない業務プロセス（商慣行）が以前から存在してきた。これらの課題を解決し、物流分野の生産性の向上が不可欠となっている。

　このための解決策としての大きな方向性として、物流に携わる方々において省力化を進め、そのための機械化やデジタル化を通じて、複雑や非定型である業務の簡素化・単純化を図り、多くの労働力を確保しやすい物流を目指すことが重要である。我が国としては、こうした既存の運用を改善し、働き方の改革につなげることにより、経験やスキルの有無だけには頼らない、ムリ・ムラ・ムダが無く円滑に流れる物流、すなわち「簡素で滑らかな物流」の実現を目指すこととした。このためのさまざまな施策を推進することで、荷主等の提示する条件に従うだけの非効率な物流を改善し、物流システムを規格化し、収益力や競争力を向上させ、物流産業のビジネスモデルそのものを革新させる「物流DX」を、我が国として目指すこととしている。

　具体的には、
○手続き書面の電子化

○ピッキングやパレタイズを自動で行うロボットや、無人搬送車
（AGV[5]）の活用等、倉庫等の物流施設における自動化・機械化の取
り組みの推進

○物流や商流のデータ基盤の構築

等の諸施策を官民挙げて推進していくこととしている。これらの施
策を通じて、我が国においてサプライチェーン全体の最適化を見据え
たデジタル化、自動化・機械化とそれを通じた物流DXの実現を目指し
ていく。大綱の期間が終了する2025年度までに、物流業務の自動化・
機械化やデジタル化により、70％の物流事業者が物流DXを実現して
いることを目指していくこととする。

　物流の生産性を向上させ、物流DXを実現するためには、荷主・物流
事業者等の関係者が円滑に連携・協働しなければならない。そのため
には、デザイン・フォー・ロジスティクス（DFL）の観点も踏まえて、物
流DXを推進するために必要なシステム（ソフト面）や資機材（ハード
面）が、多くの人にとって簡単に使いやすくなるよう標準化が図られ
ていることが重要になってくる。

　物流分野における標準化の推進に必要な項目として、主に以下の4つ
が挙げられ、現状では、それぞれ標準化がなされていないことによる
非効率性が問題となっている。

①伝票の標準化

荷主等の事業者ごとに伝票がバラバラであり、記載項目も異なるた
め、荷積み、荷下ろし時において非効率

②受け渡しデータの標準化

物流事業者と着荷主の間などで商品データが標準化された仕様で共
有されていないことから、納品時の賞味期限確認等の検品において
非効率

③外装の標準化

さまざまな商品サイズ・形状により、パレット等への積載効率が低

下するなど非効率

④ パレットの標準化

さまざまなパレットサイズにより、積み替え作業の発生や積載効率が低下するなど非効率

図3 ● 物流における標準化

4 物流標準化に向けた取り組み

　3で述べた標準化を進め、ユニットロード化を推進することは、川上から川下までシームレスで効率的な輸配送が実現できるとともに、荷役に係る作業の省力化やさらなる共同化の促進にも資することから、物流の生産性向上・効率化のために必要である。

　物流標準化については、以前からその必要性がさまざまな関係者の間で指摘されてきた。ただ、具体的な推進策を議論する段階に入ると、従前の各事業者で進めてきた規格との整合性、事業を推進させるための設備投資と比較して標準化のメリットを見いだせないなどの理由から、部分最適にとどまり、物流分野における全体最適にまでは至らなかった。しかしながら、2で掲げた人手不足や小口多頻度化等の物流を巡る諸課題を解決するためには、サプライチェーン全体における標準化に向かって取り組まなければならない。

　こうした中で、物流標準化に向けて、昨今、官民挙げて具体的な施策を展開してきている。

(1) 加工食品分野における物流標準化アクションプラン

　加工食品分野[6]においては、30分以上の荷待ちの発生件数が輸送品目別にみると一番多いという過去の調査が存在する[7]とともに、商品名や賞味期限等の外装表示が各社の商品ごとに設計、印字されており統一されていないなどの問題が物流事業者の間で指摘されていた。

　こうした問題を解決するために、2020年3月に国土交通省が事務局となって、荷主、物流事業者、学識者、関係省庁が集まって議論し、「加工食品分野における物流標準化アクションプラン」を策定した。

このアクションプランでは、具体的には以下の標準化の例を掲げ、推進していくこととしている。[8]

①納品伝票の標準化

・標準納品伝票は、A4判上下の1枚伝票とし、また、賞味期限やQRコード等を記載することにより、検品の負荷の軽減を図る、等

②外装表示の標準化

・表示内容として、商品特定表示（商品識別情報、伝票表記、入り数）、鮮度表示等印字スペースの確保（キャンペーン品、特別品の区別のマーク等、賞味期限）、GS1[9]バーコード等の表示、ケアマークの付与、個別アイテム識別表示を行う

・表示位置として、自動化や簡素化に対応可能な外装表示とし、目視での対応も念頭に検品に必要な項目を右側に配置する、等

③パレット・外装サイズの標準化

・パレットについては、加工食品分野において、国際規格に準じているT11型パレット（1100mm×1100mm）および12型パレット（1200mm×1000mm）が主流となっており、引き続きこの2つの規格を基本とする

・外装サイズについては、T11型パレットを利用する場合は、底面を275mm×220mmを基本として、12型パレットを利用する場合には300mm×200mmを基本として、その半分や倍数のサイズとして設計するのが最も効率的である。また、高さについては210mmを基本とする

④コード体系・物流用語の標準化

・業界内だけの独自のコード体系・物流用語の標準フォーマットを決定するのではなく、戦略的イノベーション創造プログラム（SIP）「スマート物流サービス」（後掲(3)）にて決定された標準化項目に準拠していることが望ましい

加工食品分野において、外装サイズについてはガイドラインを定め

る[10]などして、これらの標準化を着実に進めるために取り組みを重ねているとともに、他の分野においても、加工食品分野の取り組みを参考にして検討を進めているところだ。

(2) 官民物流標準化懇談会の開催

(1)で述べた個別分野の標準化は、自動機械等に対応し、我が国の物流全体の中でも通用することを意識しながら進めている。この取り組みに加え、大綱において、

・物流に関わる全てのステークホルダーが、各種要素の非統一に起因して発生する物流現場の負担を明確に意識し、その改善に向け、ユニットロードやEDI（電子データ交換）の仕様などをはじめとして、モノ・データ・輸配送条件を含む業務プロセスの標準化に取り組むことが必要である

・物流標準化を真に効率的で持続可能な物流への転換のための社会全体の課題として捉え、その必要性を一般消費者含め広く、強く発信していく

こととしている。このため、官民挙げての物流の標準化を集中的かつ強力に進めていく観点から、国土交通省、経済産業省、農林水産省、一般社団法人日本物流団体連合会および公益社団法人日本ロジスティクスシステム協会が共同して、大綱を定めた直後の2021年6月17日に、時機を逸せず、物流標準化の現状と今後の対応の方向性について関係者が集まり議論・検討することを目的として、「官民物流標準化懇談会」を設置した。

現在、標準化について具体的に問題の声が大きいパレットについて、同年9月に先行的に分科会を設置し、具体策について検討を進めている。

(3) 物流・商流データ基盤の構築

物流の効率化のためには、ハードの標準化や業務プロセス・商慣習の改革と並行して、いわばソフトの標準化としてのデータの連携を実現させる必要がある。このため、戦略的イノベーション創造プログラ

ム（SIP）の1つのテーマとして、「スマート物流サービス」プロジェクト[11]と称して、サプライチェーン全体の生産性を飛躍的に向上させ、世界に伍（ご）していくため、生産、流通、販売、消費までに取り扱われるデータを一気通貫で利活用し、最適化された生産・物流システムを構築するとともに、社会実装することとしている。

　このプロジェクトでは、データ基盤の開発を進めるとともに、データ基盤の社会実装のために、プロセスやデータ基盤の標準化を示すためのガイドラインの構築、データ基盤を活用したビジネスモデルを構築するための地域物流等での社会実装に向けた準備、省力化・自動化に資する自動データ収集技術の確立について研究開発を進めている。

5 物流効率化に向けた取り組み

　物流生産性を向上させるためには、物流DXや物流標準化に加え、効率化を推進していく必要がある。営業用貨物自動車の積載率が40%未満に落ち込んでおり[12]、これを向上させるとともに、物流の効率を高めるためにさまざまな対策に取り組んでいる。

(1) 流通業務の総合化及び効率化の促進に関する法律

　2で述べた物流を取り巻く環境に対処するとともに、我が国の産業の国際競争力強化、消費者の需要の高度化および多様化にも対応するため、2005年に流通業務の総合化及び効率化の促進に関する法律が制定された。

　同法では、2以上の者が連携して、

①輸送、保管、荷さばきおよび流通加工を一体的に行うことによる流通業務の総合化

　を図るとともに、

②輸送網の集約、効率性の高い輸送手段の選択、配送の共同化その他の輸送の合理化を行うことによる流通業務の効率化

　を図る事業（流通業務総合効率化事業という）を行う場合において、その実施に必要な関係法律の規定による許可等の特例や、必要な施設や整備等への支援、中小企業者が行う場合における資金の調達の円滑化等が行えることとしている。

(2) 共同輸配送や輸送リソースの共同利用の推進

　物流効率化を推進するために、行き先が同方面や途中にある同業種や業種を超えた荷物を同じトラック等で積み合わせて、同じ輸送機関

図4 ● 物流総合効率化法（流通業務の総合化及び効率化の促進に関する法律）の概要

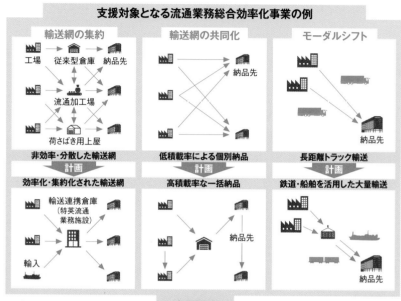

支援対象となる流通業務総合効率化事業の例

輸送網の集約

工場　従来型倉庫　納品先

流通加工場

荷さばき用上屋

非効率・分散した輸送網

【計画】

効率化・集約化された輸送網

輸送連携倉庫
（特英流通
業務施設）

輸入

輸送網の共同化

納品先

低積載率による個別納品

【計画】

高積載率な一括納品

納品先

モーダルシフト

納品先

長距離トラック輸送

【計画】

鉄道・船舶を活用した大量輸送

納品先

大臣認定

支援措置

①事業の立ち上げ・実施の促進
・計画策定経費・運行経費の補助
・事業開始に当たっての、倉庫業、貨物自動車運送事業等の許可等のみなし

②必要な施設・設備等への支援
・輸送連携型倉庫への税制特例
　→法人税：割り増し償却（5年間）　→固定資産税：課税標準1/2（5年間）等
・旅客鉄道を活用した貨物輸送への　税制特例（貨物用車両・搬送装置）
　→固定資産税：課税標準2/3（5年間）等
・施設の立地規制に関する配慮
　→市街化調整区域の開発許可に係る配慮

③金融支援
・信用保険制度の限度額の拡充
・長期低利子貸付制度
・長期無利子貸付制度（主に中小企業向け）等

でより多くの荷物の積載を可能とする共同輸配送の重要性がさらに高まってきている。また、空車回送を削減するため、帰り荷を確保したり、複数のドライバーが輸送行程を分担する中継輸送を行ったりするなどして、往路と復路で同業種あるいは異なる業種の荷物を同じ輸送機関で運び合う輸送リソースの共同利用が行われ、さまざまな現場の工夫が近年見られる。

　また、こうした共同輸配送を推進するために、必要なパレット等の輸送容器の活用や、積載情報等の物流データの共有、荷物と車両のマッチングの効率化等の技術開発が現在民間企業において展開されている。

　今後とも、物流生産性の向上や環境負荷の低減等の観点から、政府としても共同利用に向けた支援を行っていく必要があると考えている。[13]

(3) 貨客混載の動き

　物流の効率化の取り組みとして、特に地方部において、時間短縮やラストワンマイル配送等の輸送目的も同時に達成するため、バス、タクシーや鉄道の車両の一部を利用して荷物を搬送する貨客混載の動きが見られる。また、地方部に限らず、近年では、地方部と都市部、さらには都市間輸送を利用した貨客混載の動きが広まりつつある。物流の効率化および旅客輸送網の維持という双方の目的を達成するため、地域の交通機関の輸送力の確保や経営状況、貨物自動車運送事業の供給力等の状況を踏まえながら、適切に展開し、国としても支援を行っていくこととしている。

6 おわりに

　物流の担い手不足や小口多頻度化という近年の物流を取り巻く環境の変化に加え、継続する新型コロナウイルス感染症への対応や度重なる自然災害にも対処するため、物流の現場においてはさまざまな知恵を働かせて、円滑にモノを届けることの重要性がこれまで以上に人々に認識されている。こうした持続可能な物流の確保の重要性について、この本を手に取った読者の方々にご理解いただければ幸いである。

　また、持続可能な物流を展開し続けるために、物流生産性を向上させ、そのための物流DX、そのために必要な物流標準化、さらには物流効率化に向けた官民協働による取り組みを地道に積み重ねていくことが不可欠であり、それが、この本のテーマである「フィジカルインターネット」につながるものと考えている。

参考文献

1. 2020年代の総合物流施策大綱に関する検討会については以下のURLを参照。
   https://www.mlit.go.jp/seisakutokatsu/freight/seisakutokatsu_freight_tk1_000180.html

2. 大綱本文については以下のURLを参照。
   https://www.mlit.go.jp/seisakutokatsu/freight/content/001409564.pdf

3. 1運行当たりの拘束時間は、荷待ち時間ありと回答したトラック運転者では1時間45分に上り、運転時間や荷役時間等を加えた平均拘束時間が13時間27分となっている。

（国土交通省、厚生労働省「トラック輸送状況の実態調査」（平成27年）

4. 2020年の全産業の平均労働時間が2,100時間であるのに対し、大型トラック運転者は2,532時間、中小型トラック運転者は2,484時間と長く、この傾向が近年続いている。（厚生労働省「賃金構造基本統計調査」）

5. Automated Guided Vehicleの略。

6. 「加工食品分野」とは、調味料、レトルト食品、インスタント食品等を対象とし、酒類・飲料等は対象としていない。

7. 第11回トラック輸送における取引環境・労働時間改善中央協議会（2019年10月9日）資料1参照。

8. アクションプラン本文については以下のURLを参照。
https://www.mlit.go.jp/seisakutokatsu/freight/seisakutokatsu_freight_fr1_000033.html

9. 流通コードの管理および流通標準に関する国際機関。本部はブリュッセル。世界110以上の国・地域が加盟。

10. 2021年4月15日策定。以下のURLを参照。
https://www.jpi.or.jp/info/data/guideline20210415.pdf

11. 内閣府に設置されている「総合科学技術・イノベーション会議」の下に置かれるプログラムディレクター（PD）が、関係府省と連携して、基礎研究から事業化まで一気通貫の研究開発を推進するもの。「スマート物流サービス」は2018年度〜2022年度の第2期における12のプロジェクトの1つ。

12. 積載率＝輸送トンキロ／能力トンキロ。国土交通省「自動車輸送統計年報」によると、2016年度以降営業用貨物自動車の積載率が40％を下回っている。2020年度の積載率は38.2％。

13. 共同輸配送等の取り組み事例に関連して、2006年度から「グリーン物流パートナーシップ優良事業者表彰」を実施（国土交通大臣表彰、経済産業大臣表彰等）。これまでの表彰事例（共同輸配送や輸送リソースの共同利用の取り組み事例）は以下のURLを参照。 https://www.greenpartnership.jp/

我が国がフィジカルインターネットを実現すべき切実な理由

中野剛志 経済産業省商務・サービスグループ 消費・流通政策課長兼物流企画室長

中野剛志

（なかの　たけし）

経済産業省商務・サービスグ
ループ 消費・流通政策課長兼
物流企画室長。1996年東京
大学教養学部教養学科第三
（国際関係論）卒業後、通商
産業省（現・経済産業省）入
省。2001年エディンバラ大学
から優等修士号（政治理論）、
2005年同大学から博士号
（政治理論）取得。特許庁制
度審議室長、情報技術利用
促進課長、ものづくり政策審
議室長、大臣官房参事官（グ
ローバル産業担当）等を経て、
現職。

1 はじめに
～なぜ、フィジカルインターネットなのか

　2021年10月、経済産業省は国土交通省と連携して、「フィジカルインターネット実現会議」を発足させた。同会議では2022年3月、「フィジカルインターネット・ロードマップ」を公表し、我が国において、40年までにフィジカルインターネットを実現するための長期計画を提示した。これは、政府が策定したフィジカルインターネットの長期計画としては、おそらく世界初のものではないかと思われる。

　本稿では、この「フィジカルインターネット・ロードマップ」が策定された背景について、明らかにしていく。

　フィジカルインターネットの定義やその意義、あるいは国際的な動向などについては、本書の他の執筆者の論文や「フィジカルインターネット・ロードマップ」を参照いただくとして、本稿では、経済産業省がフィジカルインターネットに着目するに至った問題意識を中心に、若干の私見を交えて説明するとともに、「フィジカルインターネット・ロードマップ」の一部を紹介する。

2 経済産業省の危機感

　経済産業省は、我が国の健全な経済成長や産業発展の促進を組織の使命とすることから、国内外の経済情勢、産業構造の変化、あるいは技術革新の動向を察知し、産業構造や産業組織の変革や技術革新を促進することに強い関心を持っている。

　そういう使命と関心を持つ行政組織が、「フィジカルインターネット」なる次世代の物流システムの構想に着目することは当然であるというか、むしろ遅すぎたぐらいであったかもしれない。

　第1に、言うまでもなく、そもそも物流は、生活や産業を支える社会的なインフラだ。低廉かつ安定的な物流なしには、健全な経済成長はあり得ない。そのことは、例えば2011年の東日本大震災のような自然災害、あるいは2020年から猛威を振るっている新型コロナウイルス感染症のようなパンデミックの影響により、物流が実際に寸断されたり、物流需給の逼迫により物流コストが高騰したりすることによって、明確に意識されたことだろう。

　第2に、我が国の物流は、3章で説明するような要因により、2010年代初頭から、物流の需給が逼迫し、物流コストが上昇していくという構造的な危機を迎えており、しかもその危機は何らかの有効な対策を講じなければ、年々悪化し、今後も悪化が続くことが見込まれる。

　言い換えれば、2010年代以前と以後とで、物流を巡って構造的な変化があったということだ。それにもかかわらず、我が国の産業構造や企業戦略は、依然として2010年代以前のままにとどまり、この物流を巡る構造的な変化に対応しているとは言いがたいのではないだろうか。

しかし、この構造的あるいは慢性的な物流危機に対処できないということは、我が国の経済社会の基盤が崩れるということを意味している。

　第3に、グローバルな視点から見ても、物流を巡っては、大きな構造変化が起きている。例えば、新型コロナウイルス感染症のパンデミックに加え、米中の貿易摩擦、各国の自国第一主義・保護主義への傾斜、地政学的な情勢の不安定化、自然災害や気候変動など、世界経済の不確実性が高まり、サプライチェーンの強化や再編が進んでいる。

　また、世界的なデジタル化の潮流、とりわけEC（電子商取引）の飛躍的な発展は、ECを支える物流の重要性を著しく増大させた。ECは、言うまでもなくデジタル化だけで成立するものではない。商品の注文はサイバー空間を通じた「情報流」だが、商品の配送は依然として「物流」、すなわち物理的な空間で行われるものだからだ。効率的な物流システムなしには、ECの発展はあり得ない。従って、物流をかつてない水準にまで高度化する必要がある。こうしたことから、デジタル化やロボット化など、いわゆる物流DX（デジタルトランスフォーメーション）が著しく加速している。DXによって変貌しつつある物流産業は、今や、成長産業の1つと言っても過言ではないだろう。

　加えて近年、国あるいは企業は、国際連合の「持続可能な開発目標（SDGs：Sustainable Development Goals）」に見られるように、気候変動対策、持続可能な生産・消費、不平等の是正、強靱（きょうじん）なインフラ構築など、さまざまな価値の実現を要求されるようになっており、そのような観点からも、物流のあり方を根本的に見直す必要に迫られている。

　こうした変化を背景に、すでにヨーロッパでは、ALICE（Alliance for Logistics Innovation through Collaboration in Europe）という団体が設立され、EUの研究・イノベーション促進プログラム「Horizon 2020」において、サプライチェーンに関するイノベーションの包括的な促進を行っている。ALICEは、その一環として、フィジカルインタ

ーネットの研究にも着手しており、2020年には、フィジカルインター
ネットのロードマップを発表した。

　このように、物流を巡る大きな構造変化は、世界レベルで起きてい
るのであり、この変化に対して、我が国が遅れをとるわけにはいかな
いのだ。

　以上のような危機感に駆り立てられて、経済産業省は、「フィジカル
インターネット」なる次世代の物流システムの構想への関心を強め、
研究を開始した。そして、フィジカルインターネットの実現に向けた
第一歩として、有識者や関連団体の参画を請い、ロードマップを作成
したという次第だ。

3 物流コストインフレ時代の到来

　それでは改めて、我が国が直面している物流危機について、確認していこう。

　まず、図1は、日本銀行の「企業向けサービス価格指数（2015年基準）」から作成したものだ。

　これによると、道路貨物輸送のサービス価格は、1980年代後半のバブル経済による需要の増大により急騰したものの、1990年代前半あたりから、バブル崩壊後の長期不況もあって、ゆるやかに低下し続けてきた。

図1 ● 道路貨物輸送・宅配便のサービス価格指数の推移

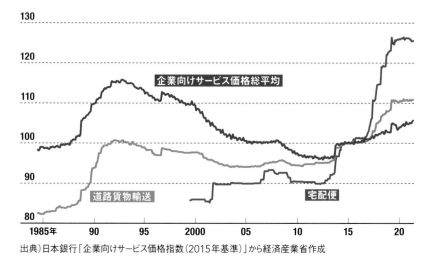

出典）日本銀行「企業向けサービス価格指数（2015年基準）」から経済産業省作成

ところが、2010年代半ばあたりから、道路貨物輸送のサービス価格は再び急騰し、1990年代初頭の水準に達し、さらにその後も高騰を続けているのが分かる。

　とりわけ、宅配便配送のサービス価格の急騰には、目を見張るものがある。2017年ごろ、宅配事業者の配送に関わる総量規制や運賃値上げなどの一連の動きが「宅配クライシス」として社会的に大きく取り上げられたことがあった。しかし、宅配便配送のサービス価格は、その2017年以降もさらに上昇し続けている。

　20年からは新型コロナウイルス感染症のパンデミックにより、経済は大きな打撃を受けたが、物流サービス価格は高止まりしている状況だ。

　この図1からも分かるように、1990年代半ばから2000年代においては、物流コストが低減し続けており、「物流コストデフレ」と言うべき状況にあったのが、2010年代初頭を境として、物流コストが上昇ないしは高止まりする「物流コストインフレ」の状況に入ったように見受けられる。

　また、日本ロジスティクスシステム協会によると、売上高に占める物流コストの比率は、2012年度以降上昇に転じており、2020年度には5.38%（全業種平均）を記録した。[1]　我が国の企業の売上高経常利益率は4.8%（2019年度実績）[2]なので、売上高物流コスト比率が5%を超えて上昇していくということは、物流コストが企業経営に無視できない負担となっていくことを意味している。

　このような「物流コストインフレ」構造への変化をもたらした要因については、需要面・供給面の双方から、以下のように考えられる。

　まず、需要面の要因としては、すでに述べた通り、EC市場の成長が挙げられる。特にコロナ禍は、いわゆる「巣ごもり需要」もあってEC市場の著しい成長をもたらした。ECは、輸送先が著しく多く、コストのかかるラストワンマイル（配送の最終拠点から顧客までの区間）

の配送を要求するため、物流コスト上昇の大きな要因となるのだ。

　また、消費者のニーズが多様化していることから、多品種・小ロットの輸送の需要が増えている。加えて近年、「第四次産業革命」とも称される製造業のデジタル化により、多品種少量生産がこれまでよりも容易になっているが、多品種少量生産は、多品種・小ロットの部材・部品の調達物流のニーズを増やす可能性がある。これに、ジャストインタイム生産の要請が加わると、多品種・小ロットの部材・部品を早急に輸送しなければならないということになり、調達物流への負荷はいっそう大きなものとなる。

　このような多品種・小ロット・ジャストインタイム輸送の需要の増加は、当然の帰結として、トラックの積載効率の低下を招いており、営業用トラックの積載効率は2018年には40%を切ってしまった。言ってみれば、トラックが積み荷の6割以上は空気を運んでいるに等しいということだ。

　昨今、産業界ではDXが花盛りではあるが、生産・流通・消費におけるDXは、多品種・小ロット・ジャストインタイム輸送の需要をさらに拡大し、物流に極めて大きな負荷をかけるものだということを忘れてはならない。言い換えれば、効率的な物流システムへの変革なしには、生産・流通・消費におけるDXが成功する見込みはないということだ。

　さて、物流コストインフレには、以上のような需要面の要因だけではなく、供給面の要因もある。

　少子高齢化に伴う生産年齢人口の減少により、労働力不足は各産業共通の課題となっているのは周知の通りだが、特にトラックドライバーは、全産業と比べ、労働時間が長い一方で、年間所得額が低い状態が続いており、しかも手荷役等の負担を強いられるなど、その厳しい労働環境から、担い手の確保が容易ではない。

　その結果、トラックドライバーの減少や高齢化が進んでいる。2027年にはトラックドライバーが24万人不足するという試算[3]や、2030年に

は物流需要の約36%に対して供給できなくなるという試算[4]も出されている。つまり、このままだと、モノが運べなくなるのではないかという懸念が生じているのだ。

トラックドライバーを確保するためには、その過酷な労働環境を改善しなければならない。このため、2018年6月に働き方改革関連法[5]が成立し、2024年度からトラックドライバーに対して、時間外労働の上限規制が罰則付きで適用されることとなった。これはトラックドライバーを確保する上で必要な措置ではあるが、他方で、他の条件が同じままならば、トラックドライバーの供給をさらに制約し、物流コストをいっそう上昇させる要因となることは否定できない。これは、物流関係者の間では「物流の2024年問題」として知られている、深刻な問題だ。

さらに、輸送部門における気候変動対策の要請もまた、供給面における物流コストの上昇要因に数えられるだろう。我が国は2030年度に温室効果ガスを2013年度から46%削減し、また2050年にカーボンニュートラルを実現するという大きな目標を掲げている。「地球温暖化対策計画」（2021年10月22日閣議決定）では、運輸部門について、2030年度に温室効果ガスを2013年度から35%削減するという目標を策定している。気候変動対策は人類にとって不可欠な要請だが、しかし、その要請が貨物輸送の供給を大きく制約する可能性があることは否めない。

以上をまとめると、物流コストインフレには、需要面の要因として、消費や生産のDXに伴う多品種・小ロット・ジャストインタイムの輸送需要の増大、供給面の要因として、少子高齢化に伴う物流の担い手不足、気候変動対策の制約などが考えられる。

しかも、これらの要因はいずれも、今後も長期にわたって続くものと考えられる。すなわち、物流コストインフレは、構造的な問題だと言える（図2）。

物流コストがあまりに高くなると、物流需要も押し下げられてしまい、経済成長率を押し下げることとなるだろう。「フィジカルインターネット実現会議」では、2030年で最大10.2兆円、40年には最大17.6兆円のGDP押し下げの影響があると試算している。

図2 ● 物流の需給関係の模式図

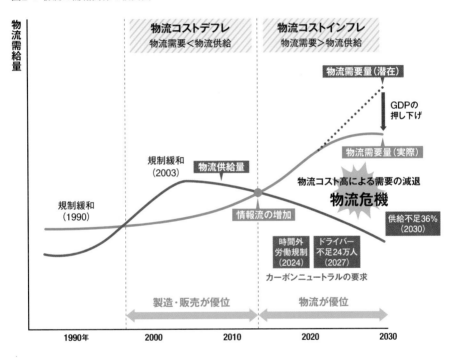

4 日本経済のアキレス腱

　図2の模式図で示したように、産業構造は、1990年代後半から2000年代までの物流コストデフレから、2010年代以降の物流コストインフレへと変化し、しかも物流コストインフレは長期にわたって続くことが見込まれる。

　さて、物流コストデフレと物流コストインフレは、正反対の現象だ。ということは、企業戦略もまた、物流コストデフレ時代と物流コストインフレ時代とでは、おのずと大きく異なるというのは明らかだろう。

　物流コストデフレの時代においては、荷主となる企業は、物流事業者に頼めば低コストで運んでもらうことができた。このため、企業の競争力において、物流の能力はそれほど大きなウエートを占めていなかったと考えられる。むしろ、より良いものを作る製造の能力や、ものをたくさん売る販売の能力が、競争力を決定する重要な要因だった。製造や販売が物流に対して優位にあったとも言えるだろう。

　しかし、物流コストインフレ時代においては、荷主は物流に高いコストをかけなければならない。場合によっては、物流事業者に頼んでも運んでもらえないというような事態もあり得るかもしれない。いくら優れた製品を製造する能力があろうが、いくら販売の能力にたけていようが、ものを低コストで運べないのであれば、市場を獲得することはできない。従って、物流コストインフレ時代においては、物流の能力が企業競争力を決定する大きな要因となると考えられる。さらに言えば、物流のコストを低減するような製品の製造や販売の戦略が求められるようになるなど、物流が製造や販売のあり方を左右するとい

うことも考えられる。「物流を制する者が市場を制す」という時代が到来したと言ってもいいだろう。

　従って、物流を含むSCM（サプライチェーンマネジメント）を経営の中心に据えることこそが、物流コストインフレ時代を勝ち抜くための企業戦略となる。このように考えられるわけだ。

　ところが、誠に残念なことではあるが、我が国の企業の多くが、SCMを企業戦略の中心に据えていない。ここに、問題の本質がある。

　例えば、経済同友会のリポート「物流クライシスからの脱却〜持続可能な物流の実現〜」（2020年6月）は、我が国においては、「『士・農・工・商・情報・物流』などと揶揄（やゆ）されるように、荷主企業における物流部門の立場は強くないことも多い」と指摘している[6]。このデジタル化と物流コストインフレの時代に耳を疑うような話ではある。しかし、実際に、それを裏付けるかのような調査結果も出ている。例えば、日本ロジスティクスシステム協会のアンケート調査によると、ロジスティクスやSCMを企業戦略とすることを経営課題として重視する企業は2割程度にすぎない（図3）。また、Gartner社が公表する「サプライチェーン　トップ25社」（2021年5月19日）には、日本企業は1社も入ることができなかった（図4）。

　物流コストインフレ時代においては、ロジスティクスやSCMに関する意識の低さは、日本企業あるいは日本経済のアキレス腱となる。そのように言っても、過言ではないだろう。

図3 ● ロジスティクスやサプライチェーンマネジメント（SCM）を推進するうえでの自社の課題（3つまで回答）

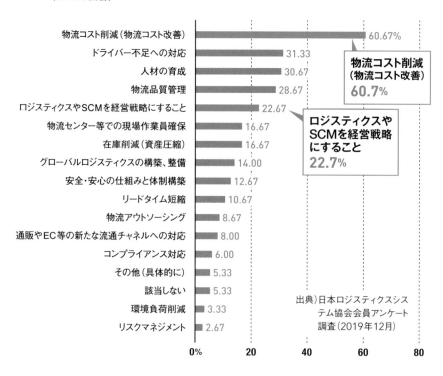

項目	割合
物流コスト削減（物流コスト改善）	60.67%
ドライバー不足への対応	31.33
人材の育成	30.67
物流品質管理	28.67
ロジスティクスやSCMを経営戦略にすること	22.67
物流センター等での現場作業員確保	16.67
在庫削減（資産圧縮）	16.67
グローバルロジスティクスの構築、整備	14.00
安全・安心の仕組みと体制構築	12.67
リードタイム短縮	10.67
物流アウトソーシング	8.67
通販やEC等の新たな流通チャネルへの対応	8.00
コンプライアンス対応	6.00
その他（具体的に）	5.33
該当しない	5.33
環境負荷削減	3.33
リスクマネジメント	2.67

物流コスト削減（物流コスト改善）60.7%

ロジスティクスやSCMを経営戦略にすること 22.7%

出典）日本ロジスティクスシステム協会会員アンケート調査（2019年12月）

図4 ● サプライチェーンをけん引するグローバル企業

Rank	Company	Rank	Company
1	Cisco Systems	14	Dell Technologies
2	Colgate-Palmolive	15	HP Inc.
3	Johnson & Johnson	16	Lenovo
4	Schneider Electric	17	Diageo
5	Nestlé	18	Coca-Cola Company
6	Intel	19	British American Tobacco
7	PepsiCo	20	BMW
8	Walmart	21	Pfizer
9	L'Oréal	22	Starbucks
10	Alibaba	23	General Mills
11	AbbVie	24	Bristol Myers Squibb
12	Nike	25	3M
13	Inditex		

出典）Gartner社「Supply Chain Top 25 for 2021」から経済産業省作成（2021年5月）

5 SDGsとフィジカルインターネット

　これまで述べてきたように、物流コストインフレは、日本経済の構造的な問題として、長期にわたって続くことが見込まれる。そうであるならば、経済産業省としては、極限まで効率化された次世代の物流システムの構築を目指さないわけにはいかない。その究極の物流システムとして最も有力な候補が、フィジカルインターネットにほかならないのだ。

　物流コストインフレ時代においては、企業がロジスティクスを含むSCMを経営戦略の中心に据える必要がある。それと同様に、政府もまた、経済産業政策の中軸の1つにフィジカルインターネットを位置づけなければならないと言えるだろう。

　冒頭で述べた通り、フィジカルインターネットとは何かについては、本書の他の執筆者の論文や「フィジカルインターネット・ロードマップ」に委ねるが、ここでは、フィジカルインターネットが企業競争力の強化にとどまらず、さまざまな社会的価値をもたらすものであることも強調しておきたい。例えば、「持続可能な開発目標（SDGs：Sustainable Development Goals）」に照らしてみると、フィジカルインターネットは、SDGsの17の目標のうち、8の目標（保健、エネルギー、成長・雇用、イノベーション、不平等、都市、生産・消費、気候変動）の達成に寄与すると言える（具体的には、図5を参照）。

　このように、フィジカルインターネットは、国際社会が目指すSDGsの達成に大きく貢献する有力な手段であり、その意味でも、我が国として、フィジカルインターネットをぜひとも実現したいと考えている。

図5 ● 持続可能な開発目標（SDGs）に対してフィジカルインターネットが実現する価値

持続可能な開発目標（SDGs）	フィジカルインターネットが実現する価値
目標③保健 あらゆる年齢のすべての人々の健康的な生活を確保し、福祉を促進する	・食料品等生活必需品や医薬品 ・医療器具等の低廉かつ迅速な配送・交通事故の削減
目標⑦エネルギー すべての人々の、安価かつ信頼できる持続可能な近代的エネルギーへのアクセスを確保する	・トラックの積載効率の飛躍的な向上等、リソースの最大限の活用による物流におけるエネルギー効率の劇的改善
目標⑧成長・雇用 包摂的かつ持続可能な経済成長およびすべての人々の完全かつ生産的な雇用と働きがいのある人間らしい雇用（ディーセント・ワーク）を促進する	・構造的な物流制約の解消による持続的な成長の実現 ・物流に従事する労働者の適正な労働環境の実現 ・物流関連機器・サービス等の新産業創造・雇用創出 ・フィジカルインターネット・ビジネスモデルの国際展開
目標⑨イノベーション 強靭（レジリエント）なインフラ構築、包摂的かつ持続可能な産業化の促進およびイノベーションの推進を図る	・災害等の不測の事態でも止まらず産業を支える、強靭なインフラとしての物流システムの構築 ・構造的な物流制約の解消によるイノベーションの促進
目標⑩不平等 各国内および各国間の不平等を是正する	・買い物弱者の解消 ・物流の地域間格差の解消
目標⑪都市 包摂的で安全かつ強靭（レジリエント）で持続可能な都市および人間居住を実現する	・災害等の不測の事態でも止まらず生活を支える、強靭なインフラとしての物流システムの構築 ・貨物車両の流入の適正化による都市・居住環境の改善 ・物流の地域間格差の解消による一極集中の是正
目標⑫生産・消費 持続可能な生産消費形態を確保する	・製造−物流−販売−消費までの全体を最適化 ・廃棄ロスの解消（ムダを運ばない、ムダを作らない）
目標⑬気候変動 気候変動およびその影響を軽減するための緊急対策を講じる	・究極の物流効率化による温室効果ガスの劇的削減（カーボン・ニュートラル）

6 「フィジカルインターネット・ロードマップ」

　フィジカルインターネットは、物流のみならず、サプライチェーン全体を包含する壮大なシステムの構想だ。従って、一朝一夕に実現できるようなものではない。フィジカルインターネットを構築するためには、物流事業者のみならず、製造事業者、卸売事業者、小売事業者、さらには消費者までのサプライチェーン全体を大きく転換しなければならない。そのためには、これまでの商慣行や規制を含むルールの変更、企業の組織改革や企業間関係の変更、あるいはデジタル技術をはじめとする新たな技術の導入や設備投資など、複数の関係者がさまざまな取り組みを長期的かつ計画的に進めていく必要がある。

　特に、フィジカルインターネットの実現にあたっては、パレットやコンテナ容器の標準化、あるいは物流資産の共有やデータの連携のためのプロトコルの整備など、いわゆる協調領域におけるルールの整備が非常に大きな意味を持っている。そして何より重要なことは、企業経営者がロジスティクスやSCMを中心的な課題として重視するよう、その意識を大きく変革しなければならないということだ。

　こうしたことから、フィジカルインターネットを構築するためには、政府と産業界が長期的な計画を共有し、その計画の下、さまざまなステークホルダーが協調しつつ、必要とされる各種の取り組みを着実かつ同時並行的に進めていく必要がある。そこで、「フィジカルインターネット実現会議」では、図6のようなロードマップを策定した。

　今後、経済産業省としては、このロードマップを産業界と広く共有するとともに、国土交通省や農林水産省とも連携して、フィジカルインターネットの実現に向けた取り組みを実施していきたいと考えている。

図6 ● フィジカルインターネット・ロードマップ

項目	年度 / 現状	~2025 / 準備期	2026~2030 / 離陸期
ガバナンス	事業者ごとや業界ごとに様々なルールが相互に調整されずに存在	物流スポット市場の発達 2024年トラックドライバーの時間外労働上限規制	計画的な物流調 業界内・地域
物流・商流データプラットフォーム（PF）	各種PFの萌芽（ほうが）。複数のPF間の相互接続性・業務連続性の確保が課題	PF間の自律調整 各種PFビジネスの発達 SIPスマート物流サービス　SC可視化、サービス展開　例）地域物流 SIPスマート物流サービス物流標準ガイドラインの 例）業務プロセス、GS1をはじめとするコード体系	各種 との
水平連携 標準化・シェアリング	各種要素の非統一に起因し、物流現場の負担が発生。モノ・データ・業務プロセスの標準化に連携して取り組むことが必要	物流EDI標準の普及 パレットの標準化 PIコンテナの標準化 標準化・商慣行是正等（業種別アクションプラン） 例）加工食品、スーパーマーケット等、百貨店、建材・住宅設	企業・業種の壁を 業界内・地域
垂直統合 **BtoBtoCのSCM**	ロジスティクス・SCMを経営戦略としていない。物流を外部化してしまっており、物流とのデータ連携ができておらず、物流の制約を踏まえた全体最適を実現できず	パレチゼーションの徹底 SCM/ロジスティクスを基軸とする経営戦略への転 基幹系システムの刷新/DX	ライフサイクルサポ
物流拠点 自動化・機械化	事業者ごとや業界ごとに様々なルールが相互に調整されずに存在	物流DX実現に向けた集中投資期 ロボットフレンドリーな環境構築・各種標準化 中継輸送の普及（リレー・シェアリング） 物流MaaS（トラックデータ連携・積み替え拠点自動化等）	装置産業化の進 2030年度 物流ロボティクス市場 1509.9億円 （2020年度の約8倍 出典：矢野経済研究
輸送機器 自動化・機械化	省人化・無人化に向けた自動化機器の普及促進と、業務プロセス革新による生産性向上が課題	後続車有人隊列走行システム・高速道路での後続車無人隊列走行システムの商業化 出典：官民ITS構想・ロードマップ 限定地域での無人自動運転移動サービス 出典：官民ITS構想・ロードマップ 自動配送ロボットによる配送の実現 ドローン物流の社会実装の推進 出典：空の産業革命に向けたロードマップ2021	サービス展 高速道路での自動運トラック実現 出典：官民ITS構想・ロードマップ サービス展 サービス展 サービス展

利益・費用のシェアリングルールの確立	フィジカルインターネットゴールイメージ

業界間・地域間・国際間

①**効率性（世界で最も効率的な物流）**
- ・リソースの最大限の活用による、究極の物流効率化
- ・カーボンニュートラル（2050）
- ・廃棄ロス・ゼロ
- ・消費地生産の拡大

物流・商流を超えた
多様なデータの
業種横断プラットフォーム

②**強靱性（世界で最も止まらない物流）**
- ・生産拠点・輸送手段・経路・保管の選択肢の多様化
- ・企業間・地域間の密接な協力・連携
- ・迅速な情報収集・共有

物流機能・データのシェアリング

業界間・地域間・国際間

③**良質な雇用の確保（成長産業としての物流）**
- ・物流に従事する労働者の適正な労働環境
- ・物流関連機器・サービス等の新産業創造・雇用創出
- ・中小事業者が物流の「規模の経済」を享受し成長
- ・ビジネスモデルの国際展開

デマンドウェブ
（BtoB/BtoC）

消費者情報・需要予測を起点に、製造
拠点の配置も含め、サプライチェーン
全体を最適化。
トラックなどの輸送機器や倉庫などの
物流拠点のみならず、製造拠点の一部
もシェア。

④**ユニバーサル・サービス**
（社会インフラとしての物流）
- ・開放的・中立的なデータプラットフォーム
- ・買い物弱者の解消
- ・地域間格差の解消

完全自動化の実現

サービス展開

7 おわりに
〜「素人は『戦略』を語り、プロは『ロジスティクス』を語る」

　かつて、アメリカの有名な軍人オマール・ブラッドレーは「素人は『戦略』を語り、プロは『ロジスティクス』を語る」という名言を残した。この言葉は、もちろん軍事における兵站（へいたん）の重要性について語ったものではあるが、企業経営におけるロジスティクスやSCMの意義についても当てはまる金言であると思われる。物流コストインフレ時代になるとなれば、なおさらだろう。

　もっとも、経済産業省が、これまで経済産業政策の中心にロジスティクスやSCMを据えて考えてきたかといえば、自信を持ってそうだと言い切れるわけではない。物流コストインフレという構造問題を見通した上で、大規模・長期的・計画的な経済産業政策を立案・実行してきたのかどうか、率直に言って、はなはだ心もとないところではある。

　しかし、時代は変わった。これからは、経済産業省もプロとして「ロジスティクス」を語っていかなければならない。

　「フィジカルインターネット・ロードマップ」は、そのための第一歩なのだ。

参考文献

1. 公益社団法人日本ロジスティクスシステム協会「2020年度　物流コスト調査報告書【概要版】」

2. 2020年経済産業省企業活動基本調査から

3. ボストンコンサルティンググループ（BCG）「激動の物流業界と今後の展望」（2017年10月）

4. 公益社団法人日本ロジスティクスシステム協会（JILS）「ロジスティクスコンセプト2030」（2020年2月）

5. 働き方改革を推進するための関係法律の整備に関する法律（平成30年法律第71号）

6. 公益社団法人経済同友会「物流クライシスからの脱却～持続可能な物流の実現～」（2020年6月）、p.23

農林水産物・食品流通の合理化を目指して

武田裕紀 農林水産省 大臣官房 新事業・食品産業部 食品流通課長

武田裕紀

（たけだ　ゆうき）

1971年神奈川県生まれ。宇都宮大学農学部農業経済学科卒。1995年農林水産省入省。食料産業局食品流通課卸売市場室長を経て、2020年4月より現職。2018年6月の卸売市場法・食品等流通法の改正を担当。改正法の下での国内の生鮮食料品、花き、加工食品の流通の合理化に取り組み、2021年9月から「青果物流通標準化検討会」を立ち上げ、産地、卸売業者、物流事業者等と議論を行い、青果物における物流標準化を推進している。そのほか、5兆円の輸出額目標の実現に資する効率的な輸出物流の構築を担当。

1 はじめに

　食料、農業、農村に関する政策の基本的な方向を示す食料・農業・農村基本法第2条第1項では、食料を「人間の生命の維持に欠くことができないもの」であり、「健康で充実した生活の基礎として重要なもの」とし、「将来にわたって、良質な食料が合理的な価格で安定的に供給されなければならない」と定義している。

　例えば長雨で日照不足であったり、逆に日照りで水不足であったりすると卸売市場での青果物の相場は高くなり、その動向が市井のスーパーの売り場の状況とともにニュースになることをみても、国民、消費者の皆さんの食品の価格や供給量についての関心は極めて高い。農林水産省でも生産振興担当部署を中心に情報を収集・発信している。また、食料自給率がカロリーベースでみれば約6割を海外に頼っている状況にあることから、コメ、小麦、トウモロコシ、大豆について、世界の穀物等の短期的需給見通し、変動要因などの詳細な情報を編集し、作成、公表を行うなど、食料の安定供給の確保の具体的手段の一つである国内の農業生産の増大のための振興策とともに、食料の需給情報の収集については積極的に取り組んできている。しかし、食料の集荷、分荷、輸送がどのように行われ消費者の手元に届くか、それぞれが今どのような状況にあるのか、安定供給を支える流通・物流について関心をもって、その合理化、持続性の確保に十分に取り組んできたとは言い難いと考えている。

　生鮮食料品や加工食品の流通は、そのほとんどをトラックにより輸送している。2018年6月に働き方改革関連法が成立し、24年度から、ト

ラックドライバーに対して時間外労働の上限規制が罰則付きで適用されることとなった。将来予測として、需要に対し20万人超の規模でトラックドライバーが不足するという調査結果もある中、食料の安定供給を確保する観点からも食品の流通、物流の合理化は避けて通ることのできない課題である。本稿では、業種横断的な物流標準化の取り組み、フィジカルインターネット実現に向けての取り組みに呼応するかたちで関係者と推進している具体的な活動を紹介していきたい。

2 食品等流通合理化法と 卸売市場法

(1) 食品等流通合理化法

　2018年6月に働き方改革関連法と時を同じくして、卸売市場法及び食品流通構造改善促進法の一部を改正する法律が成立し、食品流通構造改善促進法は食品等の流通の合理化及び取引の適正化に関する法律（以下「食品等流通合理化法」という）に改正された。

　改正前の食品流通構造改善促進法は、生産、製造、卸売、販売の各部門の課題解決を図るため、例えば食品生産製造等提携事業や食品販売業近代化事業というように各部門縦割りの事業を支援の対象としていた。だが、パレットの標準化のように、今日の食品流通が抱える課題の多くは垂直はもとより、水平での連携により解決していくものが多くなっている。そのため、改正法では縦割りを排し、物流の効率化、品質管理・衛生管理の高度化、情報通信技術の利用、国内外の需要への対応など食品サプライチェーンの合理化の取り組みを支援することとした。

　また、法に基づく支援策も改正前は低利融資、債務保証を主として設備投資を対象とした支援策のみであったが、受発注、品質管理、物流、決済などに関するプラットフォーム形成などを念頭において、株式会社農林漁業成長産業化支援機構の出資による支援も追加した。株式会社農林漁業成長産業化支援機構は残念ながら2021年度以降新たな出資は行わないこととされたが、2021年4月に成立した農業法人に対する投資の円滑化に関する特別措置法の一部を改正する法律により、農林水産大臣の承認を受けた投資会社および事業有限責任組合を対象に、

従前の農業法人に加えて、農林水産物・食品の輸出や製造・加工、流通、小売、外食等の食品産業の事業者やこれらの取り組みを支援する事業者が追加された。それにより、このスキームの中で食品流通の合理化を目的としたプラットフォーム形成などについては引き続き出資による支援を受けることが可能となっている。

(2) 卸売市場法

　卸売市場法も2018年に成立した卸売市場法及び食品流通構造改善促進法の一部を改正する法律により改正された。食品流通が多様化している中で、各地域、各卸売市場の実態に応じた取引が行われるよう、全国一律の規制は最小限とし、各卸売市場で取引ルールを定めることができるようにしたことが改正の主な内容だ。ここでは生鮮食料品等の物流にとって特に関係のある点について紹介する。

　一つは卸売市場に関する整備に関する計画制度と開設区域の廃止。改正前の卸売市場法では中央卸売市場の配置の目標等について、農林水産大臣が基本方針を定め、これに基づき中央卸売市場の開設、改良等に関する長期計画を策定、さらには中央卸売市場を開設する区域を指定していた。改正当時、北は北海道から南は沖縄県まで全国40都市に64の中央卸売市場が開設されており、農林水産大臣が主導して中央卸売市場の開設、配置に関する計画を策定する当初の目的は達成されたことから、こうした計画制度は廃止することとなった。

　また、取引のルールについては、公正効率原則、差別的取扱いの禁止、売買取引方法の決定、売買取引条件の公表、受託拒否の禁止、決済方法の決定、売買取引結果の公表の7つのルールを共通のルールとし、それ以外のルールについては各卸売市場の実態に合わせて設定できるようになった。これにより、多くの中央卸売市場では、例えばそれまで全国一律のルールであった卸売市場で取引を行うものは卸売市場に持ち込まなければならないとする商物一致原則については、廃止

や事後報告制のルールとなった。

3 加工食品分野の取り組み

(1) 物流は協調領域

　食品と一口に言っても、米、粉製品、めん類、調味料・食用油といった常温のものから、乳製品、ハム・ソーセージ類のようなチルド品、冷凍食品、野菜や果実、鮮魚などの生鮮食料品まで非常に多種多様だ。調味料、レトルト食品、インスタント食品など加工食品の分野は物流の問題解決に向け業種間連携の下、取り組みを進めてきたことは広く知られているだろう。

　加工食品の卸売会社の団体である一般社団法人日本加工食品卸協会の事業報告を紐解くと2017（平成29）年度の報告において、「会員卸売企業が『競争』と『協調』という理念を良く理解して、物流は共同でという考えのもと、より効率的で安定した物流力を確保して円滑な食のライフラインを維持することを社会的使命として果たすことを目的とした」として、「加工食品卸売業の共同配送推進の手引き」を策定したことを報告している。

　また翌2018（平成30）年度の報告では、食品の物流現場の効率化・課題解決のための展示会として、同協会と一般財団法人食品産業センターが主催した「フードディストリビューション2018」において「加工食品卸売業の物流戦略における競争と協調というテーマで大手卸8社の物流部門トップが物流危機克服の方向性を話し合う業界パネルディスカッションが大きな話題となった」と報告している。これ以降、「物流は協調領域」を合い言葉に様々な取り組みが加速化して取り組まれていくことになる。

2018年から開発を開始し、2019年2月に開発を終了した業界標準「トラック入荷受付/予約システム」、愛称N-Torus（エヌ-トーラス）は、食品メーカーの配送ドライバーの荷待ち時間の緩和を図ることを目的に業界協調領域事業として開発されたものだ。日本加工食品卸協会の本部事務局と物流問題研究会とが主体となって開発事業を実施し、卸売会社のセンターに配送するトラックの入構予約、受付、バース案内を行う業界標準サービスを会員各社に提供している（参考1）。2021年5月

参考1 ● N-Torusの概要

システム設置者	一般社団法人日本加工食品卸協会
開始時期稼働状況 （2021年5月1日現在）	2019年3月本格稼働（農林水産省平成29年度補正予算補助事業） 導入企業：三井食品、加藤産業、国分グループなど15 企業導入拠点数：75拠点

メリット

● 入構時刻の事前予約によりトラック集中を緩和、ドライバーの荷待ち時間短縮、庫内作業の平準化が可能。
● バース空き状態を管理、待機中のドライバーを呼出／バース誘導により作業の滞留を解消。
● 受付から作業開始、終了の実績収集や分析による業務の効率化が可能。
● 業界標準システムのため、同一画面・機能によりドライバーの操作負荷を軽減。

機能

(1) 入構予約

運送事業者 → N-Torus → 卸センター受付事務所

● 過去待機状況を確認し、空いてる曜日・時間帯を予約できます。
● 現時点の空き状況をカレンダー画面で確認しながら、予約もできます。

出所）日本加工食品卸協会HPより

(2) 受付・バース誘導

ドライバー → N-Torus → 卸センター受付事務所

①入構受付
②受付確認
「03バースに移動をお願いします。」メール/SMSで誘導
バース
03 空き
04 空き
01 待機中
…
④誘導バース移動
③バース割付・誘導

現在で会員卸売会社等15社、導入拠点は75拠点にのぼり、今後もWMS（倉庫管理システム）との連携強化も行い、さらなる導入拠点拡大に取り組んでいる。

（2）加工食品分野の物流標準化 「物流は協調領域」とする加工食品分野の取り組みは、物流標準化の取り組みに展開していく予定だ。2019年度には国土交通省が「加工食品分野における物流標準化研究会」を立ち上げた。同研究会は学識経験者、加工食品メーカー、物流事業者、加工食品卸売業者、行政のほか、オブザーバーとして関係団体も参画し、当省も行政側のメンバーとして参画した。

研究会は、その議論の整理として「加工食品分野における物流標準化アクション プラン」を策定している。同プランは、①納品伝票、②外装表示、③パレット・外装サイズ、④コード体系、物流用語について、それぞれ標準化の例を示し、具体的取り組みの方針として、例えば事業者間の連携による標準化プロジェクトを発足させ、標準化内容を合意するよう求めている。

そのプロジェクトの一つともいえるものが、「加工食品分野における外装サイズ標準化協議会」である。同協議会は加工食品分野に関わるメーカー、物流事業者、卸・小売業者、業界団体等からなる事業者間連携による協議会として発足した。オブザーバーとして国土交通省、経済産業省のほか、当省も参画している。

協議会が取りまとめた「加工食品分野における外装サイズ標準化ガイドライン」は、パレタイズド貨物、外装サイズの標準化等について指針を示している。標準化された外装サイズの包装貨物を積み付けてパレタイズド貨物とするパレットの平面寸法を1100mm×1100mmとし、40mmのクリアランス、最大総重量、積み付け後のパレタイズド貨物の全高などの標準を示している。また、これらを前提とした外装サイズの標準は、パレットの平面の90％以上の平面積載率になるよう、L×W×H：265mm×210mm×210mmを基本とし、ローラコンベヤ

一やパレタイザー、外装ラベルサイズなどを考慮した最小長手寸法、最大長手寸法や最小高さも示した上で、将来的には平面積載率の向上を目指すとしながら、外装サイズの標準例、積付けパターンの例を示している（参考2）。

　ガイドラインは、関係者の自発的な取り組みを促すものとして策定されており、多くの加工食品メーカーの賛同を得ながらそれぞれの取り組みを行い、その状況を踏まえて協議会での検討を重ねていくことで外装サイズ、積付けパターンの集約を図り、ガイドラインを改定していく予定となっている。

参考2 ● 加工食品分野における外装サイズガイドラインの概要

本ガイドイドラインの対象者	本ガイドラインを活用して外装サイズの標準化に取り組む対象者は下記のとおり。a) 加工食品製造業者b) 卸・小売業者c) 物流事業者（倉庫事業者・トラック運送事業者）
ガイドラインの対象者が使用するパレットの平面サイズ	本ガイドラインは、1100×1100mm（T11型）パレットを対象とする。
包装貨物を積み付ける最大平面寸法	流通過程における湿気や圧縮荷重の影響によって包装貨物が胴膨れしても1100mmを超えないように40mmのクリアランスを考慮し、1060mm×1060mmとする。
パレタイズド貨物の全高	大型トラック荷台に二段積みが可能な1300mm以下が望ましい。
外装サイズの標準寸法	1100mm×1100mmの平面寸法に対して90%以上の平面積載率になるように設定、L×W×H：265mm×210mm×210mmを基本とする。
外装箱の最大重量	労働安全衛生法における「満18歳以上の女性の継続作業」の上限値を参考として、20kgとする。
卸・小売業者におけるパレット単位の発注	付帯作業の軽減や、複数商品の積み合わせなどにより、10t車満載で輸送可能な輸送ロットの確保などが期待できることから、卸・小売業者との連携によるパレット単位の発注についても記載。

出所）加工食品分野における外装サイズ標準化協議会事務局（株式会社日通総合研究所）「加工食品分野における外装サイズ標準化ガイドラインについて」（第1回加工食品分野における物流標準化アクションプランフォローアップ会）

4 物流標準化に向けた取り組み

(1) 青果物分野のパレチゼーション

　食料品の中でも生鮮食料品は収穫や漁獲された当日や翌日に取引されるものが多く、とりわけ野菜や果物は南北に長い日本を南から北へ産地が移っていくものも少なくないことから、長距離輸送を伴うという特徴を有している。

　トラックドライバーの働き方改革が進められる中で、物流の効率化は待ったなし、という意識が高まり、生産者団体、卸売業者、物流事業者、パレットサプライヤーが協力し、青果物のパレチゼーションを進めようとする取り組みが2018年から始まった。

　関係者からなる協議会を設立し、加工食品分野で主流になっているサイズであることからT11型のプラスチックパレットを使用することを青果物のパレットの循環利用のモデルとし、利用から回収までのおおまかなルールも策定し、各品目・産地での取り組みを展開してきた（参考3）。

　青果物のパレチゼーションに精力的に取り組んできた産地に北海道が挙げられる。日本最大の農業地帯である北海道では年間約350万トンの農畜産物が道外へと移出され、その約7割が生産者団体の販売・購入部門であるホクレンが担っている。ホクレンでは協議会の取り組みが開始される前より、重量野菜であるたまねぎ、ばれいしょ、ニンジンについてのパレチゼーションを進めている（参考4）。

　また、青果物の場合には、産地から卸売市場、その先のスーパー等に至るまでケース単位で流通するものばかりではない。また、東京の

大田市場のような大きな市場は周辺市場にとってのハブの機能を果たしており、そのような卸売市場においてはいわゆる「転送」とよばれる卸売市場間の輸送も多くみられる。このような流通の特徴は、パレチゼーションの普及率が高くない現状においてはパレットの紛失、回収の困難につながってしまう。このため、荷物が到着する卸売市場において幹線輸送で使用したパレットからの積み替え作業を行い、紛失防止を図る観点から、全国20弱の卸売市場において積み替え荷役作業を機械で行うクランプフォークリフトやパレットチェンジャーが導入されている。

　みかんは、国内生産量年間約766千トンで、国内の果実の生産量の約3割を占める物量がある。九州のみかんの大産地のひとつであるJA熊本市では、うんしゅうみかん・デコポンの選果場の機能強化と併せてRFID付きのT11型パレットによる出荷を行っている。生産者が選果場に持ち込んだみかんは、AI（人工知能）を搭載した6画面計測の外観センサーと非破壊糖酸度センサーで選別され、箱詰めした後はソーターによ

参考3 ● 農産物パレット推進協議会の共同利用

1.対象範囲

産地から卸売、小売または実需（製造、外食等）まで

産地集出荷施設　消費地卸売市場　小売り、製造外食等

2.モデルで使用するパレット

T11型プラスチックパレットRFID付き（必要に応じて）

3.利用から回収、再利用までの流れ

❶発荷主（産地、卸売）がレンタルしパレットで出荷
❷物流事業者が荷とともに運び、着荷主に荷渡し
❸着荷主（卸売、小売、実需）が保管・返却
❹回収業者が一括回収し、レンタル業者が発荷主に再びレンタル

4.パレット管理および紛失防止の仕組み

❶出荷から各流通段階のパレット移動情報を必要に応じてRFIDで把握・管理
❷当該パレットの使用は、協議会の会員間での利用を原則とし、紛失防止・回収促進への取り組みに協力する
❸非会員への転送時の回収手法を構築し、入会を促進する

参考4 ● 北海道における青果物パレチゼーション

実施主体	上川地区パレチゼーション推進協議会、オホーツク地区(遠紋)パレチゼーション推進協議会
取り組み内容	● 発荷主の産地が主導で、着荷主の卸売市場(全国)と連携し、パレットを用いて農産物輸送の効率化。 ● 段ボールのばら積みからパレット輸送への切り替えにより手荷役作業をなくし、トラックドライバーの負担を軽減。 ● パレット管理・回収の仕組みを構築することで、持続的な循環利用の仕組みを構築。

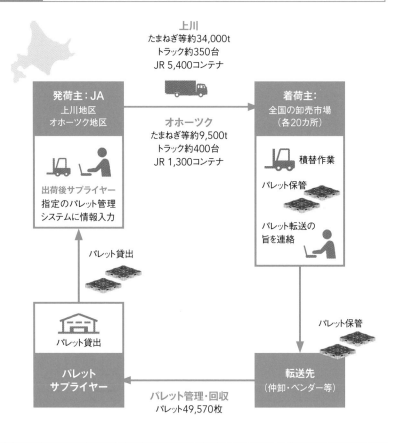

成果	● 産地からの一貫したパレットの管理体制を構築することで、青果物等の輸送を効率化を実現 ● 統一規格パレットおよびその効率的管理等に資する機材の導入により、循環利用の仕組みを構築 ➡ 荷役作業時間を30%以上削減

ってパレット積みの条件に合わせて仕分け、T11型パレットにパレタイズされて出荷されていく。2021年9月から稼働し、12月までにうんしゅうみかん1.5万トン、うち1.4万トンがパレタイズされて出荷されたという。このような取り組みは、静岡県のみかん産地であるJA三ヶ日（みっかび）においても行われている。

(2) 青果物分野の物流標準化

　2021年6月に新たな総合物流施策大綱が閣議決定され、その柱の一つである物流DXや物流標準化の推進によるサプライチェーン全体の徹底した最適化を実現する取り組みとして、閣議決定の2日後に官民物流標準化懇談会が開催された。この官民物流標準化懇談会での業種横断的な取り組みの方向性を踏まえながら、業種分野ごとの物流標準化の取り組みとして、青果物分野もこれまでのパレチゼーションの取り組みも含めて物流標準化の活動を更に推進することとした。

　青果物におけるパレチゼーションがそうであったように、物流の標準化についても加工食品分野での取り組みを模範例とし、他方で青果物は加工食品と異なり、産地といってもJA、県本部、県経済連、生産組合、農業生産法人とあり、卸売市場も卸売業者、仲卸業者、青果小売業者などの多数の取引参加者が存在することから、物流事業者やパレットサプライヤーなども含め、事業者間の連携がよりとりやすくなるよう、当省が取りまとめ役の主催者として「青果物流通標準化検討会」を開催している。

　加工食品分野との違いは検討項目にもある。加工食品の卸売会社のセンターは基本的に1社で運営されているが、青果物の場合には卸売市場で集荷・分荷が行われ、その施設の管理は開設者、運営は卸売部分を卸売業者、仲卸部分を仲卸業者が行っている。搬入・搬出やパレットの管理についても卸売市場によってまちまちだ。このため、加工食品分野の標準化の項目に加え、場内物流を検討項目とし、検討項目ご

とに構成員を組織し、①パレット循環体制、②場内物流、③コード・情報、④外装サイズ・外装表示の4つの分科会で検討を進めている（参考5）。

　パレット循環体制の分科会では、これまでの青果物のパレチゼーションの取り組みの振り返りを行った上で、関係者の取り組みの到達状況について共通認識を持つべく、KPI（KeyPointIndex）の策定に向け、まずは実態の把握を行うこととした。青果物のパレット化率のデータはなく、JA系統が集荷している青果物でもおおむね5割弱程度ではないか、と言われている。官民物流標準化懇談会パレット分科会においても各業種のパレット化率のアンケート調査を行うこととしており、これと歩調を合わせながら、産地、卸売市場へのアンケートによる把握を行っている。さらに、卸売市場への搬入の状況をよりリアルに把握するため、試行的に卸売市場における荷下ろしの状況の定点観測も行うこととしている。

　また、これまでの青果物のパレチゼーションの取り組みを横展開す

参考5 ● 青果物流通標準化検討会の概要

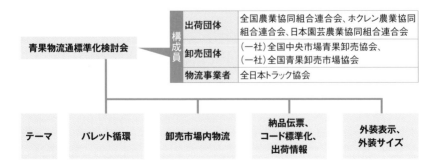

- ●総合物流施策大綱の閣議決定後、官民物流標準化懇談会が立ち上がるなど物流標準化を実現するための議論が加速。
- ●農林水産省では、荷主団体、卸売団体、物流事業者等から構成される「青果物流通標準化検討会」を設置。

青果物流通標準化検討会	構成員	出荷団体	全国農業協同組合連合会、ホクレン農業協同組合連合会、日本園芸農業協同組合連合会
		卸売団体	（一社）全国中央市場青果卸売協会、（一社）全国青果卸売市場協会
		物流事業者	全日本トラック協会

| テーマ | パレット循環 | 卸売市場内物流 | 納品伝票、コード標準化、出荷情報 | 外装表示、外装サイズ |

る品目や地域についても協議をしているところだ。まず、青果物のパレチゼーションの取り組みを牽引してきた北海道については、ニンジン、たまねぎ、ばれいしょの産地で、まだT11型パレットが導入できていない集荷場に順次拡大していくとともに、他の品目での展開を検討していくこととしている。東北、九州地域でもそれぞれ品目、産地を選定し、取り組みの拡大を図っている。果実については、みかんの他産地への横展開を図るとともに、みかんとほぼ同じだけの国内生産量があるりんごについて取り組みをスタートさせるべきとの意見で一致した。りんごについては、みかんと異なり既にパレットを使用して輸送されているものも少なくない。また、段ボールに定数を詰めることが一般的であるため、T11型のパレットに合わせた外装サイズの設計は容易ではない。手荷役削減、物流効率化の観点から、合理的なパレチゼーションのあり方を産地や品目の状況に合わせて検討し、標準化に向け、一つずつステップを踏むような改善のモデルになっていくと考えられる。

　場内物流の分科会では、大田市場におけるパレット管理やトラック予約システムの導入、横浜市中央卸売市場本場や福岡市のベジフルスタジアム（福岡市中央卸売市場青果市場）の施設整備による場内動線の整除化など卸売市場における場内物流改善の取り組みの現状を共有し、パレット分科会でも検討課題となった現状把握のためのアンケートを通じて関係者の物流改善のための意識向上を図ることが重要であること、卸売市場に搬入しているトラック事業者の現状認識の把握にも取り組むことが提起され、今後順次取り組みを実行していくこととしている。

　残り2つのコード・情報に関する分科会、外装サイズ・外装表示に関する分科会もこの本を皆さんが手にする頃には開催されていると思うが、ペーパレス化の方向を踏まえて送り状や売買仕切書、請求書などの取引に用いる帳票類に関する項目の統一やベジフルコードを基本と

すること、また、T11型パレットに合わせた外装サイズの大枠について検討を行っていく予定だ。

　このような検討会・分科会で検討、協議された事項は、アンケート・ヒアリングの実施や実証実験などの取り組みとして実行されていくが、各産地や各卸売市場の行動につなげていくことが重要だ。これまで産地側では各産地と物流問題について情報共有・協議をする場があったものの、卸売市場側についてはそのような組織がなかった。全国の中央卸売市場の青果卸売会社で組織される全国中央市場青果卸売協会は物流部会を設置し、検討会・分科会での検討状況の共有と今後の検討・協議に向けた提案事項の検討を行っている。また、東京都や大阪市など中央卸売市場の開設者の会議でも同様の取り組みが始まっており、卸売市場関係者においても物流標準化を通じた物流改善への取り組みが積極的に行われつつあるため、当省としては、これらの取り組みを支援し、青果物流通の関係者においても「物流は協調領域」との認識を高め、定着させていきたいと考えている。

(3) 生鮮食品流通分野のデジタル化
　物流標準化の取り組みと併せて重要な取り組みのはデジタル化だと考えている。トラックや倉庫などの物流アセットの共有もアナログではままならない。生鮮食品、花きの流通においては、流通段階の個々の事業者の組織内・社内での業務に関しては基幹システムが導入されているが、事業者間の情報のやりとりはアナログのものが多く、結果、個々の事業者の業務においてもアナログな部分が相当残っている。

　事業者間の情報のやりとりのデジタル化は、デジタル化そのものが目的化したり、デジタル化の効果が情報の受け手の利益のみになったり、汎用性がないユニークすぎるものとなったりすることがある。また、言うまでもなく、この分野の技術は相当速いスピードで進展している。このため、当省では生鮮食品流通分野のデジタル化については、

情報通信技術の現状や生鮮食料品分野への適用可能性についての調査・研究を行いつつ、垂直連携・水平連携の可能性の高いデジタル化のモデルを支援していくという考え方で取り組んでいる。

どの業務からデジタル化を進めていくとやりやすいのか、という視点も重要だ。生鮮食品流通の業務のうち決済の業務は、集荷や分荷などの業務と異なり、物理的な荷物を扱うことなく、情報・データのみを扱うものであることから、事業者間の情報のやりとりをデジタル化しやすく、決済の業務を皮切りに事業者間の情報のやりとりをデジタル化することが有効ではないか、との仮説を立てた。その上で生鮮食品の決済業務のデジタル化について調査し、その後、食品等流通合理化法の食品等流通合理化計画の認定を受けた決済サービスである

参考6 ●　決済プラットフォームoneplatの概要

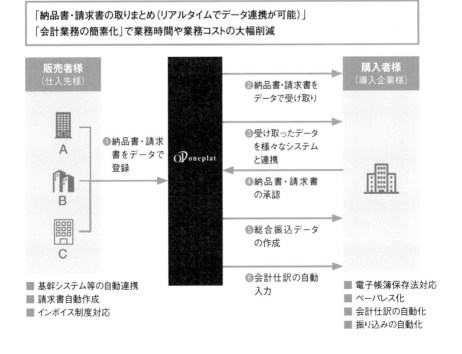

「納品書・請求書の取りまとめ（リアルタイムでデータ連携が可能）」
「会計業務の簡素化」で業務時間や業務コストの大幅削減

oneplatについて官民ファンドの出資により支援を行っている(参考6)。

　より物流上の課題解決に直結した業務のデジタル化の実証的な取り組みも行われている。パレットの循環体制構築の課題の一つに紛失の防止があることは先にも触れたが、全農はこのようなパレットの管理をより簡便に行えるようにスマートフォンやタブレットでパレット情報の入力を行い、各パレットレンタルサプライヤーの管理システムとデータ連携できるシステムの構築に取り組んでいる。このシステムがパレット管理のためだけだと、入力作業が産地にとっても卸売市場にとっても単に手間が増えるだけだが、パレット情報と併せて出荷情報も共有することで卸売市場における取引、分荷が迅速かつ円滑に行われることにつながり、関係者がシステムを利用するインセンティブと

参考7 ● 全国農業協同組合連合会が取り組むパレット管理 システムの概要

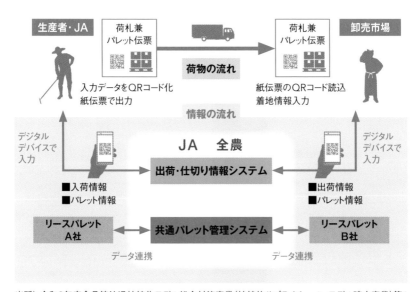

出所) 令和3年度食品等流通持続化モデル総合対策事業(持続的サプライチェーン・モデル確立事業)第1回パレットを活用したデータ連携システム開発検討会資料より抜粋

なっている (参考7)。

　花き流通は、卸売市場流通の中ではデジタル化の取り組みが進んでいる分野であり、卸売市場における電子セリがインターネットの進展に合わせて在宅セリの仕組みに発展してきた。さらに愛知県豊明市にある愛知豊明花き地方卸売市場は自市場の商品を他の卸売市場でも取引できるよう卸売市場間連携のシステム「イロドリ＊ミドリ」を運用し、卸売市場間の連携さえできていれば、買い受けする生花店は手続不要で豊明花き市場に上場されたバラエティ豊かな鉢物を購入することができる (参考8)。また、いくつかの花き市場ではAGV (無人搬送機) を活用して、取引を終えピッキングされた商品が陳列された重い台車のトラックゲートまでの牽引を自動化している。

参考8 ● イロドリ＊ミドリの概要

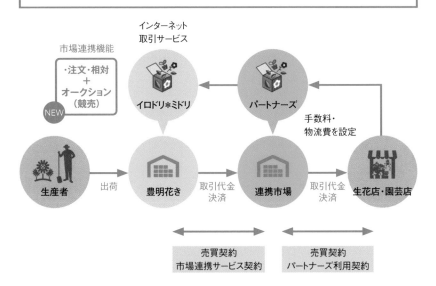

5 むすびにかえて

　食料はもちろん花きも豊かな生活にとって重要であることは言うまでもなく、その安定供給を確保するためには、持続的な物流となるよう、物流の標準化、フィジカルインターネットの実現に向け、業種横断的な取り組みと整合性をもって業種分野別の課題解決に取り組んでいくことが重要であると認識している。

　本稿では、主として加工食品を模範例として、青果物や花きの流通分野における取り組みを紹介した。今後、例えば地方の中小企業の加工食品流通分野や水産流通などへ展開させていかなければ標準化の成果は小さくなってしまい、フィジカルインターネットの効果を享受できない分野、地域、事業者が生まれてしまうことになる。サイバーインターネットがそうであるように、全ての地域、事業者、消費者、国民の皆さん全員がその意思のままにアクセスできるような物流が実現できるように、「物流は協調領域」を合い言葉に農林水産物・食品の流通の合理化に今後も取り組んでいきたい。

2030年にフィジカルインターネットを実現
～究極のオープンな共同物流に必要な標準化～

荒木 勉 上智大学名誉教授

荒木 勉
（あらき つとむ）

上智大学名誉教授。金沢市
出身。早稲田大学理工学部
卒、経営工学の生産・ロジスティ
ィクスを専門とする。早稲田大
学大学院理工学研究科博士
後期課程修了。1988年から
上智大学経済学部助教授、
教授。1994年からミュンヘン
大学客員教授。2017年から
東京理科大学大学院技術経
営専攻教授、2019年から経
営学部教授。現在はヤマトグ
ループ総合研究所専務理事、
日本自動認識システム協会理
事、日本ロジスティクスシステ
ム学会理事、NPO法人食品
流通高度化推進協議会理事
長、内閣府SIPスマート物流サ
ービス サブ・プログラムディレク
ターなどを兼務する。

1 はじめに

　人類は100年に一度のペースで感染症と闘ってきたといわれている
が、今回のCOVID-19では、インターネットを介してパソコンやスマ
ートフォンからさまざまな情報を得て状況判断が可能となっているこ
とが過去の感染症との闘いと違う。世界各国の人々の対処方法につい
てのさまざまな情報を検索し、自らの命を守る手段を探し出し、最適
解はないものと知りながらも、個人として今できる最大限のことを実
行することが重要である。情報を集め、これまで身につけた知識と経
験から自らの行動を決めることができる。

　これまでに経験したことがない在宅勤務やオンライン授業が実施さ
れ、非接触や非対面での買い物をする毎日を送り、人々の考え方や生
活様式が大きく変化した。COVID-19以前にインターネットを活用し
たネット通販や宅配便という手段が確立していたことが混乱を最低限
に抑えたと言っても過言ではない。

　物流の現場は毎日動いており、変化の中での状況判断は待ったなし
であり、さまざまな過去の失敗や成功体験から最適解を求め、活動し
なくてはいけない。企業経営の場だけではなく、物流の分野でもビッ
グデータの世界になってきた。扱うものの種類が指数関数的に増加し
ており、データ量は、ギガは当たり前になり、テラ、ペタの世界にな
っている。記憶媒体の集積度も進化し、クラウドという考え方が出て
きて、情報を集めるのにハードウエア的な障害はなくなっている。こ
れからは、集められたデータ、情報をいかに有効に活用するかが成功
するか脱落するかの決め手となる。それが、DX（Digital Transforma

tion）の世界である。

　物流現場は日々疲弊しており、日本の物流を立て直し、消費者の期待に応えるためにも、物流DXによって2030年までには「究極のオープンな共同物流」であるフィジカルインターネットを構築して稼働させる覚悟で取り組まなくてはいけない。

2 小口化が進む物流現場

　サプライチェーンにおいて、小売店または代理店から消費者や法人に製品が送られるラストワンマイルは宅配便がその役割を担っている。個人から個人宛てのCtoC、法人から個人宛てのBtoC、法人から法人宛てのBtoBなどの宅配便では、大手宅配企業3社の宅急便、飛脚宅配便、ゆうパックによって年間約50億個の95%以上が配達されている。宅配便の現場では、特に幹線輸送のトラックの積載率を向上させるために各センター長同士が電話で連絡を取り、積み合わせの調整をしている。生産性向上のための努力が毎晩のように行われている。

　図1の販売物流の最後の部分は宅配便によって配送される。工場から小売店や代理店までの販売物流と調達物流全般の物流部分が非効率となっている。その理由は、消費者のニーズの多様化が進み、これに応えようと新製品開発が活発に実施されてSKU（Stock Keeping Unit）が飛躍的に増加した一方で、小売店や代理店での品ぞろえは多くなっても店頭や保管スペースに限りがあり、SKUごとの注文数は少なくなり、物流分野での小口化が急激に進んでしまったからである。その上、消費者が要求するリードタイムは短くなり、トラックの積載率は低下し、コストは高くなっている。

　一方、政府は地球温暖化対策として2050年までにカーボンニュートラルを実現することを宣言した。CO_2排出源として物流分野でのトラックが諸悪の根源といわれている。トラックのEV（Electric Vehicle）化が進められるが、現在走行しているトラックをすべてEVトラックにするためには費用と時間がかかる。さらに、トラックドライバーの不

足も難しい問題であり、フィジカルインターネットによる共同輸送・配送が考えられる一番有効な解決策である。トラックの積載率が向上し、トラックの台数が減少し、ドライバーの数も減少し、コスト削減にもつながる。さらに、物流センターの施設の稼働率も上がり、投資効果も向上することが期待されている。

図1 ● SCMにおけるフィジカルインターネットの重要性

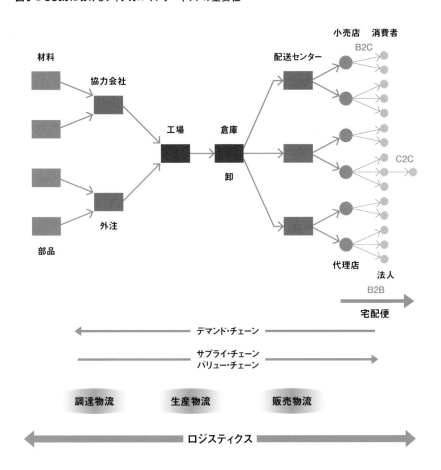

3 フィジカルインターネットとは

　21世紀に入り飛躍的に普及したインターネットでは、サーバーと呼ばれるコンピューターをつなぐ電線や光ファイバーあるいは無線通信設備の中を「0」と「1」というデジタル情報を通過させている。そのサーバーの持ち主が誰であるか、どの企業であるかは関係が無く、コンピューター・ネットワークに接続することで利便性を享受しようとしているサーバーを順次リレーしてデジタル情報が送られる。そこでは世界標準のプロトコル（通信規約）であるTCP/IP（Transmission Control Protocol/Internet Protocol）によってネットワークが成り立っている。

　フィジカルインターネット（Physical Internet:PI: π）は、デジタル情報の代わりに「もの」をトラック、貨物列車、船、航空機などの輸送手段によって各地の物流センターを順次リレーして送るビジネスモデルのことを言う。また、物流センターの中に設置されたコンベヤーや仕分け機、収納棚、自動倉庫、無人搬送車、フォークリフトなどの物流システム機器およびドライバー、ピッキング作業や梱包作業、検品作業などを行う人々などを複数の企業が活用することで生産性向上やコスト削減、物流品質向上、顧客満足獲得、地球環境貢献などに資する活動のことを言う。基本は、最近さまざまな分野で拡大しているシェアリングエコノミーの考え方である。フィジカルインターネットは、送りたい荷物を、運ぶ仕事を待っている企業や人に預けて、設備に余裕のある物流センターなどのアセットを介して、トラックなどの輸送手段を活用して目的地まで送ることから、筆者はフィジカルインターネットのことを「究極のオープンな共同配送・共同輸送」と言っている。

フィジカルインターネットの構築を呼びかけ、先導している米ジョージア工科大学のモントルイユ教授、フランスのパリ国立高等鉱山大学のバロー教授らは、「フィジカルインターネットは、相互に結びついた物流ネットワークを基盤とするグローバル・ロジスティクスシステムである。その目指すところは効率化と接続可能性の向上であり、プロトコルの共有、モジュラーコンテナ、スマートインターフェースの標準化を図ること」と定義している。デジタルインターネットのTCP/IPにあたるプロトコル、すなわち一定のルールの基にモジュラーコンテナといった標準化されたプラスチック容器の活用を呼びかけている。モジュラーコンテナは、一般的には通い箱すなわちRTI (Returnable Transport Item) と言うが、各業界や各社で規格が決められることが多く、RTIの標準化はなかなか進まなかった。

　これまでの長距離輸送のドライバーは、到着地で宿泊するなどして自宅には帰れないことが多く、体力的にも厳しいため、若い人々には人気が無く、トラックドライバーの有効求人倍率が極端に高くなっている。物流分野での働き方改革の社会問題化の影響もその一因となっている。フィジカルインターネットを構築して各地の物流センターを介して、預かった荷物をリレーして配送するようにすれば、トラックドライバーも日帰りできるようになる。モントルイユ教授は、カナダのケベックからカリフォルニアのロサンゼルスまでの5030kmを、これまで長距離ドライバーひとりが運んでいたのを17人のドライバーがリレーして運んだ場合について検討した。走行時間は48時間が51時間に6%程度増加するが、ケベックからロサンゼルスまでの所要時間は120時間から60時間に半減した。ドライバーは規定の距離を走行すると必ず休憩を取らなければならず、何よりも睡眠時間が必要である。17人のドライバーがリレーするときは、交代のために高速道路から一般道路に迂回することとなり走行距離は伸びるが、ドライバーは片道3時間で約300kmの運転の後で他のドライバーと交代して帰宅すること

になる。トラックの稼働率が倍増し、スピードアップが図られ、サービス向上・顧客満足度向上につながる研究結果である。

　数社で条件整備をして構築した共同配送では、他社が後から仲間に入ることはできないが、フィジカルインターネットを構築すれば、誰でも、いつでも、どのような荷物でも、共同で配送するシステムに預けることができるようになる。荷物を預かる物流関係者の方も設備稼働率もトラック積載率も上がり、効率が向上し、利益も上がることになる。

　フランスのバロー教授の研究では、図2に示すように、大手流通業のカルフールとカジノがそれぞれ独自の配送網を稼働させていたが、倉庫の数を2社合計58カ所から37カ所に集約して共同配送を実施することにより在庫量が60％以上も削減され、トラックの走行距離が15％減少し、結果としてCO_2は60％削減されることがわかった。

　フィジカルインターネットは、すぐにでも実現するものではない。標準化といった課題を全てのステークホルダーで推進する必要がある。たとえば、荷物の大きさは多様であり、トラックに積み込むときや物流センターで保管するときには扱いに困ることがある。子供の積み木箱では、四角や長方形、三角、丸く筒のようになったものなど違った形のものが集まっても、ひとつの収納箱に収まる。このようなイメージで、段ボール箱、トレー、折り畳みコンテナ、クレート、カゴ車あるいはパレットなどの荷姿の標準化が重要である。トラックの荷台やJRコンテナ、海上コンテナの中に空きスペースを無くし、積載率が高くなるような積み荷の組み合わせが重要である。そこには数学的な組み合わせ問題が発生するが、それは人工知能（AI：Artificial Intelligence）が簡単に解決してくれる。荷姿の標準化ができていれば、それほど難しい問題ではなくなる。

　どの企業も荷物を引き受けることができるようにするためには、誰もが取り扱えるように、伝票の標準化も重要である。将来的にはRFID

（Radio Frequency Identificationまたは Radio Frequency Identifier
：ICタグ）の活用でデジタル化して伝票レスが進むことが予想される。
ドライバーのスマホで情報が伝えられることになる。しかも、それが
5Gのスピードで超リアルタイムに確認できる時代が来る。

　フィジカルインターネットが実際に稼働するためには、どこに荷物
があり、どこのセンターの設備に余裕があるか、どのトラックや船、航
空機が出発しようとしているかなど関係者が共通して検索できるデー
タベースが構築されなければならない。

図2 ● フランス流通2社が独自の配送網から共同配送に変換

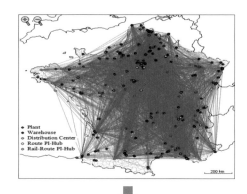

現状（共同物流拠点なし）

Current flows

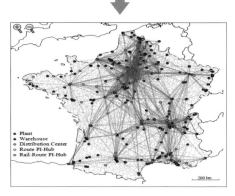

共同物流拠点を使用

Physical Internet flows

出所）Stn International Physical
　　　Internet Conference資料

4 フィジカルインターネット実現のための取り組み

4.1 プラットフォームの構築

　フィジカルインターネットによって「究極のオープンな共同配送・共同輸送」を実現するためには、データベースすなわちプラットフォームの構築が必要である。フィジカルインターネットは、荷物を運ぶシステムであり、それに最小限必要な情報を収集できるようにしておくことが重要である。物流現場のオペレーションに必要な

　①識別番号

　②目的地データ：どこから、どこまで運ぶか

　③大きさと重さデータ：たて、よこ、高さと重量

　④ケアマークデータ：割れ物注意、水ぬれ注意、積段数制限などの
　　荷扱いの注意項目

という最小限のデータのみ登録するようなシンプルなデータベースを用意することを考えている。荷物を荷主が指定するところまで確実に運ぶことが第一であり、それに必要な最小限のデータをアップロードすれば良い。このような情報のアップロードは、荷物1件ごとに実施することを想定している。物流現場にはビジネス上の情報や個人情報を持ち込まない方が良い。

　法人の荷物であっても個人の荷物であっても、預けられた荷物は近くの広域集積センターに集められ、仕分け装置を活用して宛先方面別に分けられる。仕分けされた荷物はトラック、貨物列車、RORO船

（roll-on/roll-off ship）のような船舶、航空貨物便に積み込まれる。目的地近辺の集積センターでラストワンマイルのエリアに仕分けされ、2トン車以下の通称「軽」や「バン」といわれる小型トラックに積載され、ドライバーによって一軒一軒配達される。法人向けに配達される荷物も個人宅向けに配達される荷物も扱いは同じである。物流の基本的なパターンである。

　これからの時代では、物流の分野も小口化が進み、コンビニやドラッグストアの店頭の商品の補充のための配送は宅配便のような形態が多くなると考えている。おにぎりやパン、牛乳、豆腐のような毎日配達、補充されるような日配品以外の商品は宅配便によって補充される方が生産性向上に資することは間違いない。特に、加工食品、日用雑貨、医薬品、衣料品などは商品の種類すなわちSKUが指数関数的に増加しており、ひとつのSKUあたりの注文数は小さくなり、専用大型トラックでの配達では積載率が低く、生産性は落ち、宅配便を活用する頻度はますます高まるはずである。生産工場またはその近くの物流センターからSKU単位でコンビニやドラッグストアに宅配便で直送すべきである。生産に必要な部品や材料も小口化が進み、トラックなど輸送手段の積載率が激減している。調達物流と販売物流の合流、混載、共同輸送は必然的に進む方向である。

　これからの物流の姿を考えると、上記の②目的地と③大きさ、重さのデータさえあれば、物流のオペレーションは完結する。そのためのデータベースの構築が待たれる。

　物流の過程で万が一事故が発生したときの処理には発荷主情報や着荷主情報、荷物の中身に関する情報が必要になることがあり、発荷主がデータベースを持っていて、それとひも付く①識別番号があれば、いつでも対応できる。問い合わせに対して、認証システムといったウオールを構築しておき、セキュリティーを確実にしておくことが重要であり、荷物を扱うシステムとは切り離した仕組を作成しておくこと

がポイントである。また、事故を防ぐための情報として④ケアマーク情報が役立つ。

　また、配達時間の指定など個別の条件については、付帯情報として①識別番号で検索や指定ができるようにしておけば良い。時間指定が無い場合は、通常のオペレーションで最も早く届くようにすることが原則である。

　発荷主が荷物を預けた瞬間に近くの方面別仕分けセンター到着時間が判明し、仕分けた後にどの輸送手段を活用するか、輸送手段のリレーがあるか、ドライバーのリレーが何回あるか、目的地近くの仕分けセンターからラストワンマイルは誰が担当するかといった一連のオペレーションが計算され、到着時間や料金が示されるようなシステム構築がフィジカルインターネットである。各地の個人事業者や中小規模の運送業者も含んだ物流関係者が総出で取り組むシステムである。

　ドライバーは片道4時間から5時間を限度に交代し、帰り便を担当する。反対方向から来たトラックのドライバーと交代して運転する場合もあれば、トレーラーとトラクターを入れ替える場合も考えられる。また、長距離の場合は鉄道や船舶の利用もあり、特急を望まれるときには航空便も手段のひとつになる。

　このような運用で荷物をいつでも運ぶことができるプラットフォームであれば良く、正確でシンプルな操作で手早くデータをアップすることが重要である。また、ものを運ぶ仕事をしたい企業や個人事業者に活躍の場を与えるシステムでなくてはならない。アップされている情報を見て、仕事を取りに来てもらうシステム構築がポイントである。

4.2　物流資材の標準化の提案

　物流資材でもっとも重要なものはパレットである。半世紀前には一貫パレチゼーションと言ってメーカーでパレットに積載した製品をで

きる限りそのまま小売りまで運ぶために活用することによって積み下ろし作業の削減、生産性向上に役立っていた。1970年にT11型パレットがJIS化された。その後40年以上もかかって1100×1100mmの正方形のT11パレットが日本で一番使用されるようになった。ただし、ビールや日本酒の業界では1100×900mmのパレットが使用されている。海外では、1200×800mmのパレットが主流であり、1200×1000mmのパレットも普及しており、T11型を使用する日本はガラパゴス化といわれても仕方がないような状態である。日本と同じようにT11型パレットを主流として使用していた韓国は、中国との貿易量が増加したこともあり、1200mmに移行する動きがでてきた。

　筆者は、日本のパレットの規格を1200×1100mmにすることを提唱している。日本全国の物流センターの棚の幅は1100mmである。現在、ビールパレットは奥行きが足りないが1100mmの棚に収納されている。それと同様に1200mmのパレットを縦に収納することができるように1200×1100mmとすれば良い。100mmは飛び出すが、1100mmの棚に収納はできる。日本の物流センターのすべての棚を1100mmから1200mmに取り替えることは不可能であり、通常のT11型、ビールパレット、グローバルの1200mmという3タイプのパレットが収納できることがポイントである。ただし、縦と横にフォークリフトの爪を差し込む必要からリフトアップ用の穴は4方向にあることが必要である。

　パレットに積載するための容器として通い箱すなわちRTIについて、フィジカルインターネットを推進しているヨーロッパのALICE（Alliance for Logistics Innovation through Collaboration in Europe）では、PIコンテナ（Physical Internet Container）を推奨している。図3に示すように、ドイツではGS1 SMART-Boxをモジュラー容器として実証実験が始まっている。大きさは、400×300mmと400×600mmの2通りがある。

　筆者は20年前にNPO法人食品流通高度化推進協議会を設立して、

加工食品業界で使用されているすべての段ボールをプラスチック容器にRFIDを添付した通い箱すなわちRTIに転換することを提案したことがある。イオンやイトーヨーカ堂の取締役が副理事長に就いたこともあり、加工食品メーカー、食品卸、小売りを中心にRFIDのベンダーも含めて77社が加入して活動を始めた。地球資源保護のため段ボールを削減し、通い箱を業界でレンタルするシステムを構築して、日付管理や在庫管理も確実に実施でき、物流現場の生産性向上に寄与することを訴えた。その後、国内では環境に対する考え方が緩くなり、総論賛成・各論反対になり、1社ずつ去っていった。しかし、最近SDGs（Sustainable Development Goals）の活動が世界中で始まり、我が国政府も2050年のカーボンニュートラル実現を政策として掲げていることもあり、通い箱活用を再び呼びかけている。

　最近、加工食品業界が外箱の大きさを統一する方向で協議していることを耳に挟んだが、カーボンニュートラルを掲げる政府の後押しは

図3 ● GS1 SMART-Box

出所）https://www.gs1.at/newsroom/

期待できず、今更段ボールではなく、プラスチック容器の通い箱化に進んでもらいたいと思っている。

筆者が考える通い箱の大きさとしては、パレットの大きさが1100mmや1200mmであることを考慮して外寸500×600mmとその半分の500×300mmの2通りを提案している。積み重ねの強度を考えると内径は50mmから80mmぐらい小さくなるかもしれない。また、深さ（高さ）は、300mmまたは500mmを考えているが、内容物の大きさや重さによって収納量も考慮して決定した方が良い。ポイントは、プラスチック容器の縦と横のサイズは標準化が図られなければならないことである。

その他の物流機器としてカゴ台車やボックスパレット、6輪車などがあるが、大きさは前述したパレットに合わせ、物流現場のオペレーションに大きな混乱が発生しないように配慮すべきである。特に、6輪車の内寸は通い箱のサイズの500mmあるいは600mmにすべきである。

いずれにしても、物流機器にはRFIDを添付することにより所在を見える化し、しっかりしたトレーサビリティのシステムを構築することが重要である。

4.3 RFID貼付の標準化

フィジカルインターネットでは、前述したように、預けられた荷物をエリアのセンターで方面別に仕分け、幹線輸送にて届け先近くのセンターに持ち込まれて仕分けられ、配達される。どこの仕分けセンターが空いているか、最適なルートと所要時間などがシステムから提示される。選択されたルートと関係する人と施設をリレーして運ばれるが、このような履歴を記録しておくことが重要になってくる。

荷物のトレーサビリティを記録するためには、RFIDの活用が最も有効である。宛先や大きさ、重さの情報が物流では必要であり、荷物

に貼付されるRFIDには識別番号が記録されていることがポイントになる。荷物が正確に、スピーディーに、大切に運ばれた後に、トレーサビリティの記録を基に料金の配分が決められる。荷物にバーコードやQRコードを貼付することも考えられるが、フィジカルインターネットが実現する頃には流通センターや仕分けセンターでは自動化や省力化が進んでいることが予想され、コードをスキャンするパートタイマーやアルバイトはいない。

　荷物の積み替えをできる限り少なくするため、ユニットロード化を進めなくてはいけない。カゴ台車やパレット、折り畳みコンテナなどのRTIにもRFIDを貼付して管理する必要がある。物流資材に貼付されるRFIDにはGRAI（Global Returnable Asset Identifier）が記録され、資材管理が可能となる。パレットやカゴ台車に積み込まれた荷物の塊に出荷伝票として貼付されるRFIDには出荷梱包シリアル番号であるSSCC（Serial Shipping Container Code）が記録され、これによって荷物の動きをまとめて管理することができる。

　カゴ台車は、ドライバーがフォークリフトを使用しないで扱うことができるため、物流の多くの場面で活用されている。筆者は、床に設置したアンテナでカゴ台車に貼付したRFIDを読み取ることで安定した読み取りシステムを考案した。それを実現するために、図5のようなフロアアンテナを開発した。

図4 ● T11型とユーロパレットへの通い箱(RTI)の積み込み例

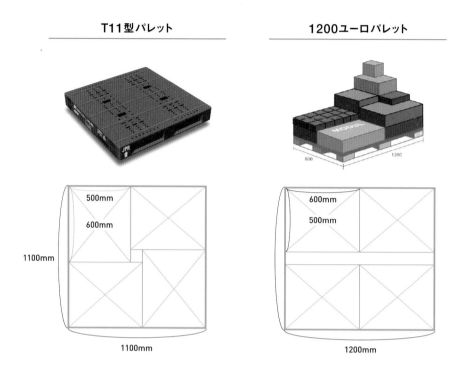

T11型パレット

1200ユーロパレット

図5 ● RFIDをカゴ台車の下部に添付した例と新しく開発したフロアアンテナ

5 日本式フィジカルインターネットの実現

　フィジカルインターネットは、ヨーロッパやアメリカで先行して取り組んでいるように言われているが、物流におけるいろいろな課題を克服する努力は各国で実施されており、とりわけ日本ではフィジカルインターネットという言葉は使われてはいないが、物流の効率化や物流品質向上の活動は各社で実施されている。各社各様のオペレーションを修正しながら毎日のルーティンワークをこなしてきている。それは、各国の生活習慣やビジネス習慣の違いの影響を受け、きれいなビジネスモデルの形にはなっていないことが多く、メディアにも取り上げられないために広く知れ渡ってはいない。特に、我が国では同業他社の動向は注意深く情報集めをするが、異業種に対する情報集めは行われてこなかった。

　しかし、物流のオペレーションは、たとえ法人であっても荷物を受け取るのはひとりの消費者であり、消費者の生活習慣やビジネス習慣に従わなくては受け入れてもらえない。フィジカルインターネットもヨーロッパやアメリカの模倣では失敗することは目に見えている。生活習慣やビジネス習慣すなわち慣習だけではなく、その根底にある法律による規制にも合わせることが重要である。規制緩和が必要であることもあるが、何よりも消費者の価値観や要望に俊敏に応える必要がある。

　フィジカルインターネットは、シェアリングエコノミーの考え方が基本であると言ってきたが、シェアするステークホルダー同士がウィンウィンの関係を構築することがポイントとなる。販売物流の分野で

は、日本には従来の宅急便、飛脚宅配便、ゆうパックといった宅配便が存在しており、そのビジネスを脅かすものであってはならず、正当な競争関係を維持すべきである。また、東京を含む地方・地域には赤帽やそれと同様の個人レベルの運送業者が存在するが、全国のキャリア、フォワーダーと協働することが基本である。フィジカルインターネットは、むしろ中小の運送業者に仕事を回すことになるはずである。さまざまな法律による規制やルールがあり、規制改革も含めて検討することが重要である。日本の経済社会は自由競争を原則としており、これを維持し、独占禁止法を厳守しなくてはいけない。広く社会に受け入れてもらえる形に持っていくことが肝要である。

　この協働すなわちシェアリングエコノミーを実現するためにはRFIDによるトレーサビリティのシステムを構築することが必要である。発荷主から荷物の配送を依頼され、着荷主に荷物が届けられるまでに多くの企業、個人事業主、設備などをリレーすることとなるため、費用の分配が必要になる。それを正確に公正に実施するにはトレーサビリティのデータが必要となる。バーコードやQRコードを人が読み取っていたのでは効率が悪く、無線を利用したRFIDが有効である。

　フィジカルインターネットは、グローバルロジスティクスを目標としており、海外における標準化や規制などの動向に関する情報を収集することに積極的に取り組むことも忘れてはいけない。グローバル化に対応するためには、情報に関する標準化も重要になる。製品や段ボールあるいはRTIなどにRFIDを貼付することによって伝票を削減することが可能になり、そのRFIDに世界標準のEPC（Electronic Product Code）を記録すれば世界中で活用できる。

6 まとめ

　中国で始まった新型コロナウイルス感染症は、パンデミックとなり、世界中の人々の生活を一変させてしまった。人々の日常は劇的に変化し、今までの常識、習慣などは通用せず、ニューノーマルといわれる生活習慣、ビジネス習慣が成立しつつある。それがどのようなものになるかはわからない。

　今までは店頭で購入されていたものがネット通販で購入され、宅配便を使用し、受け取りの押印やサインは省略され、置き配を求められるようになった。地球温暖化対策のカーボンニュートラルやカーボンフリー、消費者の新しい価値観のニューノーマル時代での物流は大きく変化することが予想される。これに対応できる物流の仕組みとしてフィジカルインターネットが主流となる。物流資源をシェアすることを基本としており、すべての物流人が総力を挙げてサービスする時代になっていくことだけは確かである。

　そのためにやるべきことは、物流資材の標準化である。鉄道コンテナや海上コンテナの大きさは変えられない。日本の鉄道は狭軌であり、欧米は広軌であることが多い。鉄道コンテナの幅は、そこから決まってくる。鉄道コンテナに格納するパレットの大きさも決まっていた。しかし、トラック輸送が主流になったにもかかわらず、パレットの大きさは変えられてこなかった。東京・名古屋間のリニア中央新幹線開通に合わせて全国の新幹線の貨物活用も現実味が出てきた。1100mmのパレットから1200mmのパレットに変えることも真剣に議論されている。しかし、日本中の物流センターでは幅1100mmの棚を使用してお

り、1200mmに取り替えることは不可能であり、1200×1100mmのパレットを提案した。

　また、地球資源保護を目的とした段ボールの削減や物流のオペレーションの効率化のためにプラスチック容器の通い箱RTIを提案した。その大きさは、1200×1100mmのパレットに合わせた500×600mmと500×300mmの2通りである。

　フィジカルインターネットを実現し、運用するためには物流のデータベース構築が欠かせない。ものを移動させる活動として販売物流だけではなく、調達物流も一緒に扱う仕組みや情報が必要である。物流に必要な宛先と大きさ、重さといったシンプルなプラットフォームを提案した。個人情報やビジネスに関する機密情報は直接扱わないようにすることが肝要である。識別番号で荷主に問い合わせをできるようにすればよい。

　情報や物流資材の標準化を推進するためにステークホルダーによる協議会を組織し、検討する仕組みが必要である。また、日本の企業や消費者が豊かになることが第一ではあるが、世界のフィジカルインターネット構築の動きを注視し、日本がガラパゴス化しないようにフィジカルインターネット実現を進めることが求められる。

参考文献

1. Eric Ballot,Benoit Montreuil,Russell D. Meller、The Physical Internet - The Network of Logistics Networks、La documentation Française、2014

2. 荒木勉訳、エリック・バロー、ブノア・モントルイユ、ラッセル・D・メラー、フィジカルインターネット～企業間の壁崩す物流革命～、日経BP、2020

3. Yanyan Yang, Shenle Pan, Eric Ballot、Mitigating supply chain disruptions through interconnected logistics services in the Physical Internet、International Journal of Production Research, Vol. 55, No. 14、2017

4. Simon Soonhong Kwon, Sara Kaboudvand, Guanlin Chen, Benoit Montreuil、Dynamic Inter-Hub Routing of Modular Containers and Vehicles in Hyperconnected Megacity Logistics、IPIC2021

5. 荒木勉、物流標準化・DXが実現するフィジカルインターネット、運輸と経済、(財)交通経済研究所、2021

6. 荒木勉、フィジカルインターネットで究極のオープンな共同配送を実現～Society5.0時代の物流に構造改革する～、流通情報、No.543、(財)流通経済研究所、2020

7. 荒木勉、欧州のSCM最適化の最新事例について～フィジカルインターネットの視点から～、MHジャーナル、No.285、日本マテリアル・ハンドリング協会、2020

8. 荒木勉、RFIDに関する研究その2～センサー付きRFIDによる宅配便トレーサビリティ～、ヤマト総研紀要、No.3(社)ヤマトグループ総合研究所、2021

フィジカルインターネットの理想と課題
～デマンドウェブとは何か～

西成活裕 東京大学 先端科学技術研究センター 教授

西成活裕

（にしなり　かつひろ）

東京大学大学院工学系研究科博士課程修了、博士（工学）の学位を取得。その後、山形大学、龍谷大学を経て、現在は東京大学先端科学技術研究センター教授。専門は数理物理学。様々な渋滞を分野横断的に研究する「渋滞学」を提唱し、著書「渋滞学」（新潮選書）は講談社科学出版賞などを受賞。2021年イグノーベル賞受賞。国土交通省「総合物流施策大綱」構成員など国の有識者委員に多数就任し、また東京オリンピック・パラリンピック組織委員会アドバイザーも務めた。

┃ はじめに

　2020年より本格化したコロナ禍で世界が一変し、我々のライフスタイルに大きな変化が起きた。物流に目を向けると、外出が減った影響で巣ごもり需要が増加し、2020年度の宅配便取扱個数は前年度比約12%増の48億個を突破した[1]。この増加率は過去20年間で最大であり、現在、日本だけでなく世界中で物流に過大な負荷がかかっている状況が続いている。そしてこれまで縁の下で社会を支えていた物流に対して、一般の人の大きな関心が寄せられるようになったのもこのコロナからといえるだろう。外出できないときに必要なモノを届けてくれる物流という機能に対して、改めて感謝を覚えた人も多い。

　実はコロナ以前より、トラックドライバー不足とEコマースの伸びによる配送の増加などで、物流はかなり危機的状況に陥っていた。また、働き方改革でトラックドライバーに残業規制が義務付けされる2024年からは、長距離のドライバーを確保するのがますます困難になり、日本の物流がストップしてしまう可能性も出てきている。こうした状況は、事業者が自らの努力で解決できるレベルではなく、関連するステークホルダーの協調が必要である。こうした背景のもとで、物流の究極の効率化としてのフィジカルインターネットが近年ますます注目されている。これはまさに情報インターネットの物流版であり、新たな物流の協調インフラといってもよいだろう。既に詳細な解説本も出版されているため[2]、本稿でこの取り組みを総合的に論じることはしないが、以下実現に向けて筆者が特に重要と考えていることに焦点を当て、その課題や理想とする姿について述べていきたい。

実現のための重要な技術的課題をあえて一つに絞るとすれば、それはアジャスティング（調整）といえるだろう。それにもかかわらず、これはフィジカルインターネットの要素技術の中で現在あまり研究が進んでいないものである。次節でこの内容を解説し、その後、そもそもフィジカルインターネットはどういった方向を目指していくべきかという大局的な論説を記したい。その理想とする姿として、デマンドウェブ構想について簡単なモデルを用いて説明する。そして最後に実現に向けた3つの重要課題について述べる。

2 アジャスティング

　フィジカルインターネットでは、膨大なデータの収集と分析、そしてそれを活用した配送ルートや在庫拠点配置などの全体最適化を行う必要がある。標準化やプラットフォーム作りなど、これまで様々な観点からこの実現に向けて議論が行われてきたが、科学技術の側面から考えると、極めて高度なレベルが要求されていることがわかる。そこで大いに期待されている技術が近年進展してきているAI（人工知能）である。例えば複数台のロボットによる協調した倉庫内自動搬送や、画像認識技術を利用したトラックの積載率自動測定など、すべて最新のAI技術が活用されている。しかしその精度にはまだ課題も残り、またAIを駆使してもまだ実用化が難しいものとして、任意形状のモノをピッキングするロボットなどが挙げられる。人ならば簡単にできるピッキングだが、これはAIにはまだまだ苦手なのである。倉庫内の作業はピッキング以外はほぼ自動化のめどがたっているため、倉庫の完全自動化のためにこの最後のピースの開発に世界中がしのぎを削っている。こうした重要な要素技術を組み合わせてフィジカルインターネットが作られていくが、その組み合わせの際の核になる技術として、最も重要なものが「アジャスティング（調整）」なのである。

　これは、少数のリソースを多数に分配する際に必ず必要になる概念である。例えば倉庫にトラックバースが5つあったとして、そこに10台のトラックが搬出のため到着したとしよう。もちろん10台のうち5台のみがバースで作業できるが、どうやってその5台を選べばよいだろうか。倉庫に到着した順にさばいていくのが普通であるが、倉庫内の搬

出荷物の準備状況次第では、少し順番を入れ替えた方がトータルの作業時間は短くなる場合もある。こうした調整を自動で最適に行う機能がアジャスティングである。物流現場においてこうした調整作業は至るところに見られ、例えば求貨求車システムにおけるマッチングでは、運びたい荷物の需要と、運べるトラックの供給量に不釣り合いがあれば、そこで調整作業が必要になる。

　つまり、フィジカルインターネットで重要になるシェアリングやマッチングは、そもそもこのアジャスティングが適切に行われることを前提とした概念で、この調整がない限り最適化は難しいのである。現在この調整作業は、経験を積んだ人が担当して様々な条件を見極めながら行っている。それは極めて重要な仕事であるにもかかわらず、高度に属人的であるため自動化はほとんど進んでいない。この調整を自動で行うことができて、かつ関係するステークホルダーの効用が最大化できれば、フィジカルインターネット実現に向けて大いに前進するだろう。リアルタイムで24時間瞬時に最適なアジャスティングがどこでも自動でできるようになれば、結果として労働生産性も向上し、かつリソースの稼働率も上昇する。目まぐるしく変動するサプライチェーン環境下で、多数のステークホルダー間の要求を人手で調整していくのはもはや限界がある。そこでAIを活用した自動のアジャスティングは今後欠かせない技術となるだろう。これは実は極めて新しい研究分野であり、代表的な研究としてFacebookのAIリサーチセンターから2017年に発表された論文が有名である[3]。そこでは、いくつかの商品を二人で山分けする際に、お互いの利得を最大化する交渉を自動でうまく行う研究であり、ニューラルネットワークを用いて交渉戦略を学習する、というものである。日本でも内閣府戦略的イノベーション創造プログラム（SIP）でこうした研究が行われきており、現在は民間主導で自動交渉に関するコンソーシアム（共同企業体）も立ち上がっている[4]。そこでは、共同配送の調整などが研究されており、配送依頼に

対するトラックの確保、配送経路の決定とバース予約などを複数の事業者間で自動交渉する仕組みが研究されている。その他、2019年から仮想経済空間内でサプライチェーンを考え、そこでAIの交渉技術を競うリーグも開催されており、年々参加者も増加してきている[5]。現在、多くの荷主、物流事業者、小売りなど様々なプレイヤーがこのコンソーシアムに参加し、積極的に研究開発を行っている。将来の標準化のためにも、このように初期からステークホルダーが集まって共通ルールを決めながら開発をしていくことが重要である。

　アジャスティングはフィジカルインターネットの肝になる要素技術であり、この精度が最適化のレベルを決定するため、今後も産学連携による技術向上と国際連携による標準化を意識して開発を進めていく必要がある。

3 デマンドウェブ構想

　次にフィジカルインターネットを少し広い枠組みで捉え、その理想とする姿を論じたい。まずサプライチェーンにおいて、製配販の連携は言うまでもなく極めて重要である。販売情報に基づいて製造し、それをタイムリーに配送できれば、無駄を減らし収益を上げていくことができる。この目的のため、例えばPOSデータなどの販売情報を活用し、AIによる需要予測を行い、それに基づいてリードタイムを考慮して製造・調達計画を立てるなど、多くの企業がこれまで製配販連携に取り組んできている。例えば、ZARAやユニクロなどのアパレル企業は、SPA (Speciality store retailer of Private label Apparel) という形態で製造工場から店舗まで一貫して情報連携ができており、販売情報が製造ラインに届いて自動で生産指示をする仕組なども構築できている。また、ウォルマートやP&Gなどの企業では、CPFR (Collaborative Planning Forecasting Replenishment) と呼ばれている高度な需要予測に取り組んでおり、これはサプライチェーン上のメーカー、卸、小売りが自分たちが持つデータを共有し合い、皆で需要予測に取り組んで在庫を最適化していく、という試みである。

　しかしサプライチェーン上でこうした上流から下流までの連携がうまくできている企業は、実はあまり多くないといえる。フィジカルインターネットは、この古くて難しい製配販連携に正面からチャレンジする取り組みともいえる。つまり、物流の最適化とは、配送のことだけを考えるのではなく、販売と製造も合わせて考えるべきなのである。これが最も重要な視点であり、特に販売（デマンド）から逆に上流に向

けて考える必要がある、というのが我々が考えているデマンドウェブである。

　以下、この構想について簡単なモデルを用いて説明しよう。モデルの設定はフィジカルインターネットの提唱者であるモントルイユ教授の論文[6]にあるものをベースとし、そこに新たな考察を付け加えた。

　まず、デマンドウェブにおける全体最適化は以下の3段階を経て行われていくと考える。

　1) 倉庫共有　　　2) 工場倉庫共有　　　3) 工場倉庫統合最適化

　具体的に話を進めていくために、図1のように工場と倉庫、そして顧客という3つのステークホルダーが格子状に並んでいる街を考える。赤セルが工場、青セルが倉庫がある場所を表し、そして残りのすべての灰色セルが顧客を表している。この街には3つの会社があるとし、それぞれが図1にあるように工場を1つ、倉庫を2つ持ち、倉庫あるいは工場から顧客に商品を届けている。そして工場や倉庫セルの場所にも顧客はいるとし、縦横10セルとしているので、顧客は全部で100人、工場は1つ、倉庫は2つである。セルに書いてある数字が工場あるいは倉庫からの最短距離（セル数）である。この数字をすべて足して顧客数で割れば、配送にかかる平均距離がわかるが、図から計算すると、倉庫・工場から顧客への配送はどの会社も平均3セル以上かかり、また最大は7セルとなっている。

1) 第1段階：倉庫共有

　この現状に対して、まずこの3社でお互いの倉庫を共有することを考える。つまりどの会社もお互いの倉庫を利用できるとすれば、顧客までの配送距離を短くすることが可能になる。その様子が図2で、これより倉庫・工場からの配送はどの会社も平均2セル前半に短縮できており、また最大でも6セルに短縮された。これが倉庫のシェアリングによる効果である。

2) 第2段階：工場倉庫共有

次に倉庫だけでなく、生産の拠点である工場も共有したらどうなるか考えてみよう。つまり他社に自社の製品の製造をお願いする、ということである。顧客に近い工場で生産すれば物流の負担を軽減できる。そして注文が増えた場合でも自社で設備投資をして工場を増やすのではなく、他社の資産を活用して製造してもらうことで、自社も他社も利益が得られる仕組みができる。まさに自利利他で共栄を目指す経営思想といえるだろう。この場合が図3で、配送距離も平均でついに2セルを切って1.9セル、最大でも4セルとなり、さらに効率化が進んだのが確認できる。

3) 第3段階：工場倉庫統合最適化

　最後に、倉庫や工場の共有が進めば、もともとあったものすて残し

図1 ● 3つの会社が別々に工場と倉庫を保有している場合の配送距離

Company_1										Company_2										Company_3									
3	2	1	0	1	2	3	3	4	5	7	6	5	4	3	2	1	2	3	4	6	5	4	5	4	3	2	3	4	5
4	3	2	1	2	3	3	2	3	4	6	5	4	3	2	1	0	1	2	3	5	4	3	4	3	2	1	2	3	4
5	4	3	2	3	3	2	1	2	3	5	4	3	2	2	1	2	3	4	5	4	3	2	3	2	1	0	1	2	3
6	5	4	3	3	2	1	0	1	2	4	3	2	1	0	1	2	3	4	5	3	2	1	0	1	2	3	2	3	3
7	6	5	4	4	3	2	1	1	2	5	4	3	2	1	2	3	4	5	6	2	1	0	1	2	3	2	3	3	2
6	5	4	3	4	4	3	2	3	4	6	5	4	3	2	3	4	5	6	7	3	2	1	2	3	4	3	3	2	1
5	4	3	2	3	4	4	3	4	5	5	4	3	2	1	2	3	4	5	6	4	3	2	3	4	4	3	2	1	0
4	3	2	1	2	3	4	4	5	6	4	3	2	1	0	1	2	3	4	5	5	4	3	4	5	5	4	3	2	1
3	2	1	0	1	2	3	4	5	6	4	3	2	1	2	3	4	5	6	7	5	4	5	6	6	5	4	3	2	1
4	3	2	1	2	3	4	5	6	7	5	4	3	2	3	4	5	6	7	8	6	5	6	7	7	6	5	4	3	2

図2 ● 第一段階として倉庫を共有した場合

Company_1										Company_2										Company_3									
3	2	1	0	1	2	3	4	5		3	2	1	0	1	2	1	2	3	4	3	2	1	0	1	2	3	4	5	
4	3	2	1	2	2	1	2	3	4	4	3	2	2	1	0	1	2	3	4	3	2	1	2	1	2	3	4		
3	2	2	2	1	2	0	1	2	3	3	2	2	2	1	0	1	2	3	4	3	2	1	2	1	0	1	2	3	
3	2	1	2	1	2	1	0	1	2	3	2	1	2	1	2	1	0	1	2	3	2	1	2	1	0	1	2		
2	1	0	1	0	1	2	1	2	3	2	1	0	1	0	1	2	1	2	3	2	1	0	1	0	1	2	1	2	
3	2	1	2	1	2	3	2	3	4	3	2	1	2	1	2	3	2	3	4	3	2	1	2	1	2	3	2	3	
4	3	2	2	2	3	2	3	4	5	4	3	2	2	2	3	2	3	4	5	4	3	2	3	2	3	3	2	1	0
4	3	2	1	2	3	4	5			4	3	2	1	2	3	4	5			5	4	3	2	1	2	3	3	2	1
3	2	1	0	0	1	2	3	4	5	4	3	2	1	0	1	2	3	4	5	4	3	2	1	0	1	2	3	4	3
4	3	2	1	1	2	3	4	5	6	5	4	3	2	1	2	3	4	5	6	5	4	3	2	1	2	3	4	4	3

ておくのは過剰となり、固定費を考えると工場や倉庫を全体で統廃合
した方が効率的になるだろう。それを最適化の手法を用いてシミュレ
ーションしてみたのが図4である。

　倉庫・工場の固定費コストを削減するためには、こうした拠点数を
減らせばよいが、あまり減らしすぎると顧客までの距離が延びて配送
コストが高くなる。したがって施設の固定費と配送コストとのトレー
ドオフで最適化を行う必要がある。図4では、施設の固定費は配送費1
セル分の倍数とし、固定費が小さい場合（25倍、地方などの想定）、中
ぐらいの場合（50倍）、大きい場合（100倍、都市部の想定）の3通りの条
件で調べた。手法は混合整数計画問題という最適化手法を用い、もち
ろん工場は最低一つ以上という条件で解を求めた。実際には統廃合を

図3 ● 工場と倉庫をすべて共有した場合

3	2	1	0	1	2	1	2	3	4
4	3	2	1	2	1	0	1	2	3
4	3	2	2	2	1	0	1	2	3
3	2	1	2	1	2	1	0	1	2
2	1	0	1	0	1	2	1	2	2
3	2	1	2	1	2	3	2	2	1
4	3	2	2	2	3	3	2	1	0
4	3	2	1	1	2	3	3	2	1
3	2	1	0	0	1	2	3	3	2
4	3	2	1	1	2	3	4	4	3

図4 ● 工場と倉庫の統廃合による最適化。固定費のコストを3通り変えた結果を示した

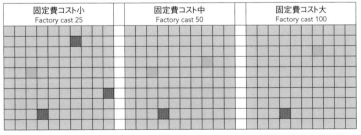

固定費コスト小 Factory cast 25	固定費コスト中 Factory cast 50	固定費コスト大 Factory cast 100

倉庫は一つを3社で　　　　工場を一つに　　　　本当に重要な拠点工場・
共有するのが最適　　　　統合するのが最適　　　倉庫が絞られる

すると倉庫や工場の整備なども新たに必要となるが、複雑さを避けるため今はそうしたコストは考えず、配送距離と拠点コストのトレードオフの観点のみから見た、本当に重要な拠点位置を確認してみよう。例えば都市部での重要な工場と倉庫の位置は図4の右端であり、やはりどちらも中心部に置くことがよい、という結果が得られている。これはある意味でわかりやすい結果であるが、顧客のデマンドがもしも偏っている場合は、その偏在を反映した位置が解になるだろう。こうしてより複雑なケースになると数理最適化の手法は極めて有効になってくる。

　以上、3段階を経て達成される最適化のアイデアを示したが、重要なのは製造工場までも共有し、デマンドを考慮した配送を考えて作る工場の場所を決めるということであり、これがデマンドウェブ構想である。物流のみの最適化を考えるのではなく、製造と販売も一体となった全体最適化を目指したものである。

　デマンドウェブの考え方は、トヨタ生産方式がヒントになっている。トヨタではまさに最下流であるデマンドから考えた生産をするところが逆転の発想であった。その仕組みをコントロールするのはカンバンで、このカンバンの下流から上流への受け渡しがあって初めてモノが逆向きに流れ、無駄な在庫を圧縮できる[7][8]。この物流版がデマンドウェブであり、それは例えて言えば四角いスイカを作って売る話といえるだろう。物流の視点からは、丸いものは運びにくいため、四角いデザインで製造した方がよい。つまり物流を考慮した製造にシフトしていくことがまず重要な点である。そしてできるだけ消費地に近い場所で作る方が配送コストを抑えることができる。最も重要なのは、その四角いスイカは売れるのか、というマーケティングである。売れないものは作る必要がないし、運ぶ必要もない。デマンドがあって初めて製造し、モノを流していくことが重要である。作って運んで売れずに捨てる、というのはもう地球環境を考えると許されないことなのである。

4 今後の課題

　フィジカルインターネットは確かに物流における究極の全体最適化を実現するものといえるだろう。これはもともと物流の理想的な姿ということで演繹的に提案された概念であったが、約10年を経た今、その具体的な姿が徐々に浮かび上がりつつある。

　最も基本となるのは、データやハードウェアの規格などを共通のプロトコルで作っていくことで、この標準化を前提としてあらゆるものが相互接続可能になる。既にソフトやハードの要件が整理され、様々な関係機関で実現に向けて世界的規模で調整が行われつつあり、今後のさらなる進展に期待したい。またこの流れを加速している背景に、SDGs（持続可能な開発目標）やESG（環境・社会・ガバナンス）投資など、近年の地球環境や労働環境への意識の高まりもある。もはや環境や人に犠牲を強いる産業は持続可能ではないのだ。物流は、電気やガス、水道に並ぶ社会インフラの基盤といえるものであり、人類にとって持続可能なものでなくてはならない。

　最後に実現に向けた課題について以下の3つの視点で整理して論説したい。今後はこれらを皆で丁寧に議論してクリアしていく必要がある。

1）標準化と合意形成

　物流情報を上流から下流までつなぐためには、コンテナやパレットなどハードの標準化と、物流情報を扱うコードなどソフトの標準化の両方が必要である。これを世界共通で定め、それを関連するステーク

ホルダーが採用して共通に使う必要がある。しかしその場合、各事業者がこれまで使っていたハード・ソフトとの整合性が問題になり、もし異なるようであれば大幅な設備投資が必要になるだろう。すると投資コストを上回るメリットがない限り協力を得るのは難しくなる。また、何を標準とするかについては、各事業者は今使っているハード・ソフトにできるだけ寄せることができれば設備投資のコストも下げられるため、関係機関の合意形成も簡単にいくとは思えない。こうした場合はある程度の強制力が必要であり、また公的機関によるコスト支援も視野に入れる必要がある。こうした問題は、過去に世界でコンテナサイズの標準化に成功した事例が参考になるだろう[9]。さらに最近はSDGsの機運の高まりにより、物流部門からのCO_2排出の問題、また過酷な労働環境による人権問題なども議論されるようになり、こうした点も標準化を進める強制力になっていく可能性がある。段ボールについても現在様々なサイズがあり、これも各社がこれまでバラバラで作ってきたため、それらを共同配送する場合はどうしても積載率が低下してしまう。そこで例えば中2つで大1つと同じ大きさ、などと決めて皆でこの標準化されたものを使えば、積載効率は格段に向上する。こうした規格がフィジカルインターネットで議論されてきたが、とにかく段ボールは協調領域のハードだと認識し、急いで標準化・共通化を進めていくべき筆頭であろう。さらに環境問題を考えると、今後は使い捨てではなく通い箱のような再利用できる標準的な入れ物も検討していかなくてはならない。

2) ビジネスモデルと運用マネジメントについて

これまで各社が競争しながら利益を上げていた領域で、いきなり今後は協調せよ、ということになれば、収益が減って存続が危うくなる事業者も出てくるだろう。フィジカルインターネットによる効率化で収益が増加する場合もあれば、逆に競争領域がなくなって優位性が消

滅してしまう場合もあり得る。マイナス効果が予想される場合、事業者はこれまでのビジネスモデルを大幅に変革する必要に迫られるが、それは一般に簡単なことではない。物流DXというキーワードが近年話題になっているが、これがまさにこの変革を意味していて、単なるデジタル化ではなく、それを通じてビジネスモデルまでも変えていくという意味である。例えば配送のあらゆる情報をデジタル化し、そのビッグデータをAIで分析することで将来の需要を開拓し、さらにそのデータを活用できる市場をつくることで多くのプレイヤーが集まるエコシステムをつくる、といったところまで視野を広げられれば素晴らしい。

　通常の情報インターネット環境では、我々は無料でメールを使うことができ、世界中の人と通信をすることが可能である。その誕生によって有料の通信である郵便や電話は駆逐されたかといえば、もちろん今でも残っている。やはりすべてをメールに移行するのは難しく、郵便や電話はその確実性と安定性、また手書き文字や肉声の温かみ、デジタルツールに慣れない人にも簡単に利用できる、といった利点もあるのだ。配送についても同様に考えられ、例えば定型で定期便のようなものはフィジカルインターネットで運ばれ、そうでない少数・不定期、不定形のモノの配送は競争領域として残る部分もあるだろう。そう考えると、フィジカルインターネットの効率的でエコな物流網を利用する新しいビジネスを考えて収益を伸ばし、かつその物流網で難しい配送は、それに特化したサービスを競争的に磨いていく、といったビジネス戦略もあり得るだろう。各事業者は、そうした変革した姿を思い描けるかどうかが今後の生き残りを決める重要な要因になると思われる。

　フィジカルインターネットのコストについても、今後議論を重ねていく必要がある。まず協調領域での利益配分はどのようにするか、という問題があり、さらに、そもそもこの新しい物流網の構築・運営の

コストは誰が負担するか、という点も考えていかなくてはならない。初めに協調領域での利益配分について考えよう。フィジカルインターネットは皆で物流網を共同利用するものであり、顧客が支払った代金を事業者間でどのように分配するかについてのルールが必要である。例えば大阪から東京にモノを運んでほしい荷主がいて、それを2つの物流事業者が途中の静岡でバケツリレー的に協力して運んだとしよう。この場合、大阪―静岡、静岡―東京の距離比で荷主が払った配送代金を分配する方法が考えられるが、話はそう単純ではない。静岡から東京へは渋滞でかなりの時間がかかった場合、距離比では割り切れない部分もある。また大阪、静岡、東京での荷役のコストもあり、そして東京の受け取り側に時間指定がある場合は、その調整コストなども考慮する必要がある。さらにはフィジカルインターネットでは動的な最適化を行うこともあり、例えば配送中にルート変更の指令がAIから飛んでくるかもしれない。そしてある場所で別の第3の物流事業者に荷物を引き渡すことになれば、その事業者にも利益配分をしなくてはならない。こうしたことが様々な荷物に対して膨大に連鎖していくため、配送が動的に最適化されていくシステムの場合、コスト配分の計算はかなり難しいものになる。したがって何らかのシンプルな配分ルールが必要であり、また、そもそも複雑すぎる最適化はフィジカルインターネット運営には向いていない可能性もある。

　そしてもう一つの構築・運営コストについてであるが、民間ですべて行うのか、あるいは社会インフラということで、電気やガス、水道と同じように一部を公共料金化する、などの案も考えられるだろう。これを考える際に、通常の情報インターネットの例が参考になる。その構築や保守、更新は利用者が負担し、ほぼすべて民間ベースで進められている。情報ネットワークももちろん社会の重要なインフラであるが、公共料金制にはなっていない。物流網も民間のみで運営していくのは可能であると考えられるが、情報インフラよりは利益率が低いと

考えられるため、やはりここでもビジネスモデルの構築が鍵を握るだろう。物流という「部分」で考えるのではなく、それによって恩恵を受けているあらゆる産業をトータルで見て収益を考える広い視点が重要になってくると思われる。

　さらに運営にあたっては、コストだけでなくその信頼性や安定性も重要な観点である。きちんと遅延なく、商品を劣化させずに運べるか、そしてそれを誰が担保するのか、またデータやプライバシー情報の漏洩はないか、改ざんや乗っ取りなどに対するセキュリティー対策は大丈夫か、など、ガバナンスの観点も重要である。またデータを集めるクラウド環境に関しても、重要インフラなので海外依存ではなく国産のものを使う方が安全だろう。現在内閣府のSIPスマート物流プロジェクトでも、そのデータプラットフォームは国産のクラウド環境を用いて開発が進められている。欧州でもフィジカルインターネットを進めていく上で、上記の懸念や独禁法対策も含めたガバナンスの議論もきちんと進められている。この際に重要な技術として、改ざんが容易でないブロックチェーンや、暗号化したままデータを加工できる秘密計算技術なども注目されている。

3) 最適化について

　最後に議論したい点は、アジャスティングによる全体最適化をどのように技術的に実現するか、という点である。これはフィジカルインターネットの頭脳に相当する重要な機能であるが、あまり研究は進んでいない。その理由として、最適化というのは実はそう簡単なものではなく、環境や目的が動的に変わる場合は数学的に極めて難しいからである。逆に変動しない環境下では最適化問題は扱いやすく、それを行うソフトウエアも充実している。実際にトラックの配送ルートや倉庫位置の最適化、スタッフ人員配置の最適化、倉庫でのアイテム配置やピッキング動線の最適化など、様々な応用がこれまでなされてきて

いる。ただし多くの場合、制約条件を固定し、さらにいくつかの条件を無視して単純化することで解を求めたものであり、現実の問題に適用する場合はそのままでは使えないものが多い。3節で論説したモデルもかなり現実を簡略化したため厳密に解くことができたが、実際に適用する場合は相当な拡張が必要である。いずれにしろ、変動する環境、そして不確実な環境での最適化は数理科学にとっても難しいフロンティアとなっている。

　また、基本設計として、このフィジカルインターネットは中央集権的に運営するのか、あるいは中央を持たずに分散して管理するのか、という議論も重要である。情報インターネットでは中央は存在せず、分散的に運営されており、それゆえどこかのノードが機能しなくてもそこを迂回して代替ルートでパケットが届けられる。物流網もそのような考えで構築されていくべきであるが、一方で全体最適化については中央にすべてのデータを集めた方がやりやすい。こうしたトレードオフは研究上の重要なテーマであり、中央と分散のバランスをいかに設計するかがフィジカルインターネット実現の重要な鍵の一つである。

　これまで発表されたフィジカルインターネットの関連論文を見ると、理系サイドからの学術的研究はあまり多くなく、今後はこれからこうした研究に参入する高度なスキルを持つ人材が必要である。そのため、東京大学では高度物流人材を育成する寄付講座を発足させ、2020年4月から理系大学院生向けに高度な物流の講義を開講し、人材面での貢献に努めている[10]。

　2021年度に発足した経済産業省のフィジカルインターネット実現会議では、2040年までのロードマップを策定し、実現に向けて今後取り組んでいくべき道筋が示された。本論説が少しでもこの実現に寄与できれば望外の喜びである。

参考文献

1. 国土交通省発表資料「令和2年度宅配便取扱実績について」
   〈https://www.mlit.go.jp/report/press/jidosha04_hh_000235.html〉

2. 「フィジカルインターネット　企業間の壁崩す物流革命」エリック・バロー他著、荒木勉訳
   （日経BP、2020）

3. "Deal or No Deal? End-to-End Learning of Negotiation Dialogues", Mike
   Lewis, et al., ACL, pp.2443–2453, 2017

4. 自律調整SCMコンソーシアム（https://automated-negotiation.org/）

5. SCML League（https://scml.cs.brown.edu/）

6. Benoit Montreuil, "Towards a Physical Internet: Meeting the Global Logistics
   Sustainability Grand Challenge", CIRRELT-2011-3.

7. 「トヨタ生産方式　―脱規模の経営をめざして―」大野耐一著（ダイヤモンド社、1978）

8. 「無駄学」西成活裕著（新潮選書、2008）

9. 「コンテナ物語」マルク・レビンソン著、村井章子訳（日経BP、2007）

10. 東京大学先端科学技術研究センター先端物流科学寄付研究部門（http://webpark
    2119.sakura.ne.jp/wp/）

フィジカルインターネット実現化に向けての課題

橋本雅隆 明治大学専門職大学院グローバル・ビジネス研究科 専任教授

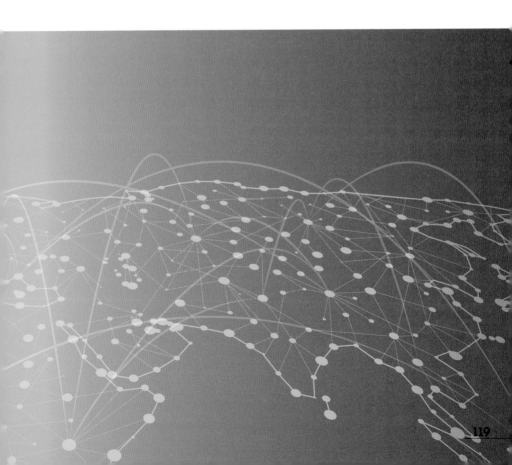

橋本雅隆

（はしもと まさたか）

明治大学専門職大学院グローバル・ビジネス研究科　専任教授　博士（商学）。専門はロジスティクス論、サプライチェーン・マネジメント論。著書『自動車部品調達システムの中国・ASEAN展開』（共編著）中央経済社　2010年『現代物流システム論』（共著書）有斐閣2003年、『ロジスティクス概論』（共編著）実教出版2007年ほか。論文多数。

フィジカルインターネットの目的

　我が国では、トラックドライバー不足による物流危機が問題となっている。海外で提唱されているフィジカルインターネット（以降PIと略す）の取り組みがその解決に資するとされ、その検討が始められている。

　そもそも、PIは何を解決しようとしているのか。提唱者の一人であるブノア・モントルイユ教授は、維持不可能性症候群（unsustainability symptoms）として13の項目と、この解決に資するPIの特性として13の項目を挙げている[1]。

　物流維持不可能性症候群の項目のほとんどが、我が国の物流における問題と共通している。トラックドライバー不足からくる物流危機は、我が国特有の現象ではあるかもしれない。しかし、ロジスティクス・クライシスの根本的な原因は、デジタル情報ネットワークの進展に社会と産業の構造が追い付いていないこと。これは世界的共通課題であろう。生活基盤と産業基盤を維持するために、デジタル情報ネットワークを活用したロジスティクスの整備は不可欠である。モントルイユ教授はPIの意義として、「環境の観点から、（PIの）目標は、ロジスティクス、生産、輸送に関連する、地球規模のエネルギー消費、温室効果ガス排出を含む直接的および間接的な汚染を桁違いに削減することである[2]」と述べて、ロジスティクスに起因する環境負荷の低減、CO_2の削減を挙げている。このことからPIの成果目標として、カーボンニュートラルや広くはSDGsへの貢献が意識されているといえる。またモントルイユ教授は、「社会的観点からの目標は、ロジスティック、生

産、輸送の労働者だけでなく、世界中の人々が必要とし、価値のあるオブジェクトや機能にアクセスしやすくすることで、生活の質を大幅に向上させることである[3]」と述べており、PIがすべての人々の生活基盤としてユニバーサルデザインの条件を備えたものであるべきと述べている。PI実現の成果指標として考慮すべき内容といえよう。

PIの特性から示唆される設計上の意図は、次のように考えることができる。

第一に、上で述べたロジスティクスの維持不可能性症候群に示されるムリ、ムダ、機能不全を解消するために、輸送（リンク）と物流拠点（ノード）からなる物流ネットワーク能力のシェアリングを実現する仕組みであること（②、⑤、⑥、⑦、⑪、⑬）。第二に、そのために、輸送対象物である貨物（商品）の物理的な荷姿をモジュール化（標準カプセル化）して積載効率と荷役効率を引き上げ（①、③）、商品とカプセルの形状をモジュール整合化するために製品設計を調整（Design for Logistics）し（⑧）、それらのカプセル化された集合包装であるPIコンテナ（πコンテナ）を制御するためにπコンテナにRFIDやQRコード、センサー等を装着し、モノと情報の紐付けを行う（④）。第三に、これまでの閉じた複数の物流ネットワークを相互に接続するため、物流拠点（DC,TC）における自動化を含む荷合わせ・積み替えシステムを構築し（③、⑬）、迅速で信頼性の高い複合一貫幹線輸送を実現する（⑥、⑦、⑬）。第四に、モノに紐づけられたモジュール型コンテナの需要情報と、物流ネットワークにおける輸送と拠点（保管・荷役）の利用可能なキャパシティに関する情報、並びに物流需要情報（取引対象商品に関する情報、売買情報、発地と着地情報、納期情報、物流コスト制約情報等）をマッチングさせ、最適な（取引条件を満たし、なおかつ制約の範囲内で最も効率的な物流オペレーションが行える）物流プロセスでオペレーションを実行できるように制御するユニバーサルな情報連結ネットワークシステムの構築（②、⑦、⑩、⑪）。第五に、こ

のような物流ネットワークのシェアリングを可能にし、これを前提として活用できるビジネスのイノベーションを誘導すること（⑨、⑫）。

　ここからPIは、変動する物流需要の発生に対して、シェアリングされた物流ネットワーク全体でダイナミックなデジタル制御を行い、必要な輸送と拠点のキャパシティを効率的かつ柔軟に活用することを可能にする仕組みで、物流維持不可能性症候群の解消に資することを目的としている。

　PIは従来の固定的な物流プロセスとは抜本的に異なるもので、その実現と活用において荷主と物流関連事業者の事業自体の改革とその前提となる諸条件の整備が課題となる。

表1 ● 物流課題とPIの特性

物流維持不可能性症候群	PIの特性
①輸送の積載率が低く、包材や空気を運んでいる状態	①世界標準モジュラー型コンテナに商品をカプセル化
②例外なく空車輸送の常態化	②ユニバーサル相互接続を目指す
③トラックドライバーの長時間・長距離輸送	③πコンテナ荷役・保管システムへの進化
④滞留在庫、在庫の偏在がある一方、必要な製品がすぐに手に入らない	④スマートオブジェクトが埋め込まれたコンテナのスマートネットワークの活用
⑤工場・倉庫の稼働率が低い	⑤P2Pハブアンドスポーク輸送から、分散型マルチセグメントインターモーダル輸送へ進化
⑥多くの製品が売れもせず、使われもしない	⑥統合化多層概念フレームワーク（open logistics interconnection : OLI）の採用
⑦最も必要な人に製品が届かない	⑦オープン・グローバル供給網の活用
⑧速く信頼性の高いインターモーダル輸送が実現しない	⑧コンテナ化のための製品設計（モジュール適合デザイン＝Design for Logistics）
⑨都市間物流の困難	⑨使用に近い場所での製品の具現化による輸送と保管の最小化
⑩不要な横持ちや交差輸送の多発	⑩オープンな実績モニタリングと能力証明
⑪ネットワークの安全性と強靭性の欠落	⑪ウェッブ化されることによる信頼性とネットワークの回復力の優先
⑫（標準化・共通化の欠落により）スマート自動化技術が活用できない	⑫ビジネスモデル・イノベーションの促進
⑬イノベーションの抑制	⑬オープン・インフラストラクチャー・イノベーション

（出典）Benoit Montreuil（2011）"Towards a Physical Internet : Meeting the Global Logistics Sustainability Grand Challenge" Logistics Research 3, pp.71-87.を参考に著者作成

2 フィジカルインターネットの実現のための課題分析

　2021年10月に経済産業省と国土交通省は「フィジカルインターネット実現会議[4]」を設置し、2040年までの具体的なロードマップを作成した。さらに、本会議に関連して2030年をゴールとする業界別のアクションプランを策定することを目的とした業種別のワーキンググループが設置され、筆者は「フィジカルインターネット実現会議」と、関連する「スーパーマーケット等ワーキンググループ[5]」の両委員として参画した。当該アクションプランは「物流・商流情報データプラットフォーム」、「水平連携」、「垂直統合」、「物流拠点の自動化・機械化」の4つの軸で構成され、これらの軸ごとに2030年までに取り組むべき活動項目が優先順に配置されている。物流ネットワークのシェアリングを実現するためには、アクションプランに示されているサプライチェーンの垂直統合と各段階の企業間水平連携を実現しなければならない。これらの枢軸目標を実現するための中間目標間の関係を実現化への活動の実施前提条件構造として展開した（図1）。

　PIは複数の荷主が情報ネットワークに紐づけられ、モジュール化されたRTI（Returnable Transport Items）を活用することによって、保管・荷役を行う物流拠点能力と輸送能力をシェアリングし、あらゆる物流ネットワークをシームレスに連結することを目指した新たな物流ネットワーク基盤である。しかし、現実の物流ネットワークは、企業間で分断され、業界ごとに形成されている場合も多く、物流ネットワークのシェアリングは容易ではない。

　物流ネットワークの共有化が進まない要因を解消するためには、業

種・業態内あるいは業種・業態間をまたがる企業間の物流共同化を目指す「水平連携」と、製配販のサプライチェーンにおける物流連携を目指す「垂直連携（統合化）」を図る必要がある。また、こうした垂直、水平の連携を実現する基礎となるのは物流情報の連携であるが、そのためにはコード体系や商品マスタ、事業所マスタの整備メッセージや、情報処理プロセスの標準化による標準デジタル情報の連結活用が不可欠である。さらに、PIはπコンテナと整合化したパレット等の物流機材の標準化を図る必要がある。こうしたアクションプランにおける実行条件の因果関係を図2に示した。

　物流における情報とモノの標準化は、荷主企業間の商流における取引ルールや荷主企業の業務プロセスの変革を要請することは明らかである。特に、DXの遅れが指摘される通り、我が国のビジネスプロセスはデジタル情報システムの活用を前提とした革新がかならずしも進んでいない。また、物流事業者との関係も根本的な変革を要請される。BtoB取引の場合、現状は売手と買手間の商取引が成立した後、発荷主が物流事業者との契約に基づき、売買契約の後処理として行う物流が大勢を占めている。しかしPIに移行すると、モジュール化された物流プラットフォームの処理能力と複数の物流需要を、究極は自動調整によってマッチングする物流になる。このような物流環境の変化は、発荷主と受荷主に対して自社の事業システムと業務プロセスの根本的な改革を迫る。また、それに伴う投資も求められる。PIの基盤となるオープンな物流ネットワークは、物流拠点と輸送システムの両方に新たな事業投資を迫るものであり、物流事業者も新たな事業開発投資を求められる。荷主企業と物流事業者の双方が垂直・水平連携を可能にする協調的な業務プロセスを構築し、関連する投資の意思決定を行うためには、それを可能とする前提条件を慎重に吟味しないと実現しない。PIの実現に向けて企業間で協調的な改革と投資行動が実行されないと、現下の物流リソース不足はより深刻な状態に陥ることになるだろう。

しかし、今までなぜこれらの改革の実行と、それに関連する前提条件が解消されなかったのか。それは、これらのアクションの実行と前提条件の解消を阻む、あるいはアクション相互に矛盾をきたすようなコンフリクト要因が内在していたからに他ならない。このコンフリクト要因を示したものが図3である。

　第一に、物流情報の共有化に伴うリスクである。PIにおいては、輸送積載効率や物流拠点での稼働率を引き上げるためには、事前に受発注の内示情報を物流サイドに提供する必要がある。貨物量・発着地・納期・荷扱い条件・コスト等の物流需要情報を共有化し、輸送や拠点荷役のための利用可能な物流リソース情報と最適マッチングするためである。しかし、荷主企業にとって取引情報が競合他社に漏れる懸念があると情報提供を躊躇することになる。

　第二に、共有物流資産の運用ルールが明確でないことである。輸送や物流拠点のリソースをシェアリングしようとしても、その投資負担や経費負担、運用方式などが事前にルール化されていないと踏み切れない。例えばπコンテナのような物流関連資材を誰が投資し、リターナブル運用の管理がどのようにできるのか。利用経費の回収モデルをどのようにビジネスモデル化するのかである。また、PIの場合には、物流資産の効率化のために、輸送経路が事前に明確にならない可能性がある。その場合の物流費用負担のモデルは、ある程度標準化した料金モデルにするのか、荷主が事前に物流条件の変更を受け入れた場合にインセンティブを提供するのか、需給関係で調整できるダイナミックプライシングのような仕組みとするのかなど、物流サービスと課金モデルの開発も必要になる。

　第三に、関連する情報システムやアプリの連結をどう保証するかである。製配販の情報を垂直連結してロジスティクスの効率を高めるためには、WMS／WMCシステム、自動保管・荷役機器の制御アプリ等、様々なソフトを開発し、実装する必要がある。しかし、これらの情報

システムないしアプリを相互連結しないとサプライチェーンの効率化は図れない。また、物流事業者の情報システムと荷主企業の物流・商流情報連携をいかにして図るのか。放置しておくと、各企業で個別に情報システム・アプリが開発され、アプリの離れ小島が乱立することになる。自立分散的に開発された情報システム／アプリが相互に連結しないようであれば、PIの実現に対して大きな障害になる。

　第四に、PI実現のための企業投資の効果が可視化しにくいことである。荷主企業と物流事業者が新たな開発・投資を行っても事業レベルで十分に投資効果が得られることを可視化しなければならない。その効果は、PI実現による無駄なコスト削減と新たな事業機会の創出である。しかし、現状、各企業には既存システムが存在して日々の業務が遂行されている。それらのシステムを廃棄して新たなシステムを導入しようとすると多額の埋没原価が発生する可能性もある。ここで問題になるのが、荷主企業にとって物流改革のための投資がどのくらい自社の経営を改善するのかが必ずしも明確にならないことである。その主たる原因は、自社の経営コスト全体に占める物流関連コストが明確に認識されていないことである。例えば我が国の商取引慣行においては店着価格基準が一般的である。買い手の受荷主にとって商品仕入価格に物流コストが隠れているために物流改善効果（ゲイン）が金額として見えにくい。PI運用コストや改善効果の配分ルールも設定しにくい原因の一つとなっている。

　こうした改革アクションに対するコンフリクト要因を取り除く施策を優先的に検討する必要がある。その施策を挿入した場合のアクションの実行条件関連を図4に示した。

　まず、物流情報の共有化を阻む商流上の情報漏れの懸念対策である。技術的な情報セキュリティーは担保されていると仮定する。商流の競争と物流の協調の折り合いをつけるために、物流需要情報や物流実績情報と商取引情報を分離する方策を検討する必要がある。一つは、物

流情報の共有化の範囲を定めることである。範囲とは情報の共有者の範囲を設けることと、共有情報の内容の範囲を物流マッチングに必要な範囲に制限することである。情報共有者としては、物流マッチングを行う機関と個別の荷主の間の共有になるので、コンプライアンス規約を設けることと、システム上の制約を組み込むことでガバナンスの保証は可能であろう。従来の共同物流の場合、特定企業間で共同化するので情報漏れが懸念されたが、PIの場合は、多数の荷主による細かい組み換え混載になるので、競合企業に商流上の情報が洩れる可能性は大幅に下がるだろう。また、物流需給マッチングのあり方も、情報システムによる自動調整の仕組みが入れば情報の秘匿性は担保しやすい。さらに、πコンテナを活用すると外部からは商品内容を目視する機会が大幅に減るため、取引情報が洩れるリスクが下がると考えられる。

　PI実現化のためには、輸送や物流拠点の資産に対する投資とその運用スキームを確立する必要がある。πコンテナとモジュール型ボックスパレットの導入による小ロット混載が可能になれば積載効率が上がる。多品種商品の多頻度小ロット混載輸送が可能になることから、荷主の在庫水準の引き下げが可能になり、保管コストの引き下げと品ぞろえの拡大、キャッシュフローの改善が見込まれる。運賃負担力の高い商品を混載することにより物流需要の発生密度の低い地域でも輸送可能範囲が拡大し、πコンテナやパレット等の物流機材の回収可能性も高まる。また、PIでは在庫や生産・物流拠点、輸送能力を含むロジスティクス全体のキャパシティーが可視化され、需要とのマッチングが動態的に行われるので、生産・在庫拠点の配置も変化することから、トータルコストを削減する効果もある。こうした効果が期待されるにもかかわらず、これらの物流関連機材のシェアリングシステムへの対する投資に対する躊躇があるとしたら、前述のとおり、誰が投資して、どのような資金回収モデルが描けるのか、πコンテナやボックス型パレットの手配と回収管理の仕組みや資産管理責任をどうするのか、ま

た、ユーザーとして、そのようなシステムの共同利用に対してどのような利用料金が課せられるのかといったルールが明らかでないことも原因で、そこを明確にする必要がある。また、オープン利用される物流関連資産については、長期間の資産価値の維持・保全・更新のシステムの構築とその間のライフサイクルコストの管理が重要である。πコンテナへの投資や自動荷役機械設備等は関連情報システムへの投資も含めると多額の投資になり、経営の負担も大きくなる。金融財務スキームやリスクに備えた保険制度の活用等、検討すべき事項は少なくない。

　情報システムやアプリの開発については、個々の開発ソフトの相互連結可能性を担保すべく、インターフェースの標準化が必要になる。物流・商流データプラットフォームについては、企業間、業種間をまたがった商品、事業所、物流資材などの各種マスタや標準コード体系の整備を推進する必要がある。すでに商流ベースでは、加工食品や日用雑貨品等の業界別のデータ・プールも存在している。既存のシステムから必要な情報をグローバルEDI標準に変換するサービスを提供し、物流事業者EDIと連結することが現実的かもしれない。現在、急速に進んでいる貿易取引業務のデジタル・サービスとの整合性も高めることができるのではないか。コード体系については、GS1のGLN（企業・事業所識別コード）、SSCC（出荷梱包コード）等の標準化・普及を推進する必要がある。PIはリレー式の輸送になるため、輸送車両（各社の便）のコードシェアリングの体制整備も必要である[6]。コード標準の普及は国全体として実現目標を定めて推進するべきだろう。

　PIは製配販の企業間と業種・業態をまたがった物流ネットワークのシェアリングであり、物流が商流の後処理業務ではなく、物流の効率化目標を組み込んだ商取引プロセスへの転換を要請する。荷主の発注の在り方も計画型に移行し、事前に物流需要情報を内示の形で物流プラットフォームの予約調整窓口に登録し、許容リードタイムの長短に

応じたダイナミックプライシングによって納期の選択が可能になれば、より効率的な物流によるコスト低減が図れるようになり、それを前提にしたビジネスモデルに転換する契機となるだろう。物流拠点もシェアリングしてオープンクロスドックセンター化すれば稼働率が引き上げられる。

　一方で、PIの実現には相当な投資が必要になる。投資による新たな利益の回収やコスト削減メリット等のゲインを想定する必要がある。しかし、日本の場合は前述のとおり店着価格基準のような独特な商習慣があり、また、会計制度においても物流コストは様々な経費に組み込まれてしまってロジスティクスに費やされている原価が必ずしも買手企業で十分に認識されていない傾向がある。商取引（売買契約）において物流プロセスの改善目標を組み込むためには、売買契約における物流コストの分離明示化や商取引慣行の見直しという条件整備を行う必要がある[7]。

　以上、アクションプランを実行に移す条件として、①商流・物流におけるコード体系の標準化、②物流資材の標準化および運用ルールの検討、③データ共有と商流・物流EDI（ビジネスメッセージ標準を含む）および関連アプリの連携標準の確立、④物流適正化を組み込んだ取引のための物流プロセスおよび物流コストの透明化と関連商習慣の見直しの検討、が最優先課題となろう。このような課題を検討し、物流リソースのシェアリングを実現するための役割分担を決める製配販の調整の場が必要になるものと思われる。その上で、具体的なアクションを定義し、達成までの到達目標を明らかにして、実現度測定共通スコアをもとに継続的に相互にモニタリングする仕組みを構築することが望ましい。このような業種単位の垂直連携の体制を構築しつつ、業種間をまたがる水平連携の調整を、前述の標準物流プラットフォームのシェアリング（物流需給のマッチング・ルーティング・コストとゲインシェアリング）の仕組みを構築するなかで進める必要がある。

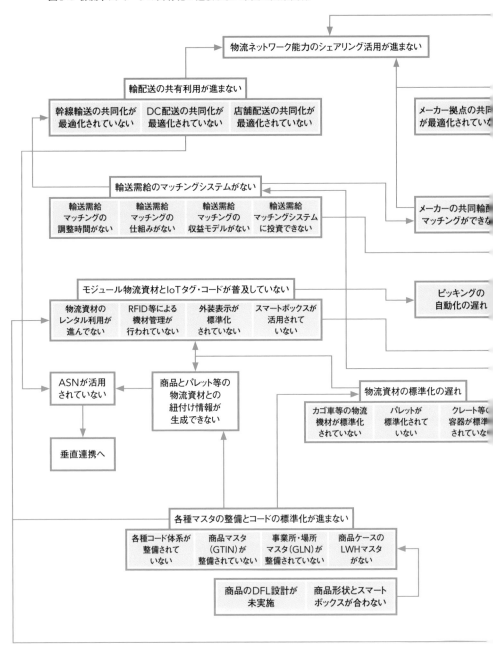

図1 ● 物流ネットワークの共有化が進展しない原因の因果関係

物流ネットワーク能力のシェアリング活用が進まない

輸配送の共有利用が進まない

幹線輸送の共同化が最適化されていない	DC配送の共同化が最適化されていない	店舗配送の共同化が最適化されていない

メーカー拠点の共同化が最適化されてい

輸送需給のマッチングシステムがない

輸送需給マッチングの調整時間がない	輸送需給マッチングの仕組みがない	輸送需給マッチングの収益モデルがない	輸送需給マッチングシステムに投資できない

メーカーの共同輸配マッチングができな

モジュール物流資材とIoTタグ・コードが普及していない

物流資材のレンタル利用が進んでない	RFID等による機材管理が行われていない	外装表示が標準化されていない	スマートボックスが活用されていない

ピッキングの自動化の遅れ

ASNが活用されていない

商品とパレット等の物流資材との紐付け情報が生成できない

物流資材の標準化の遅れ

カゴ車等の物流機材が標準化されていない	パレットが標準化されていない	クレート等の容器が標準されていな

垂直連携へ

各種マスタの整備とコードの標準化が進まない

各種コード体系が整備されていない	商品マスタ(GTIN)が整備されていない	事業所・場所マスタ(GLN)が整備されていない	商品ケースのLWHマスタがない

商品のDFL設計が未実施	商品形状とスマートボックスが合わない

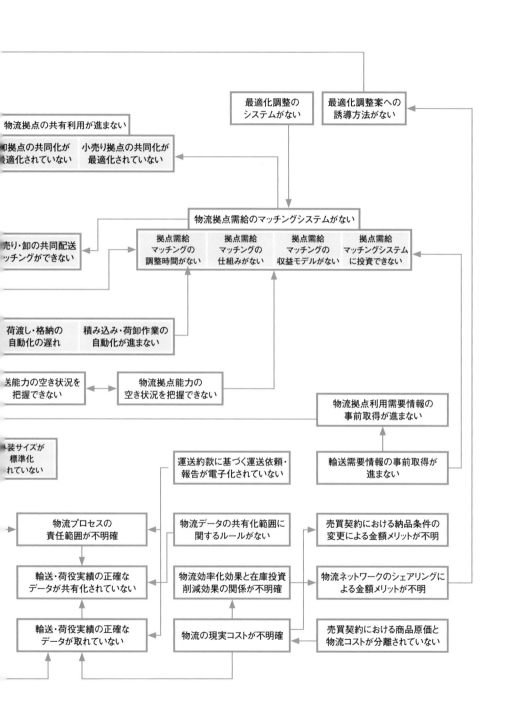

最適化調整の
システムがない

最適化調整案への
誘導方法がない

物流拠点の共有利用が進まない

卸拠点の共同化が
最適化されていない　　小売り拠点の共同化が
最適化されていない

物流拠点需給のマッチングシステムがない

売り・卸の共同配送
ッチングができない

拠点需給
マッチングの
調整時間がない

拠点需給
マッチングの
仕組みがない

拠点需給
マッチングの
収益モデルがない

拠点需給
マッチングシステム
に投資できない

荷渡し・格納の
自動化の遅れ　　積み込み・荷卸作業の
自動化が進まない

送能力の空き状況を
把握できない

物流拠点能力の
空き状況を把握できない

物流拠点利用需要情報の
事前取得が進まない

装サイズが
標準化
れていない

運送約款に基づく運送依頼・
報告が電子化されていない

輸送需要情報の事前取得が
進まない

物流プロセスの
責任範囲が不明確

物流データの共有化範囲に
関するルールがない

売買契約における納品条件の
変更による金額メリットが不明

輸送・荷役実績の正確な
データが共有化されていない

物流効率化効果と在庫投資
削減効果の関係が不明確

物流ネットワークのシェアリングに
よる金額メリットが不明

輸送・荷役実績の正確な
データが取れていない

物流の現実コストが不明確

売買契約における商品原価と
物流コストが分離されていない

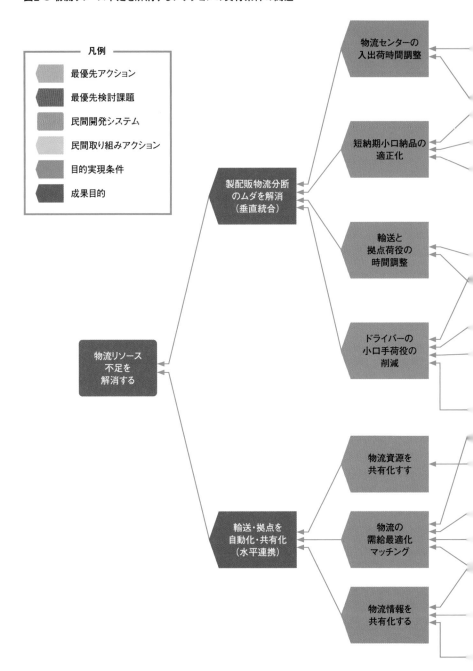

図2 ● 物流リソース不足を解消するアクションの実行条件の関連

凡例

最優先アクション

最優先検討課題

民間開発システム

民間取り組みアクション

目的実現条件

成果目的

物流リソース
不足を
解消する

製配販物流分断
のムダを解消
（垂直統合）

物流センターの
入出荷時間調整

短納期小口納品の
適正化

輸送と
拠点荷役の
時間調整

ドライバーの
小口手荷役の
削減

輸送・拠点を
自動化・共有化
（水平連携）

物流資源を
共有化すす

物流の
需給最適化
マッチング

物流情報を
共有化する

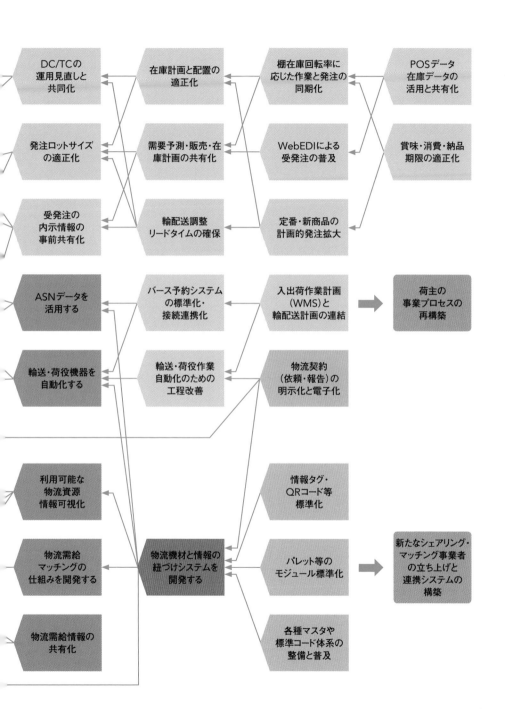

DC/TCの運用見直しと共同化	在庫計画と配置の適正化	棚在庫回転率に応じた作業と発注の同期化	POSデータ在庫データの活用と共有化
発注ロットサイズの適正化	需要予測・販売・在庫計画の共有化	WebEDIによる受発注の普及	賞味・消費・納品期限の適正化
受発注の内示情報の事前共有化	輸配送調整リードタイムの確保	定番・新商品の計画的発注拡大	

| ASNデータを活用する | バース予約システムの標準化・接続連携化 | 入出荷作業計画（WMS）と輸配送計画の連結 | 荷主の事業プロセスの再構築 |
| 輸送・荷役機器を自動化する | 輸送・荷役作業自動化のための工程改善 | 物流契約（依頼・報告）の明示化と電子化 | |

利用可能な物流資源情報可視化		情報タグ・QRコード等標準化	
物流需給マッチングの仕組みを開発する	物流機材と情報の紐づけシステムを開発する	パレット等のモジュール標準化	新たなシェアリング・マッチング事業者の立ち上げと連携システムの構築
物流需給情報の共有化		各種マスタや標準コード体系の整備と普及	

図3 ● アクション・前提条件間のコンフリクト分析

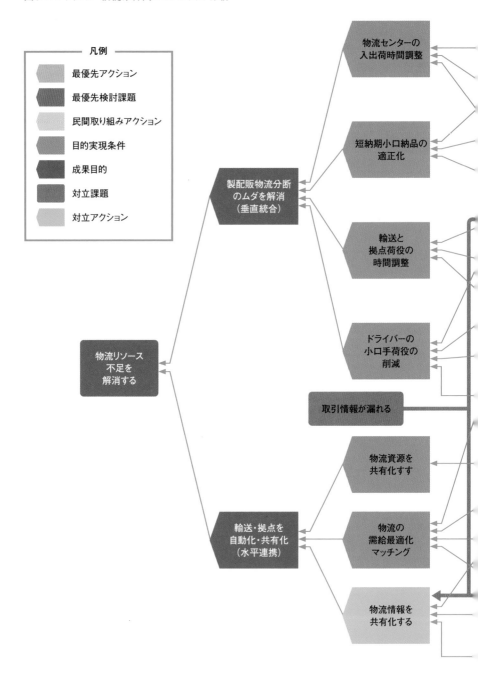

凡例

- 最優先アクション
- 最優先検討課題
- 民間取り組みアクション
- 目的実現条件
- 成果目的
- 対立課題
- 対立アクション

物流センターの
入出荷時間調整

短納期小口納品の
適正化

製配販物流分断
のムダを解消
（垂直統合）

輸送と
拠点荷役の
時間調整

ドライバーの
小口手荷役の
削減

物流リソース
不足を
解消する

取引情報が漏れる

物流資源を
共有化すす

輸送・拠点を
自動化・共有化
（水平連携）

物流の
需給最適化
マッチング

物流情報を
共有化する

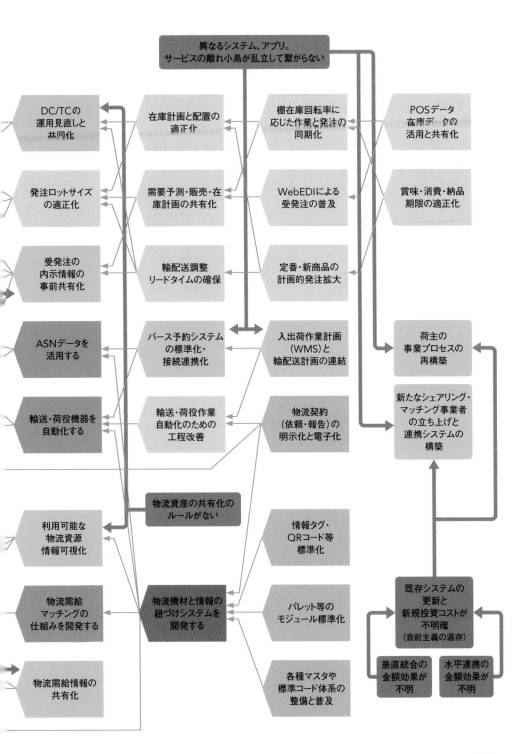

異なるシステム、アプリ。
サービスの離れ小島が乱立して繋がらない

DC/TCの
運用見直しと
共同化

在庫計画と配置の
適正化

棚在庫回転率に
応じた作業と発注の
同期化

POSデータ
在庫データの
活用と共有化

発注ロットサイズ
の適正化

需要予測・販売・在
庫計画の共有化

WebEDIによる
受発注の普及

賞味・消費・納品
期限の適正化

受発注の
内示情報の
事前共有化

輸配送調整
リードタイムの確保

定番・新商品の
計画的発注拡大

ASNデータを
活用する

バース予約システム
の標準化・
接続連携化

入出荷作業計画
(WMS)と
輸配送計画の連結

荷主の
事業プロセスの
再構築

輸送・荷役機器を
自動化する

輸送・荷役作業
自動化のための
工程改善

物流契約
(依頼・報告)の
明示化と電子化

新たなシェアリング・
マッチング事業者
の立ち上げと
連携システムの
構築

物流資産の共有化の
ルールがない

利用可能な
物流資源
情報可視化

情報タグ・
QRコード等
標準化

物流需給
マッチングの
仕組みを開発する

物流機材と情報の
紐づけシステムを
開発する

パレット等の
モジュール標準化

既存システムの
更新と
新規投資コストが
不明確
(自前主義の温存)

物流需給情報の
共有化

各種マスタや
標準コード体系の
整備と普及

垂直統合の
金額効果が
不明

水平連携の
金額効果が
不明

図4 ● コンフリクト解消のための優先検討施策を織り込んだ実行条件関連

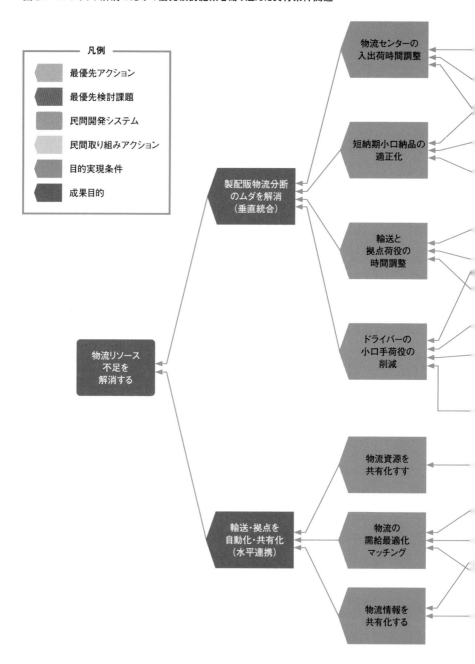

凡例
- 最優先アクション
- 最優先検討課題
- 民間開発システム
- 民間取り組みアクション
- 目的実現条件
- 成果目的

物流センターの
入出荷時間調整

短納期小口納品の
適正化

製配販物流分断
のムダを解消
（垂直統合）

輸送と
拠点荷役の
時間調整

ドライバーの
小口手荷役の
削減

物流リソース
不足を
解消する

物流資源を
共有化すす

輸送・拠点を
自動化・共有化
（水平連携）

物流の
需給最適化
マッチング

物流情報を
共有化する

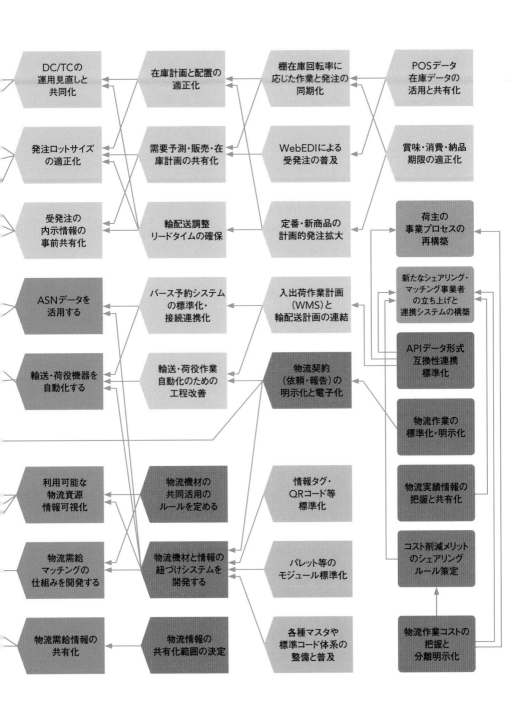

DC/TCの運用見直しと共同化	在庫計画と配置の適正化	棚在庫回転率に応じた作業と発注の同期化	POSデータ在庫データの活用と共有化
発注ロットサイズの適正化	需要予測・販売・在庫計画の共有化	WebEDIによる受発注の普及	賞味・消費・納品期限の適正化
受発注の内示情報の事前共有化	輸配送調整リードタイムの確保	定番・新商品の計画的発注拡大	荷主の事業プロセスの再構築
ASNデータを活用する	バース予約システムの標準化・接続連携化	入出荷作業計画（WMS）と輸配送計画の連結	新たなシェアリング・マッチング事業者の立ち上げと連携システムの構築
輸送・荷役機器を自動化する	輸送・荷役作業自動化のための工程改善	物流契約（依頼・報告）の明示化と電子化	APIデータ形式互換性連携標準化
			物流作業の標準化・明示化
利用可能な物流資源情報可視化	物流機材の共同活用のルールを定める	情報タグ・QRコード等標準化	物流実績情報の把握と共有化
物流需給マッチングの仕組みを開発する	物流機材と情報の紐づけシステムを開発する	パレット等のモジュール標準化	コスト削減メリットのシェアリングルール策定
物流需給情報の共有化	物流情報の共有化範囲の決定	各種マスタや標準コード体系の整備と普及	物流作業コストの把握と分離明示化

3 PI物流プラットフォーム構築の課題

　PIのような物流リソースのダイナミックなシェアリングの仕組み
は、従来の物流体制とは本質的に異なるものであり、商流サイド、特
に発注者側の事業システムの抜本的な改革を要請することと同時に、
このような物流システムを機能せしめるような新たな物流支援ビジネ
スの立ち上げを実現しなければならないだろう。

　さらに重要なことは、発注者である受荷主側の事業改革、業務プロ
セスの見直しである。納品(荷受け)時間帯や納品リードタイムの調整
や発注ロットサイズの見直し、さらには荷受け側の倉庫内業務プロセ
スの改革や製造工場の生産プロセス、店舗内業務の見直しも要請され
るだろう。返品業務や資源ロスの削減などの課題解決も含めて、発注
体制や品ぞろえの見直しも求められる。製配販の各物流拠点の在り方
まで含めて、モノの取り扱いに関連する業務全体の見直しを行う中で、
ロジスティクスをビジネスモデルの柱に組み込んだ経営の確立が求め
られる。前者の物流関連事業者は、シェアリングプラットフォームビ
ジネスを支えるための機能としてロジスティクスサービスの標準化・
商品化を行う必要がある。その基盤はモノとデジタル情報ネットワー
クの結合システムである。

　PIにおける物流プラットフォームの構築に際して考慮すべきと考
える事項を挙げておく。

　第一に、物流シェアリングシステムは仲介型のプラットフォームの
性質を持つ。プラットフォームは複数のプレーヤーをマッチングする
ので、ネットワークの外部性が働く。PIにより物流リソースを共有化

すればコストが下がり、効率化によるゲインが生まれる。ここでゲインの配分やプラットフォーム運用コストの配分に歪みを持たせると、プラットフォームの安定性が失われてサスティナブルにならない恐れが生じる。そのため、効率化ゲインやコストの配分ルールをどのように設定するかが重要である。安定配分のルールを設定し、ブロックチェーンのスマートコントラクト技術を用いて自動決済の仕組みを取り入れることによってPIのサスティナブルな利用が可能になるかもしれない。また、PIの物流プラットフォームとしての長期的な安定性を担保するためには、輸送や物流拠点施設（オープンクロスドックセンターないしはTC型物流センター）および施設内荷役機器等の設備の維持保全・更新のライフサイクル支援の仕組みとその投資および運用コスト負担についても考えておかなければならない。

　第二に、PIにおけるシェアリング型の物流プラットフォームの構築を考えるときに、地域の視点は欠かせない。物流のエリアにおける需要の発生の仕方によってシェアリングの範囲が変わってくる。一定エリアにおいて一定期間にどのぐらいの物流需要が発生するかを「物流需要の発生密度」と考える。このとき、ある荷主の物流需要が非常に高ければ、当該企業の専用物流ネットワークを形成しても十分に効率的な運用が可能であろう。しかし、需要密度の薄い地方などでは、複数企業の共同配送や場合によっては業種・業態をまたがった共同化が求められるだろう。実際、PIのようなπコンテナやボックス型のパレットの導入によって小ロット貨物の混載輸送が可能になった場合の恩恵を最も必要としているのは物流需要密度の薄い地方にあると思われる。ある種のユニバーサルデザインの考え方につながるものである。我が国にとって地方の生活・産業基盤の維持は重要課題である。こうした地域に最先端の技術を取り入れたPIのプロトタイプを導入することも有効ではないか。

　第三に、PIを我が国においてどのように実現していくかである。PI

の本質はデジタル情報ネットワークを活用した物流リソースのオープンシェアリング化である。それを実現するために、DXを推進することは大前提であるが、そもそも現状発生しているドライバー不足をはじめとする物流リソースの不足は、サプライチェーンが製配販の「つなぎ部分」でうまく連結していないことから生じている。その「つなぎの部分」こそ、「物流の現場」である。すなわち、サプライチェーンの不具合の多くは「物流現場のムリ・ムダ」に現れる。その、ムリやムダを日々体感しているのは物流現場で働く人々である。現場のムリやムダの発生理由を熟知するトラックドライバーや物流センター、工場や店舗の作業者が改善活動の中で現場の前後工程の改革にまで踏み込めれば、製配販の仕事のつながり方を見直し、そこから業務プロセスの改革につなげていくことが可能である。これが実は一番確実なアプローチではないか。物流活動の実態をデジタル情報で可視化することと併せて、こうしたビジネスプロセスの革新を製配販が歩調を合わせて実行する。さらに、輸送網や物流拠点の稼働効率を引き上げるべく、水平連携（共同化）の可能性を探る。そうした中で、企業が持つ輸送網や物流拠点のリソースのオープンシェアリング化が実現するのではないか。

　欧米に学ぶDXを契機とするトップダウンのプロセス革新と、日本流の現場ボトムアップの改善による商流・物流プロセス革新を合わせた融合的革新を引き起こす戦略によってPIの着実な具現化を図ることが我が国のアプローチとして有効であると考える。

参考文献

1. Benoit Montreuil (2011) "Towards a Physical Internet : Meeting the Global Logistics Sustainability Grand Challenge" Logistics Research 3, pp.71-87.

2. Id. at 71

3. Id. at 71

4. https://www.meti.go.jp/shingikai/mono_info_service/physical_internet/index.html

5. https://www.meti.go.jp/shingikai/mono_info_service/physical_internet/pdf/002_03_00.pdf

6. 貨物自動車のデータ連携については、経済産業省の「物流分野における新しいモビリティサービス（物流MaaS）勉強会」で検討されている。https://www.meti.go.jp/shingikai/mono_info_service/butsuryu_maas/20200420_report.html

7. 運送等の物流業務の委託契約においても、物流現場の作業工程の内容と責任主体、料金の明確化が曖昧のまま、荷積み荷卸し等の付帯作業がドライバーの負担となっている実態が指摘されている。新標準貨物自動車運送約款において待機時間料金が新たに規定され、付帯作業内容が運送とは区別され料金化の対象として明示されることとなった。しかし個別の契約に反映し、実績管理が行えるような仕組みの構築は今後の課題である。RFID等の付いたπコンテナ単位で貨物の追跡が可能で、物流工程の実績データを活用できれば、物流契約と実績の整合性や責任の所在確認も可能になる。

進化する「フィジカルインターネット」の議論

木川 眞 ヤマトグループ総合研究所理事長

木川 眞
（きがわ　まこと）

一般社団法人ヤマトグループ
総合研究所理事長。1949年
広島県生まれ。1973年一橋
大学商学部卒業、富士銀行
（現：みずほフィナンシャルグル
ープ）入行。同行人事部長、み
ずほコーポレート銀行（現：みず
ほ銀行）常務取締役を経て、
2005年にヤマト運輸入社。
常務取締役経営戦略部長。
2006年ヤマトホールディングス
専務取締役。ヤマトグループの
DNAを踏襲しながらも時代に
合わせた施策を進め、2007年
3月同社取締役兼ヤマト運輸
代表取締役社長、2011年4
月ヤマトホールディングス代表
取締役社長、2015年4月同
社代表取締役会長、2019年
6月同社特別顧問。2016年
から現職。

1 はじめに

　新たな物流の潮流として注目されている「フィジカルインターネット」の議論が、いよいよ日本においても、啓蒙段階から実現を目指すための仕掛けづくりの段階へと進化し始めた。「フィジカルインターネット」は欧米の大学が主導する形で研究が進められてきた概念であり、残念ながら日本ではそのコンセプトを学ぶ段階にとどまっていた。それが、コロナ禍によるサプライチェーンの寸断や世界的な物流コストの高騰などで物流（ロジスティクス）の重要性が再認識されたこともあり、一気に機運が高まった形だ。

　わが国の物流を支えてきたのはトラック運送であり、その構造は今後も変わらない。ただトラック運送事業は中小事業者が多く、人手不足や低生産性という構造的課題を抱えている。デジタル時代にふさわしいサービス品質に向上させながら、生産性も飛躍的に改善していく。この課題を考える際に大きな意味を持つのがフィジカルインターネットのコンセプトである。そしてその実現により、物流を「コストセンター」から付加価値を生む「プロフィットセンター」に変える流れを加速することが必要という認識を持っている。

　本稿では、日本におけるフィジカルインターネットの実現に向けたこれまでの取り組み内容等を紹介するとともに、今後の課題に対する筆者の認識を述べたい。

2 日本の物流が抱える課題

　日本の物流が抱える課題はいろいろあるが、それを概念的に整理したのが (図1) である。まず最大の課題は少子高齢化の加速に伴う労働力不足で、これは人口動態の観点からも避けられない現実である。宅配業界では2017年頃から「宅配クライシス」と世の中で話題に上がったが、物流業界はそれまで過当競争の環境下において、運賃を引き下げながらもネットワークの拡大・人員確保・品質向上などの企業努力を続けてきた。しかし、企業間物流の多頻度小口化が進むとともに、消費者のライフスタイルの変化によるEコマースの急拡大も相まって取り扱う荷物の量が増え、ドライバーの労働時間増につながったことにより、企業努力での対応が限界に達したのである。また、グローバル化の進展により国内の物流だけを考える時代は終わり、世界とボーダーレスにつながっていく状況になっている。さらに、ここ数年では社会の関心が高まっているカーボンニュートラルという環境問題が新たな課題として上がってきた。そして、新型コロナウィルスのようなパンデミックや多発する自然災害などで、サプライチェーンの寸断など不確実性への備えが社会課題として避けて通れないものになっている。

　一方、物流の効率化に向けて、各業界内の個別個社あるいは業界別にデジタル技術を積極的に活用するよう努力しているものの、特に物流業界は生産性の低い代表格の業種のように言われ続けている。現実に付加価値生産性は今後短期間で30％くらい上げないとおそらくお客様が満足する価値を提供できなくなるだろう。加えてCO_2排出の問題は深刻で、我が国の2019年度におけるトラック（貨物用自動車）のCO_2

排出は、運輸部門の36.8%、日本全体の6.8%を占める状況にある（国土交通省の試算）。従って、カーボンニュートラルへの対応も不可欠だ。

このような課題認識を踏まえると、もはや一企業レベルでの問題ではなく、業界横断的・業種横断的あるいは政府などの複数のステークホルダーが協力して対応する時代に入ってきているのである。

また、日本のトラック運送業界の構造問題もある。

日本の貨物輸送は約92%（約43.3億トン）をトラックに頼っており、それを支えるトラック運送事業者（約62,000社）の99%が中小事業者である。2024年度からトラックドライバーに時間外労働の上限規制（年960時間）が適用されることになっており、トラック運送業界のドライバー不足はより深刻になる一方、この業界は輸配送に必要な施設、設備、車両、システムを自社で用意する「自前主義」の企業が多い。個別個社が一生懸命頑張るという風土で、複数の企業が共同で利用すると

図1 ● 日本の物流が抱える課題

労働力不足	多頻度小口化	ボーダーレス化	環境対応
✓ Eコマースの急拡大 ✓ 少子高齢化の加速	✓ メーカーや小売りは在庫ロスを減らす流れが加速	✓ 越境Eコマース	✓ カーボンニュートラル

不確実性への対応
✓ 自然災害、パンデミック等への備え・対応

- デジタル技術の活用や物流の省人化・省力化による生産性の向上、CO$_2$排出抑制等への対応が不可欠。
- 複数のステークホルダーが協力して、これらの課題に対応する時代。

いったオープン化やシェアリングなどはこれからの大きな課題であり、物流の構造改革が不可欠である。そして、構造改革にあたり、DXの技術を使ったいろいろなトライアルをする必要があるが、中小の事業者は投資余力が小さいという悩ましさを抱えている。

3 課題に対する日本の主な動き

　これまで述べたような物流の課題に対し、日本国内でここ数年の間に主に取り組まれてきたことを紹介する。

（1）国の動き（SIPスマート物流）

　国レベルでは、2018年から内閣府の戦略的イノベーション創造プログラム（SIP）という枠組みの中で、物流の国家プロジェクトが立ち上がった。調達・生産から小売・消費者までのサプライチェーン全体を繋げ、企業や業界間で物流機能や情報を共有することによって最適な物流を実現することを目指し、そのためにAI（人工知能）やIoT（モノのインターネット）の技術を活用してデジタルデータベースをプラットフォームとして作り、「スマート物流」の実現を目指すというものである。スマート物流は2018年から開始し、2022年度までの5年間という時限付きで活動しているが、すでにいくつかの実証実験が進んでおり、「コンビニエンスストア3社による共同配送」「地域内の中堅・中小企業同士の連携と協働による中ロット貨物のパレット共同輸配送」などがある。このような国の動きは民間にとって大変ありがたいことである。先に述べたように、トラック運送業界は「自前主義」が主流のため、このようなデジタルデータをもとにしたエコシステムを作るという枠組みを実現することは国が主導しないとなかなか動きづらいからである。

（2）民間での動き（ヤマトグループ総合研究所による啓蒙活動）

　筆者はSIPスマート物流サービスの動きが活発になってきた頃にフ

ィジカルインターネットの概念を知った。そしてこの概念に大いに共
感するとともに、ぜひ日本国内の人々に知ってもらいたいと考え、2019
年に啓蒙的な旗振り役を筆者が理事長を務める一般社団法人ヤマトグ
ループ総合研究所が担いたいと買って出た。この役割は、ヤマトグル
ープのビジネスに直結するものではない。あくまで我が国の物流が抱
える課題に対し、物流業界を超えて取り組むべきであり、中立的な立
場である一般社団法人のヤマトグループ総合研究所が主体的に活動す
る意義があると考えたのである。そしてその推進役を、研究所の専務
理事に迎えた荒木勉上智大学名誉教授に担ってもらった。

　ヤマトグループ総合研究所がフィジカルインターネットの概念を国
内に広めるには、この分野の研究で先行する機関との連携が不可欠だ。
そこで、まずフィジカルインターネット研究を世界でリードしている
米国のジョージア工科大学および仏国のパリ国立高等鉱業学校と日本
におけるフィジカルインターネットの推進に向けた覚書を締結した。

　以下、覚書締結後にヤマトグループ総合研究所が進めてきた活動を
紹介する。

①フィジカルインターネット研究会の立ち上げ支援

　最初が、2019年12月の産官学連携による「フィジカルインターネッ
ト研究会」の立ち上げの支援である。この研究会は荒木勉氏が座長と
なり、物流会社のみならず、メーカー、マテハン会社、不動産会社、銀
行など約20社の企業が参加するとともに、国土交通省、経済産業省、農
林水産省がオブザーバーとして参加している。そして、フィジカルイ
ンターネットの実現に向けた課題や方向性等について議論する最初の
場となった。

②フィジカルインターネットシンポジウムの主催

　フィジカルインターネットの概念について広く知ってもらうため、
シンポジウムを主催した。第1回目は2020年1月に東京で開催し、約200
名の方に参加いただいた。メインの登壇者として、欧州のフィジカル

インターネットの推進者であるパリ国立高等鉱業学校のエリック・バロー教授をお招きし、幅広い層への啓蒙活動へのスタート台となった。そして、第2回目は2021年1月に『フィジカルインターネットシンポジウム2021〜日米欧3極サミット〜』と題して開催した。シンポジウムには、バロー教授に加え、フィジカルインターネット研究の米国におけるリーダーであるジョージア工科大学のブノア・モントルイユ教授にも参加いただいた。コロナ渦のため、オンライン開催のみとなったが1000名を超える方に参加申し込みをいただき、フィジカルインターネットに対する関心が着実に高まっていると感じた。そして、第3回目を2022年3月18日に開催予定である（2022年1月末時点）

③フィジカルインターネット懇話会の開催

　フィジカルインターネットに関心のある人が個人レベルで誰でも参加でき、自由にフィジカルインターネットについて語り合う場を作りたいとの思いから、2020年6月から「フィジカルインターネット懇話会」をスタートさせた。現在、おおよそ半年に1回の頻度で開催している。ヤマトグループ総合研究所のホームページにフィジカルインターネット懇話会のWEBページを設けており、2022年1月末時点で約300名強の方に会員になっていただいている。（下記WEBページ参照）

　https://physicalinternet.yamato-soken.or.jp/

④フィジカルインターネット研究の書籍（翻訳本）の発行

　欧米のフィジカルインターネット研究の内容を紹介する日本語の書籍がなかったこともあり、荒木勉ヤマトグループ総合研究所専務理事が翻訳した書籍「フィジカルインターネット〜企業

間の壁崩す物流革命～」を2020年に日経BP社から発行した。

⑤国際フィジカルインターネット会議の運営支援

　国際フィジカルインターネット会議 (International Physical Internet Conference、以下「IPIC」) は、フィジカルインターネットに関する最高峰の会議であり、2014年に第1回がカナダ・ケベックシティで開催され、その後も主に欧米で開催されてきた。この会議では、世界中の専門家による最先端の研究報告やフィジカルインターネット領域のスタートアップの表彰が行われている。2021年6月に第8回IPICが開催されたが、この回では会議主催者から日本セッションを運営してほしいとの依頼を受け、荒木勉ヤマトグループ総合研究所専務理事がオーガナイザーを務めた。これまでフィジカルインターネットシンポジウム等を通じて欧米の研究者とのコミュニケーションを図り、日本が考えるフィジカルインターネットへの期待などを共有してきたことで、日本のフィジカルインターネット実現に向けた活動が一定の国際評価を得たと言えるだろう。

(3) フィジカルインターネット実現に向けた国の新たな枠組み

　以上のような民間の動きに呼応する形で、国も動きを加速してきた。2021年6月に国土交通省が総合物流施策大綱 (2021年度～2025年度) を策定したが、その中に初めてフィジカルインターネットの文言が載った。これは非常に画期的なことである。また、フィジカルインターネットでは「標準化」が大切なキーワードの1つであるが、2021年6月に国が「官民物流標準化懇談会」を発足させ、古くて新しい課題であるパレットの標準化などについて有識者による議論を始めた。さらに経済産業省と国土交通省の共催で2021年10月から約半年間の予定で「フィジカルインターネット実現会議」を開催し、フィジカルインターネットの実現を2040年と定め、それに向けたロードマップを有識者で議論しまとめることに着手した。SIPのスマート物流サービスと連携を取り

ながら、業界ごとにワーキンググループを立ち上げ、2030年までのアクションプランが策定される予定である。

　このように新たな物流の潮流として注目されているフィジカルインターネットの実現に向けた機運は非常に高まってきた。ヤマトグループ総合研究所が2019年にフィジカルインターネットの概念を国内に広める活動を始めた時に比べると、国内の動きはさらに加速するであろう。それだけ物流が抱える課題が深刻で切羽詰まっていると同時に、物流の抜本的改革が我が国産業の成長のために不可欠であるということなのである。

4 フィジカルインターネット実現に資する事例

（1）フィジカルインターネットのキーコンセプト

　フィジカルインターネットの定義を改めて述べることはしないが、筆者はそのコンセプトは大きく分けて2つだと考えている。1つは「究極のオープンプラットフォーム化」である。これはデータベース、ターミナルのような建物、輸送容器、トラック、人などをシェアリングするということである。そしてもう1つが「標準化」だ。これは物流における輸送容器や品質基準などを標準化することである。これらのどちらかだけではフィジカルインターネットは実現しない。また、標準化は日本国内でしか通用しないガラパゴスであってはならない。「グローバル標準」を意識して進めることが不可欠である。

　フィジカルインターネットの実現に向けたわが国の現状は、先にも述べた通り、ここ数年の間に政府および民間の動きが活発化し、具体的な議論が始まった段階である。そう言うと、日本は欧米に比べてフィジカルインターネット後進国かと思われるかもしれないが、実はそうではない。むしろ社会実装は、世界の中でも結構進んでいるほうであると確信している。ただ部分最適にとどまり、全体最適にはなっていないという状況だろう。部分最適ではあるものの、日本における「オープンプラットフォーム化」の社会実装の事例と、日本基準での「グローバル標準化」への挑戦事例をそれぞれ紹介したい。

（2）オープンプラットフォーム化の事例

　まずは「オープンプラットフォーム化」の事例である。

トラック運送事業者のオープンプラットフォーム化の事例としては、『ボックスチャーター』がある。これは、トラック1台貸切にするほどの荷量ではない中ロットの企業間貨物を対象にし、ロールボックスパレットという輸送容器を共有して輸送するサービスである（図2）。このサービスは2006年に始まり、現在はヤマト運輸や日本通運、西濃運輸など15の運送事業者が参画しており、事業としてすでに定着している。一方運送業以外でのオープン化の事例としては、ビール会社4社での共同配送や、食品会社5社によるF-LINEという共同配送など業界ごとの先駆的取り組みがあり、着実に歩を進めている。また、SIPスマート物流サービスのトライアルとしてコンビニ3社による共同配送も実施された。

　つまり、日本はフィジカルインターネットの言葉を知る前から、フィジカルインターネットの概念に親和性の高い取り組みをしていたのである。もちろん特定の業界内での取り組みであり全体最適というわ

図2 ● ボックスチャーター事業のスキーム

ヤマトを含むトラック輸送の複数社がロールボックスパレットという輸送容器を共有し、かつ、1台のトラックに混載して共同配送するスキーム。2006年から事業開始。

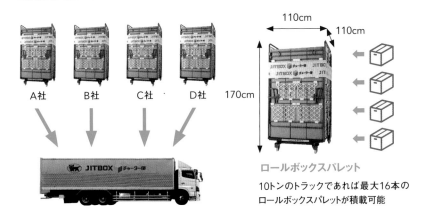

110cm
110cm
170cm

A社　B社　C社　D社

ロールボックスパレット
10トンのトラックであれば最大16本のロールボックスパレットが積載可能

けではないが、今後フィジカルインターネットを実現していく際には、貴重な経験を積み重ねていることは事実だ。

　なお、ヤマトグループは2013年に「バリューネットワーキング構想」を掲げた。この構想は、物流を「コスト」ではなく、「バリュー（付加価値）」を生み出す手段に進化させ、顧客の業種・事業規模を問わない「物流の改革」を通じて日本企業の成長戦略を支える、というものである。そして、2013年より段階的に東京、中部、関西などの主要都市に大型の物流ターミナル（ゲートウェイ）を設け、徹底した省人化・省力化を追求する物流ネットワーク構造や幹線輸送のあり方の変革に着手してきた。そして、わが国の陸海空の結節点である羽田にはグローバルゲートウェイである『羽田クロノゲート』を開設し、宅急便のターミナルに併設する形で巨大なロジスティクス施設を建設し、在庫型のロジスティクスではないモノが流れる中で新たな付加価値をつけていく「止めない物流」の実現を目指した。具体的には、病院の外科手術用レンタル機材の洗浄・メンテナンス機能やインプラントなどの消耗品を保管・配送するサービスや、家電メーカーの修理機能を内製化し修理家電の集荷から修理完了後のお届けまでの時間とコストを削減するサービスなどをプラットフォーム化し、顧客と連携して物流を新たな付加価値を生み出す手段に進化させたのである。なお、こうした新しい物流ターミナルは、将来的にヤマト以外のトラック運送事業者も利用できる「オープン型」を想定して設計されており、新たに始まった連結型のフルトレーラーの西濃運輸、日本通運、日本郵便、ヤマト運輸4社での共同運行も開始されたことを付言しておきたい。

（3）日本主導でのグローバル標準化への挑戦

　次に「標準化」の事例である。ヤマトグループは、物流分野におけるグローバル標準に合わせた対応だけではなく、日本が誇るべき良いサービスをグローバル標準にする取り組みを小口保冷配送の分野で挑戦

した。これは筆者がヤマトホールディングスの社長であった2015年から取り組み始めた事例である。日本では生鮮食品等を鮮度を保ったまま消費者に届ける「クール宅配」が一般的なサービスとして定着しているが、海外、特にアジアでは経済の急成長とともに生鮮食品等の宅配需要が増し、保冷配送事業に新規参入する事業者もそれに合わせて増えていた。しかし、低品質・低価格の保冷配送サービスが多く、現状のサービスが標準サービスになってしまうと食の安心・安全を実現することが困難になるとの強い危機感を覚えた。そこで、日本では当たり前の高品質な小口保冷配送サービスを国際規格にすべきと思い至り、それに向けたプロジェクトチームを社内に立ち上げた。そして、ヤマトグループがスポンサーとなり、英国規格協会（British Standards Institution、以下BSI）と連携し、関係省庁や同業者の協力も得ながらグローバル標準づくりに着手した。BSIは1901年に世界初の規格策定機関として設立され、ISOの設立メンバーとして活動する国際規格策定のプロフェッショナルである。そして、まず小口保冷配送サービスのうち、荷物の積み替えを伴う輸送形態のサービスを対象とする国際規格の策定に取り組み、公開仕様書PAS1018（PAS：Publicly Available Specifications）を2017年2月に発行した。この仕様書には、車両に搭載されている保冷庫などの空間の温度管理を中心に、配送中の積み替え作業に関する要求事項が規定されている。

　続いて、2018年1月よりISO化に向けた取り組みを始めたが、物流事業者・業界団体・関係省庁の連携によるオールジャパン体制で臨んだ。当初はISO化には3年程度はかかると想定していたが、経済産業省を核にした関係省庁の強力な推進努力が功を奏し、2年半程度後の2020年5月にISO23412として国際標準の発行が実現したのである。これにより、日本の高品質のサービスが海外では通用しない「ガラパゴス化」するのを防ぐことになったとともに、日本がグローバル標準を作る場に参画できるようになるきっかけになったと自負している。

5 フィジカルインターネットの 実現に向けての課題

　最後に、日本でフィジカルインターネットを実現していくための課題を整理すると（図3）のようになるであろう。

　世界の潮流となりつつあるフィジカルインターネットであるが、その実現は容易ではなく、一朝一夕には進まない息の長い取り組みである。無人運転やドローンなどを活用した物流DXは個別個社あるいは業界レベルで引き続き進める必要があることは言うまでもないが、その一方で、物流業界だけでなくメーカー、卸、小売等を含めたすべてのステークホルダーが一致団結してシェアリングや標準化などを強力に推進しようという「意識改革」も必要である。そうしなければフィジカルインターネットは実現しない。また、データベースだけ構築されても輸送容器や品質等の標準化が進まなければ実現しない。その逆もしかりである。つまり、デジタルデータベースとフィジカルインターネットは、「車の両輪」であり、国策として産官学連携で進めることが不可欠なのである。

　また、フィジカルインターネットはあくまでも手段であり、これが目的化してはならない。目的は「物流」「ロジスティクス」「SCM」などの多層階に渡るプラットフォームを再設計することだ。そして、これにより、物流はコストセンターから新たな価値を生み出す手段に進化できる。そうなって初めて産業界あるいは日本全体に貢献することができるのだと考えている。フィジカルインターネットという概念のもと、産官学連携でサプライチェーン全体が再設計された物流が早期に出来上がることを期待している。

図3 ● フィジカルインターネット実現に向けての課題

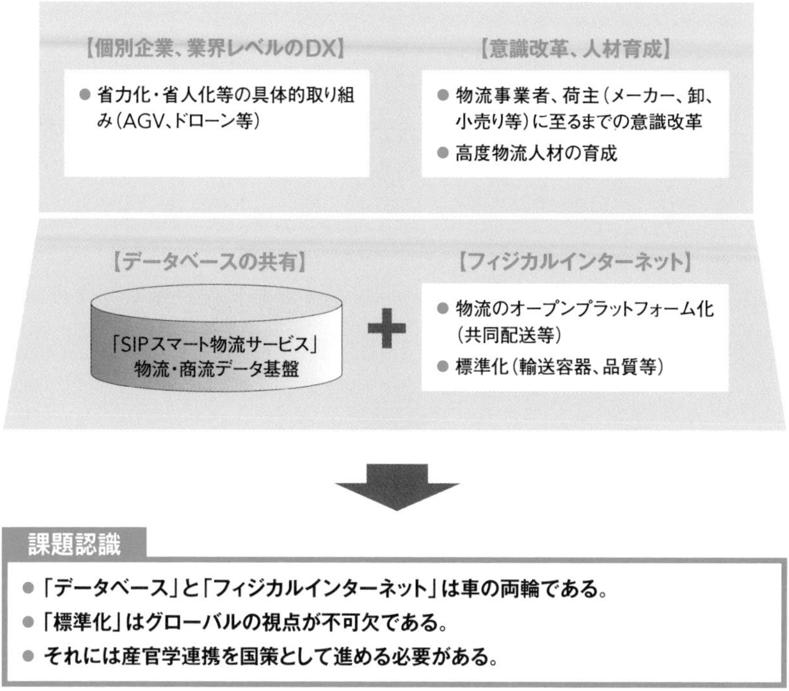

【個別企業、業界レベルのDX】

- 省力化・省人化等の具体的取り組み（AGV、ドローン等）

【意識改革、人材育成】

- 物流事業者、荷主（メーカー、卸、小売り等）に至るまでの意識改革
- 高度物流人材の育成

【データベースの共有】

「SIPスマート物流サービス」
物流・商流データ基盤

【フィジカルインターネット】

- 物流のオープンプラットフォーム化（共同配送等）
- 標準化（輸送容器、品質等）

課題認識

- 「データベース」と「フィジカルインターネット」は車の両輪である。
- 「標準化」はグローバルの視点が不可欠である。
- それには産官学連携を国策として進める必要がある。

日本型フィジカルインターネットの実現、これからの課題について

～内閣府 戦略的イノベーション創造プログラム（SIP）スマート物流サービスの推進～

金 度亨 国立研究開発法人 海上・港湾・航空技術研究所 内閣府戦略的イノベーション創造プログラム（SIP）スマート物流サービス研究推進法人 プロジェクトマネージャー

鍵野 聡 国立研究開発法人 海上・港湾・航空技術研究所 内閣府戦略的イノベーション創造プログラム（SIP）スマート物流サービス研究推進法人 プロジェクトマネージャー

金 度亨

（きむ どひょん）

鍵野 聡

（かぎの さとし）

国立研究開発法人 海上・港湾・航空技術研究所 港湾空港技術研究所「内閣府戦略的イノベーション創造プログラム（SIP）スマート物流サービス」研究推進法人 プロジェクトマネージャー。一般社団法人ヤマトグループ総合研究所 研究員。外資コンサルファームを経て2017年ヤマト運輸に入社。物流現場で運行・作業マネジメント業務を担い、ルート最適化による適切な配車・誤仕分け防止等の最大稼働率・品質向上プロジェクトをリード。2018年から「内閣府戦略的イノベーション創造プログラム（SIP）スマート物流サービス」で海外連携、物流情報標準化、物流・商流データ基盤開発を担当。

国立研究開発法人 海上・港湾・航空技術研究所 港湾空港技術研究所「内閣府戦略的イノベーション創造プログラム（SIP）スマート物流サービス」研究推進法人 プロジェクトマネージャー。ヤマト運輸株式会社 デジタル企画1グループデジタル企画1チームマネージャー。1999年ヤマト運輸入社。宅急便事業、3PL事業、経営戦略を経て、オンライン診療の社会実装等新規事業創出に従事。2019年から「内閣府戦略的イノベーション創造プログラム（SIP）スマート物流サービス」で市場調査、物流情報標準化、業種等データ基盤の構築を担当。

1 序論

　物流は日常生活になくてはならない社会インフラの一つである。しかしながら、他の産業に比べて労働者のQOL（Quality of Life）改善が遅れていることもあり、特にトラックドライバーは年々減少傾向にある。さらに近年の電子商取引市場の拡大に加え、感染症対策に伴う急激なライフスタイルの変化によって物流の少量多頻度化が加速しており、荷物があるのに運び手がいない「物流クライシス」が顕在化しつつある。

　このような状況の中、世界では「Physical Internet（以下、PI）」に注目が集まっている。PIとは、トラック等が持つ輸送スペースと倉庫が持つ保管・仕分けスペースのシェアリングによってそれら物流リソースの稼働率を向上させ、より少ない台数のトラックで荷物を運ぶことで燃料消費量を抑制し地球温暖化ガス排出量を削減することを通じて、持続可能な社会を実現するための革新的な物流システムのコンセプトである。「インターネット」のパケット交換の仕組みを物流に適用して、「フィジカル」なモノの輸送・仕分け・保管を変革することから、PI（フィジカルインターネット）と呼ばれている。

　既にアメリカでは、GAFA等巨大プラットフォーマーが電子商取引といったインターネット領域だけではなく、自社のリソースを開放しシェアリングするフィジカルな領域まで進出している。また、中国の河北省雄安新区では街レベルでの自動運転等のインフラ整備が政府主導で進められている。しかしながら、これらの施策は我が国が真似をできるものではない。また、一部のプラットフォーマーや政府による

全体システム化は、中長期的には持続性や柔軟性に欠けると考える。我が国では、多数のメーカー・卸・小売り・物流事業者の弛まぬ企業努力による正確かつ高品質な物流で豊かな社会が支えられており、これらのプレイヤーの合意形成による合従連衡型での変革が必要だと考える。産学官が連携し、今までのサプライチェーンの各プレイヤーを一部企業の小作人にさせない、創意工夫や強みを生かせるシステムを目指すべきで、我々はこの合従連衡型によるPIを「日本型PI」と定義した。

　本稿は日本型PIによる期待効果と物流課題解決の方向性を示し、内閣府戦略的イノベーション創造プログラム（Strategic Innovation Promotion Program 以下、SIP）スマート物流サービスのこれまでの取り組みと社会実装に向けた課題を明らかにすることを目的とする。

2 日本型PIによる期待効果と 物流課題解決の方向性

　まず、日本型PIが実現すると仮定した場合に期待される効果を示し、次に物流課題解決の方向性とSIPスマート物流サービスのスコープを明示する。

2.1 日本型PIによる期待効果

　端的に言えば、PIは標準化およびIoT(Internet of Things)の実装による分散的な物流ネットワークの構築にその要諦がある。では、このようなネットワークが構築されることで、サプライチェーン上の各主体においてどのような物流の高度化が発生するのかについて検討を進めたい。我々は以下の分野における効率化を想定している。

　図表1に日本型PI実現によるサプライチェーン各プレイヤー（メーカー・卸・小売り・運送事業者・倉庫事業者）の期待効果と物流課題解決の方向性を示す。

(1) 共同輸送・混載の増加：PIでは規格化されたユニットロード単位での配送を行うため、積み付け効率の向上やパレットへの積み付け・積み替え作業時間の短縮を可能とし、共同輸送・混載の増加が期待できる。

(2) 物流資産（車両・ドライバー・倉庫等）のシェアリングおよび物流拠点の集約化：PIの分散的な物流ネットワーク上では各地域のリソースを最大限に有効活用することを可能とする。現在のように各地の運送事業者が数日かけて長距離を配送するのではなく、各地

域の運送事業者がオンデマンドに短距離配送をつなぎながら配送する将来が想定される。

(3) 貨物・車両情報のリアルタイム管理：コンテナへのスマートタグの据え付けにより、車両のみならず貨物情報のリアルタイム管理を可能とする点がPIの新しい価値である。

(4) 荷積荷降ろし作業の省力化・自動化：PIでのパレットおよびコンテナ等のユニットロードの標準化により、現在の人手による荷積荷降ろし作業についても省力化・自動化が進展すると期待される。荷

図1 ● 日本型PIによる期待効果と物流課題解決の方向性

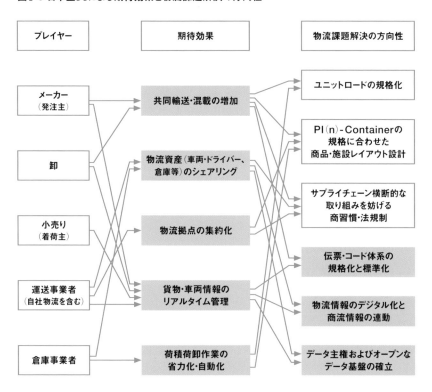

物をキャッチする技術や自動仕分けの要素技術は多く開発されており、荷積荷降ろし業務を自動化した実例は我が国においても報告されている。今後標準化の進行に合わせて一層の進展が期待できる。

2.2 物流課題解決の方向性

前節で述べた共同輸送・混載の増加、物流資産（車両・ドライバー・倉庫等）のシェアリング、物流拠点の集約化、貨物・車両情報のリアルタイム管理、荷積荷降ろし作業の省力化・自動化といった期待効果に対して、我々SIPスマート物流サービスが着手している物流課題解決の方向性が青枠の箇所である。

(1) 伝票・コード体系の規格化と標準化
(2) 物流情報のデジタル化と商流情報との連動
(3) データ主権およびオープンなデータ基盤の確立

本稿では、日本型PI実現で特に重要な「データ主権およびオープンなデータ基盤の確立」を中心に具体的な取り組みについて説明する。

3 戦略的イノベーション 創造プログラム（SIP）とは

　日本経済再生と持続的経済成長を実現するには、科学技術イノベーションが不可欠だ。その背景から、SIPとは内閣府総合科学技術・イノベーション会議（CSTI）が司令塔機能を発揮し、府省の枠や旧来の分野を超えたマネジメントにより、科学技術イノベーション実現のために創設した国家プロジェクトである。真に重要な社会的課題や、日本経済再生に寄与できるような世界を先導する課題に取り組んでいる。2014年度からは第1期11課題、2018年度からは第2期の12課題を推進している。各課題を強力にリードするプログラムディレクター（PD）を中心に産学官連携を図り、基礎研究から実用化・事業化、すなわち出口までを見据えて一気通貫で研究開発を推進している。2014年度予算より「科学技術イノベーション創造推進費」を325億円計上（2018年度、2019年度および2020年度予算は280億円）されている。

　主に以下の特徴を持つ。

(1) 産官学・分野横断的な取り組み

(2) 基礎研究から実用化・事業化までを見据えて一気通貫で研究開発を推進

(3) 5年の時限的なプログラム

　第2期では、データ・AI（人工知能）基盤を創るサイバー空間技術、新しい農業基盤を創るスマートバイオ産業、AIを活用した新しい医療を目指すAIホスピタル等、様々なプログラムがある中、物流・商流データ基盤を活用した新しい物流を目指すのがスマート物流サービスである。

4 SIPスマート物流サービスについて

　PIでは複数のプレイヤー間での輸送分担および物流資産のシェアリングが期待されるため、複数のプレイヤー間で必要な情報を利用できるオープンなデータ基盤と、適切なプレイヤーに適切な範囲でデータを提供するデータ主権の確立が必要とされる。このオープンデータ基盤構築に向けた日本政府の取組みが「内閣府戦略的イノベーション創造プログラム(SIP)スマート物流サービス」である。本プロジェクトが始まった背景に、今まで日本のサプライチェーンが構築してきた「個別最適」の積み上げでは「物流クライシス」に対処しきれない問題が顕在化してきたことが挙げられる。これまでにない物流・商流の効率化や高付加価値化の実現のために、倉庫事業者、運送事業者、通関事業者等の物流事業者のみならず、物流事業者に対して輸送・保管等の依頼を行う荷主、荷物を受け取る企業・消費者、道路・港湾・空港といったインフラ等からの様々な物流・商流情報を収集し、それらを用いて各プレイヤーでの無理・無駄の可視化を図るとともに、サプライチェーン全体の最適化を目指すものである。

　図表2は、SIPスマート物流サービスの概要である。現在、大きく分けて2つの研究開発を行っている。一つは研究開発項目 (A) としている「物流・商流データ基盤の構築」である。これまで、物流データと物流に関わる一部の商流データは、各プレイヤーだけに蓄積されており、ビッグデータとして存在しない。研究開発項目(A)では、オープンな物流・商流データ基盤を構築し、これらのデータを収集、可視化し、物量予測等による人員の適正配置や、共同配送等によるリソースの有効

活用、有事の際の商品供給等への活用を目指している。また、付帯的な取り組みとして、このデータ基盤を各社が共通して利活用するためのデータの標準化を進めている。

　もう一つは、研究開発項目（B）としている「省力化・自動化に資する自動データ収集技術の開発」である。現在、物流では様々な現場でアナログ作業が行われている。研究開発項目（B）では、これらの作業の省力化・自動化を図りつつ、これまでは取得されていなかったデータ

図2 ● IPスマート物流サービスの概要

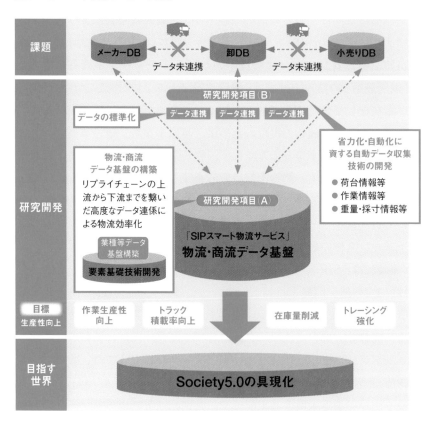

を自動で収集するデバイス等の開発を行っている。

　SIPスマート物流サービスは2018年より調査を開始し、各種開発・実証実験を経て、2022年度に研究開発を終了する。研究開発の目標値として「生産性30％向上」を掲げている。

4.1 研究開発項目（A）について

　研究開発項目（A）物流・商流データ基盤に関する技術の研究開発では、核となるデータ基盤の開発と、それを活用したアプリケーションサービスの構築を同時並行で進めている。これは、ハードおよび技術的なデータ基盤だけが先行し、実際の物流シーンでは利用されないというケースを防ぐための施策で、SIPでは「社会実装」という点に特に重きを置いている。

（1）要素基礎技術の開発

　要素基礎技術の開発では、図表3の4つの新技術の開発を行っている。

　①②は、安心・安全にデータを流通させる技術である。「①アクセス権限コントロール技術」とは、データの提供者自身が他社に見られたくないデータを細かく制御できる技術で、これにより販売先情報や特定商品の販売量といったデータにマスクをかけられる。「②非改ざん性担保技術」とは、悪意を持った第三者がデータ基盤にある情報を改ざんできなくするためのブロックチェーン等の技術である。

　③④の技術は、ユーザーがストレスなくデータを利活用するための技術である。「③個別管理データ抽出・変換技術」は、各企業や業界VAN等からデータを吸い上げる際、データコンバート等を行わずに、自動的に標準データに変換する技術である。最後の「④他プラットフォーム連携技術」というのは、現在既にある販売管理システム等との連携を双方のサーバーに負荷をかけずに実行する技術である。

　これらの技術を実装したデータ基盤により、サプライチェーン上の

各プレイヤーの持つ情報の可視化、分析と予測を通して個社の取り組みでは難しい全体最適化、新たな付加価値の創造を目指している。

(2) 業種等データ基盤（アプリケーションサービス）の構築

業種等データ基盤の構築では「日用消費財」「ドラッグストア・コンビニ等」「地域物流」「医薬品医療機器等」「医療材料」「アパレル」の6つの業種等で先行して社会実装を目指している。2020年度は3つの業種等データ基盤で概念実証を行い、物流・商流データ基盤の定量的効

図3 ● 物流・商流データ基盤の研究開発

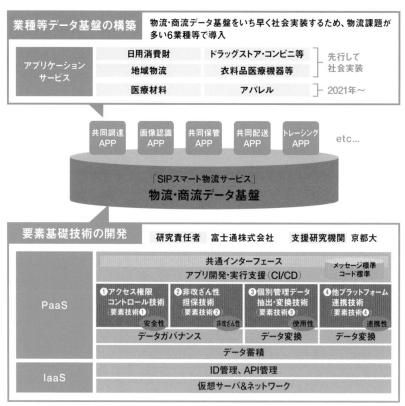

凡例　■■■ 要素基礎技術　■■■ 標準化・共通処理　■■■ 既存技術

果の検証を行った。

　図表4は業種等データ基盤の一つである「地域物流」の概念実証の概要である。本モデルは他の4つのモデルと異なり、業界軸ではなく地域軸で複数の業種の荷主・複数の運送事業者の共同輸送を目指すモデルであり、地域単位に形成する特性から「地域物流」と称している。従来の共同輸送の取り組みと異なるのは、荷主主導で配車をコントロールするのではなく、運送事業者主導で配車をコントロールすることである。

図4 ●「地域物流」の概念実証の概要

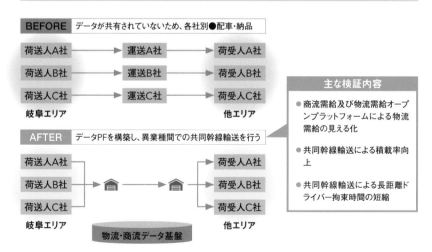

研究責任者	株式会社セイノー情報サービス
支援研究機関	岐阜大学、アピ、美濃工業、未来工業、西濃エキスプレス、ハートランス、未来運輸
研究開発の背景	少子化高齢化に伴う労働力不足により、一部地域においては、近年までの物流網の維持が困難な状態となっている
概念実証の背景	本概念実証においては、物流の需給管理システムを活用し、岐阜地域で業種業態を超えた共同幹線輸送の他、ダイナミックプライシング(動的運賃)等に向けた取り組みを行う

メーカーや卸ではない物流事業者が配車をコントロールする初めての共同配送の取り組み
※今までの共同配送の取り組み(F-LINE等)は、荷主側が配車をコントロールする取り組み

BEFORE データが共有されていないため、各社別●配車・納品

荷送人A社 ── 運送A社 ── 荷受人A社
荷送人B社 ── 運送B社 ── 荷受人B社
荷送人C社 ── 運送C社 ── 荷受人C社
岐阜エリア　　　　　　　　　　　他エリア

AFTER データPFを構築し、異業種間での共同幹線輸送を行う

荷送人A社 ┐　　　　　　┌ 荷受人A社
荷送人B社 ─ 🏢 ── 🏢 ─ 荷受人B社
荷送人C社 ┘　　　　　　└ 荷受人C社
岐阜エリア　　　　　　　　　　　他エリア

物流・商流データ基盤

主な検証内容

● 商流需給及び物流需給オープンプラットフォームによる物流需給の見える化

● 共同幹線輸送による積載率向上

● 共同幹線輸送による長距離ドライバー拘束時間の短縮

本モデルは、荷主の運送依頼情報と運送事業者の自車の空きリソース情報をデータ基盤上でマッチングを行い、効率的にパレット貨物の混載を行う。現在の物流は、運送事業者側から見れば、集荷日が間際にしか分からず、集荷日の翌日・翌々日の納品を当然のサービスとしているため、相当の無理・無駄が発生している。しかし、実際には、急を要さない貨物や、あらかじめ集荷日が分かっている貨物が多く含まれている。このモデルは、荷主と運送事業者の計画情報を基に物流を組み上げるもので、概念実証においては、目標KPI（幹線トラックの積載率等）を大きく上回る結果となり、モデルが理論的には成立することを実証した。

本モデルは、中小を含めた荷主や物流事業者が利用でき、バリューをシェアするというコンセプトであることから、いわば日本型PIの可能性を問う試金石的な位置付けにある。また、今までのように物流事業者が荷主にリソースを一方的に買いたたかれてしまう構図を変えるモデルとしても期待している。

(3) データの標準化

現在の日本の物流のソフト面では、様々な伝票や電子データ形式が乱立し、サプライチェーン全体での効率性が著しく損なわれている。SIPスマート物流サービスでは、物流・商流データ基盤上に蓄積されたデータに対して一気通貫での見える化を実現するため、物流・商流データ基盤を利用する際のデータの標準化に着手している。成果物として2021年10月に「SIP物流標準ガイドライン ver1.0」を策定した。

本ガイドラインでは、以下の標準を定めている。

①物流業務プロセスの標準（プロセス標準）

運送計画や集荷、入出庫等の物流プロセスの流れやルールを定義したもの。

②データ基盤のデータ表現標準（メッセージ標準）

運送計画情報や出荷情報、運送依頼情報等のメッセージを定義した

もの。

③データ基盤のマスタデータ標準（コード標準）

日付表現や場所コード、企業コード等のマスタ（一部レジストリ）を定義したもの。

本ガイドライン策定に際し、多くのサプライチェーンの企業に知見・協力を得ており、日本型PI実現のための一丁目一番地として、汎用的に活用されることを期待している。

4.2 研究開発項目Bについて

研究開発項目（B）は、ステージゲート方式で進めている。ステージゲートとは、開発プロセスを複数のステージに分割し、次のステージに進む上で一定の条件を達成できているかを評価するゲート（審査会）を複数設置、最終的にゲートを通過したもののみ市場へと投入するという方式である。この方式の選択理由は、プロジェクト発足時に解決すべき物流課題は把握できているものの、それをどう解決するかについてのアイデアが見つからず、アイデア創出から社会実装までを専門家に任せるべきという結論に至ったからである。本節では、現場導入段階（社会実装に近い段階）にある技術について、研究開発の背景と概要、現状と今後の取り組みを紹介する。

（1）Automagi株式会社（支援機関:東京大学）

研究内容：「荷物サイズ」「荷姿種別」「上積み可否判定」に資する映像処理AI

①研究開発の背景

画像による自動認識技術の研究開発は近年進みつつある一方で、必要な機材等はコストが高いために、物流現場ではいまだにアナログな方法で情報取得している。ドライバーや集荷担当の労務負荷は

年々増加しているため、物流現場での荷物情報データ収集とクラウド連携を手軽に短時間で完了できる仕組みが必要である。

②研究開発の概要

Automagi株式会社では、一般的に普及している安価な単眼カメラ搭載スマートフォンで、定形梱包・非定形梱包の荷物情報（サイズ／形状／取扱注意マーク／商品バーコード等）を軽快に読み取り、クラウド連携可能なスマホ・アプリケーションを開発している。具体的には「辺・頂点認識の深層学習」、「外形認識のアルゴリズム」、「モデルマッチングのアルゴリズム」等、AR（拡張現実）と深層学習の活用により、自動採寸、簡易計量、上積み可否判定、混載可否判定が可能な技術開発を行っている。

③開発の現状と今後の取り組み

2021年12月末時点で、三辺計測精度は定形94%、非定形88%、荷姿判別精度は90%、ラベル読み取り精度は90%を達成している。また作業時間に関しては、アナログで行っていた従来と比較して、三辺計測は60秒から5秒、荷姿判別は60秒から1秒、ラベル読み取りは60秒から3秒まで短縮されている。今後は物流事業者の協力のもと、現場での検証とともにユースケースやニーズの深掘りを行っていく予定である。

（2）佐川急便株式会社（支援機関: Kyoto Robotics株式会社、早稲田大学、フューチャーアーキテクト株式会社）

研究内容：荷物データを自動収集できる自動荷降ろし技術

①研究開発の背景

物流の各方面で自動化の研究が進む一方で荷積み・荷降ろし作業においては自動化のソリューションが存在せず、人手に頼っている現状が挙げられる。現在、自動荷降ろし技術において、サイズ・重量の異なる荷物を取り扱いできないという課題に対し、画像認識技術

を用いて解決を目指す研究が進んでいる。しかし、画像認識精度が運用レベルに達しておらずエラーが頻発しているという課題に加え、パレット以外の積み付け形態に対応できない、広い動作スペースが必要といった課題もあり、荷役の場面で本格的なロボットの活用には至っていない。

②研究開発の概要

佐川急便株式会社を代表機関とするJVグループは、物流・商流の状況を把握するために必要不可欠となる荷物情報をサプライチェーン上の結節点となるポイントで自動収集し、かつ、人手に頼っている荷積み・荷降ろしを自動化する技術の研究開発を行っている。荷物の固まりから荷降ろしすべき荷物を高精度でリアルタイムに認識することにより、事前情報なく、自動的に荷降ろしを行うフル自動化技術の開発を行う。運用に耐えうる画像認識精度を実現することに加え、パレット以外の積み付け形態に対応できない、広い動作スペースが必要といった既存技術の課題に対しては、パレット・カゴ車・コンテナへの直積みに対応した汎用的な垂直多関節型のマニピュレーターを用いることにより解決を目指す。2023年3月までは荷降ろしの自動化までが目標だが、将来的には海上コンテナを含む対象への荷積み・荷降ろしの自動化を目指している。

③開発の現状と今後の取り組み

2021年12月末時点で当初の計画通り研究開発は進んでおり、中間成果であるセンサ・ロボットコントローラーと既存技術の垂直多関節型ロボットを組み合わせ、中間成果として混載積み合わせのパレットを対象にした自動荷降ろし技術を確立した。時間当たりの荷降ろし個数は、500個となっている。また、荷物認識精度は認識率99.9%、寸法計測精度はパレット、カゴ車、鉄道コンテナ直積み等からの混載荷降ろしでの計測精度±15mm以内を達成。当初の目標はすべて達成されている。現在はターゲット価格の設定が完了し、今後は販

売スキームの構築をしていく予定である。

4.3 国際連携の必要性

　欧州では"ALICE"という産学連携の協議体があり、スマート物流サービスの実現に向け活動を推進している。我々の起点が物流課題の解決であることに対し、欧州は環境問題の解決等のSDGs（持続可能な開発目標）が起点という違いはあるものの、対"GAFA"を意識する点で共通している。"ALICE"を支援している欧州委員会の傘下のドイツ政府主導により"GAIA-X"と呼ばれる欧州統合データ基盤の開発プロジェクトが推進されている。

　GAIA-Xの研究開発には以下7つの原則項目がある。

（1）欧州のデータ保護

（2）正確性と信頼性

（3）ユーザーの使いやすさ

（4）オープン化と透明性

（5）データ主権と自己決定

（6）モジュール性と相互運用性

（7）自由な市場アクセスと欧州の新たな価値創造

　これらの設計思想（研究開発課題）は、我々が実現を目指している物流・商流データ基盤のそれと広範に共通している。2019年12月に行われたALICEの総会で、我々SIPスマート物流サービスの研究開発に関するプレゼンテーションを行ったが、想定をはるかに超える反響で、賛同に加えて具体的な進め方に関する質問が止まらなかった。起点は異なるものの、やはり目指すところは同じで、抱える課題も酷似していることを相互理解する良い機会となった。それを契機として、現在、GAIA-Xとの具体的な連携の協議を進めている。

5 結論

　我々はSIPスマート物流サービスでの活動を通して、日本型PI実現に向けた課題は3つに集約されると考えた。

(1) レギュレーションの課題

(2) 商習慣の課題

(3) 中立性の課題

　1つ目はレギュレーションの課題だ。例えば、日本の物流は、何が・どこに・いくつあるのか一元的に把握できておらず、災害やパンデミック等の有事に対して極めて無防備な状態にある。この問題の解決には、個々のデータ主権をどこまで認め、国としてどういったデータを持つかというレギュレーション設定が必要だ。もう一つの例として、日本のサプライチェーン上の物流・商流データは、様々な形式のインターフェースが存在し、その接続に多大なコストと労力を費やしていることが挙げられる。この問題の解決が難しいのは、この混沌とした領域をビジネスとしている事業者が既に多数存在し、後付けでのレギュレーション設定が難しいところである。他にも、ユニットロード等、様々なレギュレーションが必要である。

　SIPスマート物流サービスでは、物流の見える化の仕組みとして「物流・商流データ基盤」を、物流データの標準形式として「物流標準ガイドライン」を策定した。しかしながら、いかに優れた仕組みやガイドラインを作ったとしても、レギュレーションがなければ真の効果は発揮されず、結局「個別最適」が乱立する状況は変えられない。これらのレギュレーションの課題について、行政主導で検討する必要がある。

2つ目は商習慣の課題だ。SIPスマート物流サービスでは2020年度に各業種等で実証実験を行い、我々の目標値である「生産性30％向上」が、物流・商流データ基盤上で実現可能であることを証明した。しかしながら、全体実績として達成できたものの、一部でKPI未達の項目があり、その未達理由はすべて商習慣に起因する内容で、デジタル化では解決しえない問題であった。我々の実証実験においては軽微なマイナス影響であったが、商習慣の問題がより深刻で、改善が急務となっている業界も存在し、その一例が医薬品業界と考える。同業界では、国策の医薬分業やジェネリック医薬品の普及により、納品医療機関数・取り扱いアイテム数が近年劇的に増えたことに加え、1日複数回納品や緊急納品、医療機関ごとの納品ルール（検品・指定伝票・返品）等の日本独特の商習慣がボトルネックとなり、物流ネットワークの維持が極めて困難な状況となっている。

　これら商習慣の問題は、当事者であるプレイヤー間での協議ではより強い購買力を持つプレイヤーの意見が尊重されてしまい、解決は不可能と考える。このような商習慣の課題について、関係省庁・業界団体主導で検討する必要がある。

　3つ目は中立性の課題だ。SIPスマート物流サービスでは業種業態の垣根を越えて100を超える事業者が参画し、今までにない巨大な物流プロジェクトとなっている。参画する目的は様々ではあるが、必ずしも国費を当てにしたものではなく、本プロジェクトが国策であるという「錦の御旗」の下に参集している感が強い。本プロジェクトに参画する業界では、これまでも様々な協調の検討を繰り返し、新たな打ち手を模索してきたが、結局、実行段階において「総論賛成、各論反対」の壁に当たり、大きな変革を成し得るには至らなかった。必要だったのは、資金や技術以上に「大義名分」であり、今まで検討を重ねてきた様々な打ち手を本プロジェクトという「錦の御旗」の下、具現化しようとしているにすぎない。言い換えれば、民間主導の中立性が担保されていな

い組織形態では、いかに優れたプランであっても特定企業に利益を独占されかねないという懸念があり、実行段階においてステークホルダーのコンセンサスを得るのが難しいと言える。

　SIPスマート物流サービスは2023年3月末で終了となる。国策という分かりやすい「錦の御旗」は、ここまでの先導となってしまうが、それ以降も、中立性が担保された何らかの組織がなければ、本プロジェクトの成果もまた、「個別最適」に陥ってしまう懸念がある。日本全体で再び「総論賛成、各論反対」の生産性のない議論を繰り返さないためにも、日本型PIの実現を目指す新たな組織の構築が急務となっている。

参考文献

1. 内閣府（2020）、「戦略的イノベーション創造プログラム（SIP）スマート物流サービス研究開発計画書」

2. 日下瑞貴、金度亨（2020）、「Physical Internetによる物流課題の解決」第1回懸賞論文募集、一般社団法人ヤマトグループ総合研究所、14p〜23p

3. 経済産業省（2021）、「電子商取引に関する市場調査」

4. 国土交通省（2015）、「第10回全国貨物純流動調査（物流センサス）」

5. 国土交通省（2018）、「トラック運送業の現状等について」

6. 国立社会保障・人口問題研究所（2017）、「日本の将来推計人口（平成29年推計）」

7. 総務省（2012）「平成24年度版情報通信白書」

8. NRI Journal（2021）、「物流革新で、なぜ『フィジカルインターネット』が注目されるのか」（https://www.nri.com/jp/journal/2021/0902）

9. ALICE（2019）、"roadmaps".（https://www.etp-logistics.eu/）、2020.01.10

10. Benoit Montreuil（2011）、"Towards a Physical Internet : Meeting the Global Logistics Sustainability Grand Challenge"

11.Eric Ballot, Benoit Montreuil, Russell D. Meller(2014)、"The Physical Internet :The Network of Logistics Networks"

12.Federal Ministry for Economic Affairs and Energy、Germany&Federal Ministry of Education and Research,Germany(2019)、"Project GAIA-X:A Federated Data Infrastructure as the Cradle of a Vibrant European Ecosystem"

物流クライシスとフィジカルインターネット
～流通・物流・輸送産業のシステムイノベーションへ向けて～

藤野直明 野村総合研究所産業ITイノベーション事業本部主席研究員

藤野直明

（ふじの　なおあき）

野村総合研究所産業ITイノベーション事業本部主席研究員兼未来創発センターチーフ・リサーチエキスパート。行政（経済産業省、財務省、国土交通省、総務省ほか）の政策研究業務に加え、民間企業のオムニチャネルリテイリング、インダストリー4.0、DX（デジタルトランスフォーメーション）などのコンサルテーションにも従事。2020年代の総合物流施策大綱に関する検討会構成員。フィジカルインターネット実現会議構成員。日本ロジスティクスシステム協会ストラテジックSCMコース講師。早稲田大学理工学術院大学院客員教授。日本経営工学会副会長。オペレーションズ・マネジメント&ストラテジー学会理事。日本オペレーションズ・リサーチ学会フェロー。日本小売業協会CIO研究会コーディネーター。日本小売業協会流通サプライチェーン政策研究会座長。ロボット革命・産業IoTイニシアティブ協議会WG1（IoTによる製造ビジネス変革WG）情報マーケティングチーム　チームリーダー。JR東日本モビリティ変革コンソーシアムステアリング委員会委員。システムイノベーションセンター実行委員。第4次産業革命エグゼクティブビジネススクール講師。

1 はじめに

　①物流クライシスとは何か。②フィジカルインターネットは日本の物流クライシスを解決するのか。解決するとしたら物流の未来はどうなるのか。③フィジカルインターネットの具体化・推進に必要な施策は何か。フィジカルインターネットをめぐる巡る2022年初頭時点での論点は、おおむねこの3つであろう。

　業種横断の物流革新など検討すら難しいという意見もある。物流や流通は業種ごとに機能や特徴が異なるからだ。このため本稿は、典型的な消費財産業である加工食品産業とアパレル産業をケースとして、マクロ経済とミクロ（企業）経済の中間の、いわばセミマクロ（メゾスコピック）な視点からアプローチを試みる。米国ジョージア工科大学のモントルイユ教授により提唱されている、フィジカルインターネットにおける HCS（ハイパーコネクティッドシステム）の視座と言い換えてもよい。HCSとは、サプライチェーンマネジメント（流通）、ロジスティクス（物流）、トランスポーテーション（輸送）を1つのシステムとして俯瞰し、問題解決を図る考え方である。

　具体的には、まず、物流クライシスや顕在化している問題の背景や根本要因を探索しつつ、問題解決の基本的な考え方を整理した上で、フィジカルインターネットの視点から流通や物流の未来がどのように展望できるかを検討し、最後に政策課題は何かを検討する。アプローチとしては、いわば「定性的な思考実験」を採用した。フィジカルインターネット関連の新規の事業戦略や政策を考える際のたたき台と考えていただければ幸いである。

フィジカルインターネットのアイデアは、単に目前に迫った物流クライシスを解決することに貢献するだけでなく、世界に先駆けて実装できれば、日本の流通・物流産業が世界に輸出できるサービス産業へ進化することに貢献するだろう。フィジカルインターネットのアイデアをヒントに、グローバルにスケールアウトできるサービス産業を日本から多数創造できるのではないか。これこそ、先進国日本の物流・流通DXの戦略目標と筆者は確信している。

2 日本の物流クライシスのマクロとミクロ──メゾスコピックな視点の必要性

　物流クライシスの議論では、マクロ的にみると、供給側のトラックドライバーの高齢化・人手不足と、需要側の小口化する物流需要の急拡大などの結果、モノが運べない事態が発生し、物流コストが増大するという、構造的な物流インフレ懸念の状況にあると指摘される。一方で、なぜかトラックの回転率や積載効率は低迷を続けている。物流の現場が、多頻度小口配送や翌日納品などの荷主の厳しい要求に対して、いかに真摯に対応しているかをうかがい知ることができる。

　ミクロの視点では、物流への過度な要求と納品伝票、納品業務の個別対応の複雑性などによる、物流企業からの悲鳴が聞こえてくる。一方、物流原価構造の体系的な分析は難しく、物流クライシスは、商慣行などの問題ともあいまって、容易に解決策を導き出すことができない複雑な問題のようにもみえる。

　物流クライシスの分析にはどのようなアプローチが適当であろうか。筆者は、フィジカルインターネットの発案者であるモントルイユ教授が提案する"流通・物流・輸送を総合するHCSの考え方"を応用したい。つまり、物流問題は単にドアツードアの輸送問題ではなく、蔵置や在庫管理を含むロジスティクスの視点を超え、さらに流通領域のSCM（サプライチェーンマネジメント）までを俯瞰する視座であるHCSからアプローチして分析すべきという考え方である。

　モントルイユ教授の指摘を待つまでもなく、物流は荷主の要請に基づいて依頼されるわけなので、上記は自然なアプローチではあるが、流通領域は多様であり、業種や荷主によって事情が異なるため、複雑で

多様な事情を個々に分析することを迫られる。特に流通分析では、暗黙の商慣行や制度化されていない業務も存在するため、広範な実態調査がそもそも容易ではない。

　このため、本稿では「定性的な思考実験」という方法を採用し、これまでに得られた一部のケースの情報から、定性的ではあるが興味深い仮説を紡ぎだし、大胆に記述してみようと思う。物流に関わる方々に本稿をご覧いただき、広くご批判を受け、さらに今後関連する方々との議論を活発化させることにより、議論の精度を向上させていきたいと願っている。

　事実に基づいて議論を展開するのがシンクタンクである野村総合研究所の信条ではあるが、「統計的な事実が分からないので何も言えない」というのでは、「実務家としてはいかがなものか」という批判は免れまい。本稿はこうした趣旨で記述したことをご理解いただきたい。もっとも、日頃、物流問題の解決策の提案について「理論は分かるが現実はもっと複雑だ。実感がない。腹に落ちない」と感じておられる、現場に詳しい実務家の方には、むしろ興味深く受け入れていただけると期待したい。今後の議論を楽しみにしている。

3 フィジカルインターネットにおける HCSの視座からみたケーススタディ

1. 加工食品物流における思考実験

1) 問題分析（7whys）

①加工食品物流のトラックドライバーの人手不足の原因は回転率、積載効率の低さ

　トラックドライバーの高齢化や人材確保の問題は一般的にも指摘されているが、特に食品物流において厳しい状況にある。理由の一つはトラックの回転率および積載効率の低さといわれている。

②回転率が低い理由は「長時間のバース待ち」

　回転率が低い理由は、納品先の物流センターにおける長時間のバース待ちといわれている。「明日の朝に納品してほしい」という荷主の要請を受け、早朝に物流センターに駆けつけたが、残念なことに既にトラック2台がバースが空くのを待っている。このトラックの待ち時間がなんと6〜9時間にも及ぶというのである。

③長時間のバース待ちの原因は、入荷検品作業に長時間を要すること

　バース待ち時間が長くなるのは、荷下ろし作業だけではなく、入荷検品作業に長時間を要するからである。

④入荷検品作業が長時間になる理由は、賞味期限の確認作業とミルフィーユ納品

　まず、加工食品では検品時にきめ細かな賞味期限の確認作業が必要である。賞味期限や製造ロット込みの情報を目視で確認し記録するま

で、トラックドライバーは解放されない。当該物流センターに、それまでに到着した商品よりも古い日付の商品が納品されていないか、全商品に対し確認し、もし万が一にも日付逆転の商品があれば、受け取りはできず、その時点で返品輸送が発生するからである。

　加えて近年、メーカーから卸への納品で、小口のミルフィーユ納品（パレットの間に商品が薄く積まれている形状がミルフィーユに似ていることから用いられている呼称）が常態化し、低い積載効率に加え、賞味期限の確認作業の煩雑化を招いている。

　「いや、通常は正パレット（工場でのラインオフ時にパレタイズされた正パレット（1SKU・1パレット（例：48ケース）、同一製造日付）の荷姿）なので、目視でも確認作業にはそんなに時間がかかるはずはない」と経営層の方は思われるかもしれない。しかし現実は異なる。正パレット出荷はむしろ少数派であり、いわゆるミルフィーユ納品という、商品よりもパレットを運んでいるかのような積載効率の低い多パレット出荷が常態化しつつある。

⑤ミルフィーユ納品の理由は「セルワン・バイワン、毎日発注・翌日納品方式」

　小口で毎日発注・翌日納品を受け入れる側の卸の物流センターは、いわゆるTC（在庫のない、単なる仕分け配送だけの機能の物流拠点）なのだろうか。実は、一般的に卸の物流センターには平均約10日〜2週間分の在庫が保持されている。納品実績が12ケース／日の商品であれば、平均120ケースの在庫がある。もし、毎日ではなく、4日に1回の納品にして、正パレットで配送すれば、メーカーも卸業者も物流業務は格段に効率的になるはずである。

　一方、現実は「セルワン・バイワン、毎日発注・翌日納品方式」での小口発注が採用されているケースが多い。セルワン・バイワン（和製英語である）方式とは、N個出荷したらN個発注する（店舗からのその日の受注量を合計し、手を加えずにそのままメーカーに発注する）とい

う発注方式である。この多頻度小口配送が、メーカーでのピッキング作業負荷増、ミルフィーユ納品による積載効率の低下、卸の物流センターや小売業者の物流センターでの入荷検品作業負荷増を招いている可能性は高いと筆者は考えているが、いかがだろうか。

⑥なぜ非定期・定量発注方式が採用されないのか

　この問題について「業界の商慣行だから仕方がない」と片付けて思考停止してしまう向きも多い。分析のための思考実験はここからが重要である。

　理由は2つあると考えられる。まず、非定期・定量発注方式には、需要予測機能、需要予測誤差評価機能などの計算に基づく自動補充発注システムが必要となること。次に、自動補充発注システムを安定的に機能させるためには、物流センターの単品単位での在庫管理精度など運用精度を維持することが必要になること。特に加工食品には、ピッキング時の賞味期限管理の要請による、特有の在庫管理の難しさがある。

　加工食品産業における非定期・定量発注の具体的な方法は、以下の通りである。まず、SKUごとに向こう2〜3週間の日次需要予測を行い、物流センターの実在庫と発注残の数量に基づいて、補充が必要な数量を1日単位で算出する。その上で、需要予測誤差や納品リードタイムも考慮して、欠品のリスクを回避できるように、発注数量を決定する。個々の商品によって、1パレットに積載可能なケース数は異なるので、正パレット単位で配送できるよう、適切なタイミングで発注することも重要である。

　多少の確率計算は含まれるが、デジタルの時代なので、発注数や発注タイミングなどの計算自体は容易である。ただし、運用には需要予測誤差を適切に評価することと同時に、計算に必要な精度の高い情報を入力することが求められる。需要予測には小売りのプロモーション情報（価格情報など）も必要となる。卸単独では難しい事情もあるかも

しれない。

　また、特に加工食品の場合、在庫数量が総数量では十分満たされていたとしても、それだけでは必ずしも引き当てに十分な在庫があるとは言えない事情がある。賞味期限の逆転や混載を許さないルールが慣例としてあるからである。個々の店舗に配送した最新の商品の賞味期限日付を店単位で把握しておき、日付逆転や日付混載が起こらないように出荷することが現場運用には必須となっている。

　例えば、ある店舗から4ケースの発注がなされたとしよう。もし最も古い日付の商品が2ケースしかなければ、古い日付の商品はその店には販売できない。日付の混載が許されないからである。この場合、4ケース以上確保されている新しい日付の在庫を充当するしかない。つまり、在庫の総数量だけでは十分な在庫が確保されているかどうかは不明なのである。単なる引き当て業務にも、大げさに言えば賞味期限日付単位の組み合わせ最適化アルゴリズムが必要となる。

　こう考えてくると、デジタルを活用した計算には心理的な抵抗も大きいのではないだろうか。このため、卸業者だけで対応が可能な範囲で、欠品を回避しつつ平均在庫を抑制するために採用された発注方式が「セルワン・バイワン、毎日発注・翌日納品方式」での小口発注であったという仮説も検討に値する。この発注方式は、小売業者との協働活動も必要ではなく、単なる加法計算だけで算出できる容易な方法であったために、拡大したのではないだろうか。

⑦なぜこのような状態に陥ってしまったのか。また継続しているのか

　おそらく以前は問題なく、これでも十分機能していたのではないか。ところが、近年の多品種化により、徐々に業務の複雑化と物流コスト増が進んできた。数年にわたり徐々に変化してきたことや、また物流原価が十分な粒度や精度で可視化されていなかったことから、分析は容易ではなく、少なくとも経営層に定量的に報告されてはいなかったのではないだろうか。もともと、小売業の経営層は物流センター通過

金額の一定フィーが固定的に物流費に割り当てられていると考えているので、この変化は実感しにくいものと思われる。

　2022年初頭においても、この問題が構造的なものだと理解している小売業や卸業の経営層は少ないと、筆者は感じている。

2) 問題解決の基本的な考え方

　これまでの問題分析を基に、2つの視座から解決策を検討してみよう。従来方式による短期策と、フィジカルインターネットの考え方を採用した長期策である。

〇解決策A：従来方式での短期的な解決策

　トラックの回転率を向上させるには、入荷側の物流センターでの入荷検品に要する時間を短縮することが重要である。このため、短期策としてはGS1-SSCC-ASNによる入荷検品作業の高度化・省力化（GS1の物流業務プロセス国際標準の採用）の推進、および卸業者からの発注方式を非定期・定量発注方式へ移行させることが有効と考えられる。

①入荷検品作業の効率化（GS1-SSCC-ASN方式）による健全な物流業務への移行

　工場でのラインオフにおいて、（段ボール）ケースに2次元バーコードを印字する。この2次元バーコードには、SKUだけでなく、製造ロットNo.、製造日時、賞味期限などの情報が記録されている。さらに、パレタイズされた段階で、SSCCラベルを貼付する。このラベルにも、SKUだけでなく、工場ライン名称、製造ロットNo.、製造日時、賞味期限などの情報が含まれている。併せて、メーカーの出荷ピッキングの段階で「宛先情報」を加味したSSCCラベルを貼付する。発注No.と、それに対応した出荷梱包単位のSSCCラベルとの紐づけ情報を、あらかじめメーカーから納品先の卸業者へEDIで送付しておく（ASNメッセージ）。

こうすることで、入荷検品の際には、SKU情報、工場ライン名称、製造ロットNo.、製造日時、賞味期限などの情報を基本パレット単位で、納入先が1スキャンで確認できるようになり、入荷検品作業が短時間で可能となる。

②配送バッチサイズを正パレット単位とした非定期・定量発注方式への移行

卸の物流センターや小売りの物流センターの「セルワン・バイワン、毎日発注・翌日納品方式」を改め、正パレットでの非定期・定量発注とする。卸業者は、需要予測などの機能や、配送バッチサイズ・荷姿を加味した自動補充発注システムを整備し、発注を行う。物流センターとメーカーは、発注情報だけでなく、販売計画や発注計画、販売実績、実在庫の数量などの情報を常に共有し、小売業者との協働活動により、需要予測の精度を高めるよう努力する。需要予測の誤差についてのメニュープライシングを取引形態に織り込んでおくことも効果的である。需要予測の誤差の許容範囲については、あらかじめ合意しておく（いわゆるCPFRである）。

○解決策B：フィジカルインターネットの視座からの長期的な解決策

フィジカルインターネットにおけるHCSの視点で、ゼロベースから物流の再設計を行う。解決の基本的な考え方は、下記の7点。

①起点は工場、終点は店舗の棚（シェルフ）or消費者宅

②配送には、2つのタイプのPIコンテナを活用する

一方のタイプはSKU・賞味期限同一型PIコンテナである。物流センターでは常にPIコンテナ単位で（賞味期限別の）在庫管理を行う。

もう一つはバラピッキング型PIコンテナである。こちらは、小売店舗の通路別／棚別納品を考慮したものである。PIコンテナにはSSCCラベルに加えてRFタグが貼付され、生産・流通履歴と賞味期限情報付きの在庫管理が一体的に行われる。

③ネットワークと運営の考え方

　工場から店頭までPIコンテナで扱う。工場在庫から物流センター在庫、店頭倉庫までの、いわゆるエシュロン在庫が常にモニターされ、実販売数（セルスルー）との関連でSCM全体の需給情報が常に大域的に卸業者・小売業者により管理される。プロモーション情報は、小売業者・卸業者・メーカーで共有（CPFR）され、生産供給計画の見直しが常時行われる。バラピッキングは、ECの宅配か店舗からのオーダーに対応して行われることは言うまでもない。

④所有権の移転と輸送の分離

　工場→メーカー倉庫→卸の物流センター→小売りの物流センター→店舗・消費者宅（現実はもっと複雑であるが）というように、商品を所有権移転の度に輸送する必要は本来ない。工場から最終消費者まで商品を適時に安全かつ効率的に運ぶことが実現できるのであれば、所有権の移転については、サイバー空間で管理するサービスが提供されていればよい。輸送を最適化でき、無駄な輸送がなくなれば、CO_2排出量削減への貢献も大きいだろう。

　既に物流業界には、倉荷証券や船荷証券（B/L）というものがある。デジタル空間を活用して倉荷証券や船荷証券を流通させると考えれば、理解しやすいのではないだろうか。

⑤物流拠点機能の考え方

　PIコンテナの活用により荷姿が標準化されることで設備投資の効果が増大し、AGV（自動搬送装置）や自動倉庫を含む荷役機械の導入が促進される。トレーサビリティや在庫管理精度の向上、在庫期間の削減と商品の鮮度維持、夜間作業負荷の低減など、健全な物流業務への移行が可能となるだろう。規模のメリットが見込めるため、物流拠点の大型化が進展することが期待できる。

⑥オムニチャネルリテイリングへの柔軟でスケーラブルな対応

　消費者宅への配達も、卸業者が運営する小売りの物流センターのバ

ラピッキング機能を活用すれば可能となる。宅配業者の末端の配送センターまで早朝にPIコンテナで移送すれば、比較的迅速な宅配も可能であろう。フィジカルインターネットのシェアリングの発想である。

⑦産業構造へのインパクト

　上記の大きな構造変化を前提とすると、製造業とオムニチャネル小売業との間には、大きく2つの機能が拡大していくと考えられる。製造業の共同物流機能と、店舗や消費者宅へのバラピッキングを中心とした卸型物流拠点機能である。複数の共同物流機能と複数の卸型物流拠点機能とが緻密で高度なコミュニケーションを行い、④で指摘したサイバー空間での所有権管理、ヴァーチャル在庫管理などのサービス水準を競争しながら向上させていくことで、ムリ・ムダ・ムラを削減でき、サプライチェーン全体の生産性が向上していくことが期待される。こうした3PLの範囲を超え、プロモーションの最適化とCPFRを含むエシュロン在庫管理などの流通領域を含むインテグレーションサービス、プラットフォームサービスが、新しいデジタルビジネスモデルとして創造されていくだろう。いわば流通・物流サービスのクラウド化である。もしくは、日本流に「21世紀の問屋ビジネス」と呼んでもよいかもしれない。

2. 百貨店アパレル流通・物流における思考実験

1）百貨店チャネルのアパレル流通・物流で顕在化している問題

　百貨店アパレルの売り上げに占める物流コスト比率は小さい。このためアパレル流通における物流クライシスは、物流インフレで運べなくなるリスクが生じるというわけではない。

　もともと、アパレルのSCMの難しさは、商品の多様性とライフサイクルの短さ、需要の不確実性に対し、商品調達リードタイムが長いことにある。

小売業者としての百貨店は、「先行投資し都心一等地に商業床を保有する」という大きな事業資産を抱え、同時に長年のブランド力を基礎に「ハイレベルの顧客を集客する能力」を有している。一方、百貨店チャネルのアパレル業は「日本の顧客の特性を見極め、流行に敏感な顧客の移ろいゆくニーズを捉える、高度な商品目利き力とブランド力」という、これも大きな事業資産を有する。

　一方、コロナ禍でアパレル、特に百貨店チャネルのアパレルの販売不振が指摘されている。顧客が店舗に来られないので販売が不振であることは仕方がないという声がある一方で、コロナ禍でアパレル流通は根本的に変わったという指摘がある。つまり、既に台頭していたPCやスマートフォンなども含めた、あらゆるチャネルでのリテイリング、いわゆるオムニチャネルリテイリングを展開できていたかどうかで、大きく明暗が分かれたという考え方である。

　オムニチャネルリテイリングにより、顧客と密接なコミュニケーションをシーズン前から重ねて、商品提供ができたかどうかが、事業の成果を左右したというわけである。

　ちなみに欧米の百貨店では既に売り上げの30％がEC販売によるものとなっている。では、日本の百貨店チャネルでオムニチャネルリテイリングが難しい理由は何であろうか。顧客ベースは欧米の百貨店よりはるかに豊かであり、顧客管理水準も高く、また一番店の売り場面積1㎡当たりの売り上げでは世界有数の実績を誇る日本の百貨店において、2022年の現在でもオムニチャネルリテイリングへの十分な対応が容易ではないのはなぜであろうか。

　ZOZOTOWNなどの新興ベンチャーとの競合に敗れたという見方もあるが、果たしてそれだけが理由だろうか。もし、優れた商品開発力を有するといわれていた百貨店チャネルのアパレルにおいて、オムニチャネルリテイリングへの移行が難しく、先が見えないとしたら、これは大きな販売機会損失であり、問題と言ってよいのではないか。

2)問題分析

①オムニチャネル対応が難しい理由は商品マスタとEDIの仕組みが整備されていないこと

百貨店には、画像情報や多様な属性タグを完備した商品マスタが整備されておらず、およびまた EDI での納期打診→納期回答→発注→店舗への納品や消費者宅への配達という一連の作業、いわばヴァーチャル消化仕入れを行う仕組みも整備されていない。EC モールと一部のアパレル業者間では、十分な商品情報が共有され、また EC の物流センターにおいて EC 専用の在庫を保有せずとも販売できる仕組みが整備されている。具体的には、小売業者が顧客からの納期打診を受け、リアルタイムでアパレル業者へ照会し、アパレルの ATP（納期回答）を受けて顧客へ回答、受注を行う仕組みである。事実上、小売業者は在庫を保有せずに販売が可能となる。いわば、ヴァーチャル消化仕入れである。

②商品マスタやEDIの仕組みが整備されてこなかった理由は、百貨店の仕入れ形態が、いわゆる消化仕入れだからである。

消化仕入れとは、小売店に陳列する商品の所有権をメーカーや卸業者（この場合はアパレル業者）が持ち、店頭で商品が顧客に売れた時点で、小売業者（この場合は百貨店）がその商品を仕入れたと見なす取引形態である。商品の所有権は、顧客が購入したのと同時に、メーカーや卸業者から小売業者へ、さらに顧客へと移転する。商品の納品や返品、店舗間移動などは、メーカーや卸業者の意思で行われ、小売業者は事実上、在庫リスクを負わない。

百貨店のテナントは売り上げに応じた賃料を百貨店に払うので（歩合制取引）、アパレル業者も全てのショップで売り上げ増加を目標として努力していると思われがちであるが、アパレル業者が気にしているのは在庫消化率（累計仕入れ数量に対する販売数量の割合）であり、ショップ単位の売り上げではない。極端な話、販売力のある店舗に人気

のある商品を集積し、早い段階で在庫消化率を上げる方が、事業リスクを低くできる計算になる。

　よく「百貨店は在庫リスクを負っていないから問題だ。シーズン終了時点で返品するのは百貨店の優越的地位の乱用だ」と批判をなされる方がいるが、この批判は事実認識が誤っている。消化仕入れの場合の返品（本質的には店舗間移動）は、シーズン終了時点ではなく、シーズン突入後2週間程度で売れ筋が見えた時点から、アパレル業者の都合で常時行われている。在庫リスクを取っていないと批判される百貨店は、都心の一等地に店舗展開し、一流の人材を登用しているという大きな事業リスクを背負いながら、こと商品調達については、自分の意思での決定が難しい閉塞状況に陥っているというのが実態であろう。

　消化仕入れでは発注が行われないため、百貨店では、価格とアイテム、ブランド名は管理しているものの、画像情報や多様な属性タグを完備した、充実した商品マスタは整備されていない。つまり百貨店の商品マスタは、素材やカラー、デザインやテイストなどの、アパレル業者では通常完備している属性項目を網羅していないのである。これでは、顧客マスタと商品マスタとのクロス分析、つまり顧客の過去の購買履歴やECでのブラウジング情報を基礎とした、顧客ごとの商品レコメンデーション（特に画像を多用したコーディネート型のレコメンデーション）をAIで機敏に行うオムニチャネルリテイリングへの展開は容易ではない。

　また、EDIはいわゆる平場の委託取引のためだけに考えられたものであるため、EDIでの納期打診→納期回答→発注→店舗への納品や消費者宅への配達という一連の作業（ヴァーチャル消化仕入れ）をリアルタイムで行う仕組みは整備されていない。その必要がないと考えられていたのではないか。これでは、ECなど、チャネル横断で顧客管理を行う"オムニチャネルリテイリング"への展開は難しい。上記の2点が、百貨店アパレルの流通・物流業務プロセスが、オムニチャネル

リテイリングへ展開するためのボトルネックと考えられる。

3) 解決のための基本的な考え方　〜ヴァーチャル消化仕入れ〜

　オムニチャネルリテイリングでの顧客との密接なコミュニケーションやSCM業務の典型的な業務イメージを、後出の①〜⑦に示す。日本の百貨店がアパレル業者と提携して同様の仕組みを整備することは、デジタル技術が進展し安価で利用可能となった現在では比較的容易であろう。アパレル業者も、百貨店が有する膨大な顧客情報、顧客購買履歴情報を間接的に活用することで、精度の高い生産供給活動が可能となる。百貨店チャネルではまだ行われていないようであるが、成功例は既に多数存在する。

　「自社でそこまでの投資はできない」という意見もあるだろう。しかし、かつてのような巨額のIT投資は必要ない。アパレル産業は、早期にグローバルオペレーションが実現したので、国際標準のEDIやAPI、各種企業間インターフェースの標準化が進んでいるのである。このため、既にエージェントサービスやソフトウエアのクラウドサービス、さらにはそれを組み替え可能な形態（コンポーザブルなエコシステム）で提供している多数の関連サービスベンダーが存在している。自社資源だけで問題を解決しようとした結果、閉塞状況に陥っていると感じておられる経営層の方には朗報であろう。物流資産のシェアリングと貨物の混載を狙いとして始まったフィジカルインターネットであるが、アパレル産業においては生産拠点をもシェアリングする国際分業体制が既に完成しているといってもよいくらいである。

　こう考えると、商品企画段階からサイバー空間を活用して顧客へのレコメンデーションを行い、店頭に商品が入荷する随分前から販売（取り置きを含む）するヴァーチャルな消化仕入れは、比較的自然な展開であろう。

①百貨店とアパレル業者間でのシーズン前の商品マスタの共有

　海外では商品企画開発工程での3DPLMの活用が常識となってきている。このため、実物のサンプルを作成する前にCGで商品画像が作成され、AIで自動的に作成される属性項目と併せて、商品マスタが作成されている。この商品マスタ情報を、百貨店とアパレル業者間でシーズン前に共有することが、まず必要である。

②シーズン前の顧客別AIコーディネート型レコメンデーション

　①の画像情報を含む商品マスタ情報を基礎に、顧客の過去の購買履歴や直近の商品探索特性を踏まえ、顧客のニーズに適応した商品提案、特にブランドやアイテムを横断してのAIコーディネート型レコメンデーションをシーズン前から行うことが効果的である。既に肖像権をクリアした顧客の多様な体格に合わせたモデルの画像が準備され、着せ替えシミュレーションと同時にレコメンデーションもできるAIはクラウドで安価に提供されている。もちろんアジア人モデルも活用可能である。

③顧客反応の反映による需要予測精度向上

　シーズン前の顧客の反応を参考として、アパレル業者はディレクションごとに商品の生産数量の最終調整を行うことで、需要予測精度を向上させていくことができる。

④生産能力（キャパシティ）の確保による短リードタイムでの生産供給体制の確立

　シーズンが近づくにつれて精度が上がってくる需要予測に基づいて、生地工場や縫製工場などの生産能力をあらかじめ計画的にブッキング（予約）しておき、迅速な生産供給体制を構築しておくことが、リードタイム短縮に効果的である。資材が事前に確保され、計画的な生産ができるのであれば、Inditex社が行っているような迅速な生産供給活動が可能となる。

⑤生産拠点での店舗別仕分け作業の実施

　アパレル商品のライフサイクルは短い。生産後の在庫リスクを最小とするためには、店頭や顧客に届けるまでの時間を最小とすることが重要である。

　このため、縫製工場から出荷する段階で初期配荷については店舗別に仕分けしておき、PIコンテナや店舗別のハンガーボックス（これもPIコンテナとして標準化しておく）を仕立てておくことが効果的であろう。物流センターなどでのピッキングや仕分けにかかる時間を最小にできる。

⑥需要動向に機敏に対応した店舗間移動と標準（コードや業務プロセス）の重要性

　店舗密度の高い首都圏近郊では、池袋、新宿、渋谷、銀座、日本橋、横浜などをカバーする各社がシェアリングできる、共同配送センター機能（OCDC：オープンクロスドックセンター）があれば、迅速な店舗間移動と宅配の機能の同時整備が可能となる。

　もちろん、こうした共同の物流機能の整備には、ハンガーボックスを含むPIコンテナやGTIN（商品識別コード）、GLN（企業・事業者識別コード）、SSCCラベルなどの標準的なコードやラベルを活用することが効果的である。

⑦ヴァーチャル消化仕入れ、顧客接点までの配送業務（店舗取り置き、宅配など）

　ECモールと同じ仕組みを整備すれば、百貨店のECサイトで3D画像とAIによりコーディネートされた商品の顧客へのレコメンデーションを通じ、店頭に商品が入荷する随分前の商品企画段階から顧客とコミュニケーションを取ったり、商品を販売したりすることも可能となる。前述したヴァーチャル消化仕入れである。もちろん顧客への配送（店舗取り置き、宅配など）も、工場の在庫、輸送途上の在庫、物流センターの在庫、店頭在庫やEC在庫を一貫して検索し、最寄りの拠

点の在庫を引き当てるため、比較的容易である。

　もはや「百貨店だから」という理由で、ECやオムニチャネルリテイリングができないというのは、単なる錯覚と言ってよいのではないだろうか。

4 物流クライシスの解決と フィジカルインターネット

1. フィジカルインターネットは、流通・物流・輸送産業全体のDX

　もともと、フィジカルインターネットとは「企業の壁を超えたシームレスな物流資産のシェアリングと混載により輸送の際の積載効率を向上させること」をねらいとした「輸送領域・物流領域のイノベーション」として、ジョージア工科大学のモントルイユ教授を中心に研究が開始された。誤解されやすいのであるが、フィジカルインターネットは、従来の比較的単純で固定的な共同輸送や共同物流プロジェクトとは大きく性格が異なり、そのインパクトは単に運輸産業の生産性を向上させるという範囲にはとどまらない。モントルイユ教授による定義に、「流通・物流・輸送の3階層を連結する」というHCS（ハイパーコネクティッドシステム）の考え方が組み入れられ、フィジカルインターネットの概念規定そのものが進化してきたことは非常に興味深い。

　本稿では、メゾスコピックな視点から、日本の加工食品産業とアパレル産業にフォーカスし、現在直面している問題、物流クライシスについて問題分析を行い、同時にフィジカルインターネットの発想からの思考実験を試みた。この思考実験からの示唆を整理してみよう。

　加工食品産業では、ネットスーパーへも対応できる卸型物流拠点の機能高度化、荷役の機械化、拠点の大型化が進むだろう。同時に加工食品メーカーの共同物流機能の拡大も予想される。荷主が物流不動産やマテハン機器に投資する必要は必ずしもない。さらに、サイバー空間での所有権の移転を可能とし、移動を最小限にする環境にやさしい物流機構が、市場競争により構築されることになるだろう。早期にPI

コンテナを導入し、きめ細かな在庫管理をRFIDやGS1-SSCC-ASN
などで行う方式へ移行することが効果的と考えるが、いかがだろうか。

　アパレル産業では、貴重な顧客基盤を抱え、都心一等地の商業床を
保有する百貨店チャネルを取り上げた。もはや百貨店だからオムニチ
ャネルリテイリングができないというのは錯覚であり、フィジカルイ
ンターネットのアイデアを活用し、かつ急速に発展してきているアパ
レルのグローバルなビジネスエコシステムを縦横に駆使して、顧客と
の密接なコミュニケーションを維持しつつ、オムニチャネルリテイリ
ングにより売り上げ増加と同時に顧客満足度向上を実現する、高度な
流通・物流機構の創造が期待される。

2. フィジカルインターネットの実現へ向けて

1）フィジカルインターネットの実現とは、"流通・物流・輸送産業全体のシステムアーキテクチャ（構造）の再設計と変革を行うこと"である。

　前述のケースでは扱わなかったが、既にREIT（不動産投資信託）を
活用した物流不動産サービスが拡大している。荷主や物流企業自らが
巨大な投資を行い、物流関連の不動産を資産として保有する必要はな
くなってきている。自動倉庫、AGV（自動搬送装置）などのマテハン
機器も同様で、今後はサービス化が進むことで付加価値を向上させて
いくだろう。大都市間の高速道路の幹線輸送には自動運転サービスが
トラックメーカーにより比較的早期に提供される。つまり、物流関連
の資産を保有しなくても、各種の物流サービスは利用できる環境が生
まれてきているのである。

　一方、荷主のSCMやロジスティクス管理を引き受ける3PLサービス
や、広域にわたる複雑な物流サービス、輸送サービス、倉庫サービス
の調整業務を計画的に行いつつ、同時に環境の変化に機敏に適応する
には、"AIや輸送最適化などのデジタル技術活用に長けた物流インテ

グレータ"の台頭が期待される。

　「所有権の移転」と「輸送」との分離も視野に入ってくる。加工食品物流とアパレル物流とのケース分析でもご理解いただけたと思うが、売買により所有権が移転する度に商品をトラックで輸送する必要は必ずしもない。また、自社の店舗在庫でないからという理由で販売できないわけでもない。ヴァーチャル消化仕入れという考え方もありうる。フィジカルインターネットのインパクトが、運輸業や物流業にとどまらないことがご理解いただけたであろうか。

　こうしたイノベーションを加速させるためには、上記のような多様な流通・物流・輸送関連サービスがモジュール化され、プラグインで柔軟に組み合わせられるようになることが重要である。つまり、フィジカルインターネットの実現とは、流通・物流・輸送という3つの階層を連結し、「俯瞰的な視点から、システムとしての産業のアーキテクチャ（構造）を再設計し、変革していくこと」だと考えると理解しやすいのではないか。筆者は、アパレル産業が、変化に柔軟で機敏に適応できる最も先行した産業構造を、既にグローバルに確立していると考えている。

　インターネットが通信だけでなく、コンピュータリソースやデジタル空間を創造し、世界を変革したように、フィジカルインターネットは、流通・物流・輸送産業全体のシステム変革を迫っているのである。

2) 企業間インターフェース標準を定めることの重要性

　「俯瞰的な視点から、システムとしての産業のアーキテクチャ（構造）を設計し、変革していくこと」は、システムの構成員である各企業が、安心して投資を決定できる、つまり投資が無駄にならないことの担保として重要である。

　具体的には、流通・物流の協働業務プロセスと取引形態の設計、企業間インターフェース（商品マスタや顧客属性などの各種データの連

携方式など）を標準化し、あらかじめ合意しておくことが重要である。逆説的であるが、企業間の協働活動を高度に行うために誰とでも容易に円滑につながることができる環境を標準としておくことは、いつでも誰にでもスイッチできるということである。それは、各種投資の関係依存性を排除することができる、つまり誰にも縛られないということでもある。この構造が投資リスクを下げるために重要なのである。

　「ある特定の小売企業のために連携システムへの投資をしたが、別の小売企業は同機能で別の連携システムへの対応を要求してきた。これまでの投資は何だったのか」という経験からくる懸念があると投資は進まない。

　このため、企業間インターフェースについてはユニークネスが保証されていなければいけないのである。企業間の協働活動のためのインターフェースの標準化はこのために重要である。

　企業間インターフェース標準を設定することは、産業のモジュール構造を定めることにもなる。つまり、産業のシステムアーキテクチャの再設計と言ってもよい。

　2020年に情報処理推進機構（IPA）内にデジタルアーキテクチャ・デザインセンターが設立された。全産業でのDXへの投資を加速させることがねらいである。

3）荷主の業種に依存しない企業間インターフェース標準の早期確立には国際標準の活用が近道

　モジュール化された多様な流通・物流・輸送関連サービスを、業種を超えて、プラグインで柔軟に組み合わせられるようにするためには、輸送容器のサイズや、各種の企業間インターフェースの標準化を、荷主の業種に依存しない形態で、早期に実現することが効果的である。

　実は、欧米の流通・消費財産業では、物流関連の協働業務プロセス（GS1-SSCC-ASN、CPFR、カテゴリマネジメントなど）に加え、事業

所や商品の識別コードや属性情報を含む企業間でのマスタ同期化の仕組み（GTIN、GLN、GDSNなど）の国際標準化が進んでいる。輸送容器についても、ドイツではGS1 Germanyも参画し、折りたたみコンテナのサイズの標準化が「GS1 SMART-BOXプロジェクト」として推進されている。

　国際海上コンテナ輸送関連産業では、荷主を含む物流関連の企業間において、極めて多様で複雑な情報交換のためのメッセージが国際標準として既に実用化している。これらの標準は荷主企業の業種や商品カテゴリには極力依存せず、業種横断の標準となっている。

　こうした国際標準を活用することで、日本企業がショートカットできる可能性は高い。国際標準に対応すれば、既に多数存在する、クラウドベースの安価なソリューションサービスも活用可能であるとなる。日本にとって既に成功モデルがあることは朗報であろう。

4）鍵となる流通・物流・輸送の3階層の動的な計画同期化のプラットフォーム

　フィジカルインターネットでは、各種物流資産の能力をブッキング（予約）する取引がプラットフォームサービスとして提供されることが鍵となる。荷主であるメーカー、卸業者、小売業者などの流通領域の計画管理との同期化が進めば、物流産業も計画的な運用が可能となり、生産性は格段に向上する。いわばトヨタ生産方式の流通・物流領域への応用である。

　こうすることで、はじめて物流業界は、重層的な下請けピラミッド型の産業構造から脱却し、水平的でオープンな産業構造に移行できる。

5）変革管理（チェンジマネジメント）のためのロードマップの意義と今後の見通し

　経済産業省および国土交通省が開催し、筆者自身も参加したフィジカルインターネット実現会議により取りまとめられた「フィジカルイ

ンターネット・ロードマップ」は、2040年までの長期にわたるものである。すぐ実現するようなものではないが、同会議で物流クライシスへの短期的な対応策ではなく、比較的長期的な視点から、日本の物流や流通を巡る構造的な問題の議論がなされたことが重要と考える。

　特に、運輸産業だけでなく、スーパーマーケット、百貨店などの流通業も巻き込んだ議論がなされていることが当局の見識の高さを示しているのではないか。この結果、問題解決へ向けた基本的な考え方が、多様なメンバーのコンセンサスを得て示された。

　フィジカルインターネットが流通・物流・輸送産業全体の大きなイノベーションとすると、変革を推進するには、関連する業界や企業に早期にコンセプトを紹介し、一定割合以上の関連企業経営層や投資家の意思決定を加速していくことが効果的である。当該ロードマップは、このために極めて有効であろう。

　もちろん、政府も説明しているように、当該ロードマップも技術革新の状況などを取り込み、常にローリングしていくべきものである。関連サービスへの投資加速により、予想よりも前倒しで実現されていく可能性も高い。筆者は、政府のロードマップは、現段階での議論を整理し、構成要素を具体化して、その道標を早期に提示した点で、高く評価されるべきと考えている。

　筆者は既に、複数の事業会社や投資家から「フィジカルインターネットは物流クライシスの解決にどう貢献するのか」「実現する上での課題は何か」「実現した場合の新たな産業構造は」「自社にとっての事業機会は何が考えられるか」「どのような企業が有望な投資先になるか」などのご相談をいただいている。事業会社や投資家の関心が高いことが推測できる。

　このため、当局はもとより、GS1 Japan、製・配・販連携協議会、日本小売業協会流通サプライチェーン政策研究会などで、関連する企業の経営層を巻き込み、当該ロードマップをもう一度じっくり本格的に

検討することが重要と考えられる。

　海外では既に多数の流通・物流関連のスタートアップが生まれ、公開されたAPIや標準メッセージにより、業種を超えて各種の新しいサービスを容易にプラグインで組み合わせて活用できる環境が生まれつつある。日本でも、柔軟で自由度の高いデジタル環境を整備していくことで、産業全体の円滑な移行を実現し、新しいタイプの多様なサービスプロバイダーの誕生を促すことで、流通・物流産業の生産性が飛躍的に向上することが期待される。

　各種のスタートアップやイノベーターは、高度化するデジタル技術を効果的に活用し、先頭を切って破壊的イノベーションを仕掛け、新しい世界を創造していくだろう。創造的破壊と新結合は、既に始まっている。

フィジカルインターネットに関連する海外での物流標準化の動き
～究極のオープンな共同物流に必要な標準化～

水谷禎志 野村総合研究所エキスパートコンサルタント

水谷禎志

（みずたに ただし）

一般社団法人ヤマトグループ
総合研究所客員研究員。野
村総合研究所エキスパートコ
ンサルタント。1991年野村総
合研究所入社。交通・物流領
域の調査、サプライチェーン改
革プロジェクト、企業間サプライ
チェーンの標準化活動（EDI）・
実証実験（RFID）に従事。
APICS認定インストラクターと
して日本でのAPICS普及に協
力。2019年8月にヤマトグル
ープ総合研究所客員研究員
に就任。1991年東京大学工
学部土木工学科卒業、2002
年カリフォルニア大学バークレ
ー校工学部土木環境工学科
輸送工学修了。

┃ はじめに

　電子商取引拡大により宅配便取扱件数が急増したのに加え、コロナ禍で消費者の購買行動が一変して店舗購入・外食からの宅配シフトが起き、BtoC物流が増加している。物流業界ではトラックドライバー不足が深刻化している。増加するBtoC物流を、1社でend to endで運び切ることが困難になっている。そこで、複数の物流会社が荷物をリレーする形態が増えることが見込まれている。

　フィジカルインターネットの世界では、運ばれるモノは出発地から目的地に直行するというより経由地で積み替えられ、場合によっては複数の輸送会社間でリレーして目的地に届けられることになる。この時、追跡とトレーシングが必要となる。ここで追跡とトレーシングを定義しておく。追跡とは、輸送業者に委託された取引商品の「現在」の位置と状態を監視し、記録することを指す。トレーシングとは、商品の種類や輸送手段にかかわらず、最初の荷送り人から最終荷受人までの取引商品の輸送「履歴」を監視し、文書化することを指す。追跡とトレーシングができないと、荷物の出し手も受け手も安心できないのである。

　実は2021年に、この分野の物流標準化に関し海外で注目すべき変化が起きた。物流領域のデジュールスタンダードだけでなく、デファクトスタンダードでも興味深い変化が起きたのである。なお、ここで定義しておくと、デジュールスタンダードとは公的な標準化組織によって開発されたスタンダードを指す。もう一方のデファクトスタンダードは、事実上のスタンダードであり、市場での使用実績や実装を前提

として合意されることが多い。フィジカルインターネットの実現を目指し、物流の標準化の取り組みを進める日本にとって、物流標準化の動きの変化を理解することは有用であると考える。

そこで本稿では続く2章で物流領域でのデジュールスタンダードの動きを、次の3章で物流領域でのデファクトスタンダードの動きを述べる。最後の4章でまとめを述べる。

2 物流領域での
デジュールスタンダードの動き

　物流領域のデジュールスタンダードを定めているUN/CEFACTと
GS1で、2021年に興味深い変化が起きた。その概要を以降に説明する。

1) UN/CEFACT
　2021年4月にUN/CEFACTが、「マルチモーダル輸送のための統合さ
れたトラック&トレースに関する白書」を公表した。この白書が作ら
れたきっかけは、2018年10月にUN/CEFACTの7人の代表者が「業界横
断サプライチェーン追跡・トレース」という名のプロジェクト開始を
支援したことである。
　UN/CEFACT (United Nations Centre for Trade Facilitation and
Electronic Business; 貿易円滑化と電子ビジネスのための国連センタ
ー) は、可変長メッセージとXML言語によるEDI標準仕様を開発・維
持管理している組織である。可変長メッセージの標準はUN/EDIFA
CTと呼ばれる。UN/EDIFACTは、1980年代半ばから標準化の検討が
始まり、1987年にISOで国際規格として承認された。現在、UN/
EDIFACTは主に国際取引のEDIに適用されており、日本では電機業
界や自動車業界などで使われている。
　話を白書に戻そう。白書の冒頭で問題が次のように提起されている。
「現在、企業間 (BtoB) 貿易の世界で貨物を識別するために使用される
一般的に認識された識別子と、BtoB輸送の世界でこれらの貨物が移
動される委託品を識別するために使用される、前者と同様に一般的に
認識された識別子のコミュニケーションにはギャップがある。これは

BtoC（企業対消費者）貿易やBtoC輸送の世界でも同じである。」

　同白書が指摘した問題は次の2つである。1つは、貿易取引（販売注文契約）に関わるステークホルダーと、販売注文の対象となる商品の貿易納品（出荷）の委託輸送に関わるステークホルダーが、共通の用語や定義を異なる方法で使用していること。もう1つは、取引される商品が売り手から買い手への輸送過程を進むにつれ、後続の輸送会社がそれぞれ担う区間で取り扱う貨物や容器に新しい識別子を発行する場合に、売り手や買い手が委託品として輸送された貨物のend to endでの動きを把握できなくなること。UN/CEFACTはこの事象を「IDギャップが存在している」と呼んでいる。このIDギャップが存在する主な理由は、2地点間の貨物移動や荷積み・荷降ろしに関連するイベントの情報が、関係する複数の物流会社がそれぞれ運用するシステムで、異なる粒度で把握されていることである。

　UN/EDIFACTが国際標準として承認されてから既に30余年が過ぎた。筆者は、国際取引においては相当標準化が進み、前述のIDギャップのような問題は存在しないものと思い込んでいたが、現実はそうではない様子である。

　同白書は、UN/CEFACTが規定しているオープン開発プロセスの最初の段階で作成される文書に相当する。次の工程でBRS（ビジネス要件仕様書）が文書化されるが、この白書はそのインプットとなるものである。今後進むと思われる標準開発活動の成果を注視したい。

　なお、同白書の末尾に「ここに書かれている技術や、まだ十分に認識されていない技術を組み合わせることで、フィジカルインターネットのコンセプトを実用化することが可能になる」と記載されていることを最後に付け加えておく。追跡とトレーシングの機能は、フィジカルインターネット実現に必須と考えてよいだろう。

図1 ● 商取引と輸送サービス取引のIDギャップ

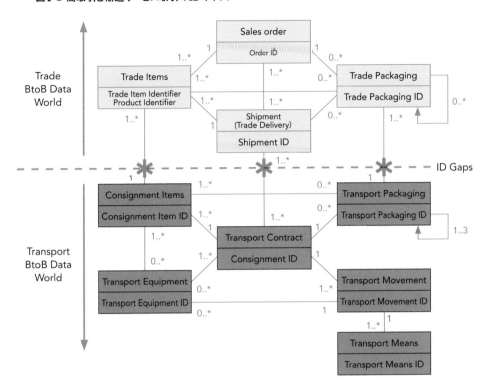

出所）https://unece.org/sites/default/files/2021-03/ECE_TRADE_C_
CEFACT_2021_INF4E-Integrated-T-T.pdf

2）GS1

　物流領域でのデジュールスタンダードの動きとして、UN/CEFACT の次はGS1である。2021年8月に、GS1でVisibility4Cargoという名の特定ミッションワーキンググループ（MSWG）の設立が承認された。

　読者はおそらくバーコードをご存じだろう。菓子の外箱やペットボトル入り飲料をくるむフィルムに印字されている、白黒の縞々である。このバーコードをスキャナーで読み取ることで、それがどんな商品かが識別される。この商品を識別する番号は、商取引の際に必要となるコードの1つである。これを定めているのがGS1である。

　GS1は商取引で必要な識別コードの標準、自動認識技術の標準、データ共有体系の標準を定めている組織である。GS1は標準を開発しており、その活動は2種類に分けられる。1つは既に作られた標準を見直しすること、もう1つは新たに標準を作ることである。後者はMSWGという名の組織が担う。現在、合計10のMSWGが設置され、Visibility4Cargoは2番目に新しいMSWGである。

　Visibility4Cargoがなぜ設立されたか。現在、業界関係者は以下の問題を抱えている。

①関係者が共通の用語や定義を異なる方法で使用しているため、混乱が生じ、相互運用性に欠けている。

②商品の売り手と買い手が「私の商品はどこにあるか」という基本的な質問にリアルタイムで回答する必要があることに気づき始めたが、それが実現されていない。

③物流サービスプロバイダーは「私の委託品はどこにあるのか」「私の輸送容器はどこにあるのか」といった最も基本的な質問に回答するのに苦労している。

④end to endの輸送区間の一部で、1回の輸送で異なる物流会社によって新たな識別番号が発行されるため、end to endで追跡・トレースができない。

Visibility4Cargoの狙いは、商取引と関連する輸送サービス取引の間に明確で、曖昧さのないリンクを確立することである。具体的には、膨大な数のステークホルダー間での情報交換の標準化、統一された用語の使用、一貫した識別子、技術フォーマットを実現することで、時間とコストの大幅な削減と安全性の向上を実現することである。これは、前述のUN/CEFACTの白書が狙う方向とぴたり一致している。実は2021年9月に、標準開発状況が発表されるGS1 Industry & Standards Eventが催され、オンラインセッションを聴講する機会を得た。Visibility4Cargoの活動内容を紹介するプレゼンテーションの中で、前述のUN/CEFACTの白書が引用されており、2つの組織の活動が連携していることをうかがい知った。

　このMSWGでは、売り手と買い手の間の商取引に結びついた輸送行程に特に焦点を当て、すべての輸送モードとすべての輸送ネットワーク上のロケーションを対象とした、統合型の追跡・トレースのための導入ガイドが成果物として作られる予定である。

3 物流領域での デファクトスタンダードの動き

前章で物流領域でのデジュールスタンダードの動きを紹介した。今度は物流領域でのデファクトスタンダードである。ここで紹介するのは、リアルタイム輸送可視化プラットフォーマーの登場と、物流分野のオープンソースコミュニティーの登場の2つである。

1）リアルタイム輸送可視化プラットフォーマーの登場

「ハイプサイクル」「マジック・クワドラント」で有名なのが、IT分野の調査会社Gartner社である。このGartner社が2021年4月に新たな分野のマジック・クワドラントを公表した。その分野が、リアルタイム輸送可視化プラットフォームである。そこに計14社のITベンダーが収録され、リーダーに位置付けられた2社のうちの1社がこれから説明するproject44社である。同社は荷主企業、3PLおよび運送会社に、クラウドベースの輸送可視化プラットフォームサービスを提供するスタートアップである。

同社は2014年に米国シカゴで設立され、2021年には3社を買収し急成長を続けている。2021年の3月に国際海上貨物の可視化ソリューションを提供するOcean Insights社を、5月には到着予定時刻をAI・機械学習で推計するClearMetal社を、さらに9月にはラストマイル配送のマッチングプラットフォームConvey社を買収した。2022年1月には、同社の企業評価額が24億ドルに達した。企業評価額が10億ドルを上回るとユニコーンと称されるが、その2倍を超えたのである。SaaS買収王と称されるプライベートエクイティファンドのThoma Bravoが、ゴ

ールドマン・サックス・アセット・マネジメントおよびTPGと共に2022年1月に計4.2億ドルを同社に出資し、話題に上ったことは記憶に新しい。

　同社がターゲットとする顧客層は荷主企業、3PLおよび運送会社である。顧客企業リストには消費財メーカー、小売企業、外食チェーンなどグローバルに存在感を示す荷主企業がずらりと並ぶ。荷主企業が輸送可視性向上のためにproject44のソリューションを使用することを決め、委託先の物流企業にその使用を要請することが増えていると聞く。リアルタイム輸送可視化プラットフォームのデファクトスタンダードとなりつつあるといえる。

　同社のリアルタイム輸送可視化プラットフォームの最大の特徴は、APIファーストという独自のアプローチで可視化を実現していることである。レガシーなEDIを使わないのである。同一の荷主企業が委託している複数の輸送会社が使うTMS（輸送管理システム）から輸送オーダーを受け取る。その輸送オーダーに含まれるロケーションコードが各社各様であっても、つまり、GS1が定める企業・事業所コードの標準であるGLN（Global Location Number）が使われていなくても構わない。荷主企業あるいはその委託先の物流会社等のTMSから受け取る輸送オーダーをインプットとし、end to endで輸送を担うさまざまな輸送会社から、輸送ステータス情報をAPIで収集する。そして、輸送オーダーの進捗状況を関係者に見せる。

　このリアルタイム輸送可視化プラットフォームで、どのようなことが可視化されるのか。その一例を挙げてみよう。仮に、中国・蘇州にある工場からカナダ・トロントまで運ばれるフルコンテナがあるとする。このコンテナは、出発地から目的地まで、陸上と海上の輸送手段を組み合わせて運ばれる。具体的には、中国・蘇州から上海港の区間はトラクターで、上海港からバンクーバー港の区間はコンテナ船で、バンクーバー港からトロントの区間は鉄道で、鉄道ターミナルから納品

先の区間はトラクターで運ばれる。主要な経由地で、到着予定時刻と実際の到着時刻が比べられ、遅延発生が把握される。

IDが判明しているコンテナ容器に積み込まれた貨物の購買オーダーの番号がわかるため、トロントにいる荷主は自分が注文した貨物が今どこにあるのかを把握することができる。

現在、同社は自社プラットフォームでリアルタイム輸送可視化以外の拡張機能を提供していない。しかし、電子文書、輸送計画、一部のワークフロー自動化などの機能を提供しており、さらに他の機能を実現するための強力なパートナーシップ戦略を持っていることをふまえると、今後も注視が必要と考えられる。

2）物流分野のオープンソースコミュニティーの登場

デファクトスタンダードに関連して、ドイツのオープンロジスティクス財団のことを紹介しておきたい。これは今までの物流業界では例がない、興味深い取り組みである。

図2 ● 複合一貫輸送での可視化の例

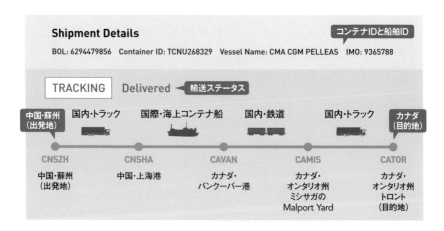

同財団のことを説明する前に、ドイツの物流事情を伝えておこう。今から3年前になるが、当時、ALICEでフィジカルインターネットのロードマップが策定されていた。そのロードマップ策定を主導していたのが、フラウンホーファー研究機構のマテリアルフロー・ロジスティクス研究所のAndreas Nettsträter氏である。Nettsträter氏にフィジカルインターネットの技術開発に関してヒアリングしたことがある。「あくまで個人的見解だが」という断りがあったが、次のようなコメントがあった。

　「今のEUでは、先進的な技術開発よりプリミティブな取り組みが必要だ。最適な輸送計画を実現するためにAIを活用するアイデアが出たりしているが、今はそもそも物流業界が分析に使える十分なデータを持っていないことが問題である。データ収集の方がよほど大事だ。物流の現場には簡単に電子化・自動化できる業務がたくさんある。例えば、大手物流業者と多数のパートナー企業とのやりとりはマニュアルで、しかも紙で行われていたりする。その自動化を推進する方が改善効果が大きい」。Nettsträter氏の話を聞いた当時、「ドイツの物流事情は、日本のそれと酷似している」と思ったものである。

　さて、オープンロジスティクス財団の話に戻そう。2021年10月に、ドイツの物流企業4社（Dachser、DB Schenker、duisport、Rhenus）が、ベルリンでオープンロジスティクス財団を設立した。この非営利財団の目的は、オープンソースに基づいて物流やサプライチェーンマネジメントのデジタル化を推進し、デファクトスタンダードによる物流プロセスの標準化を目指して、ヨーロッパのオープンソースコミュニティーを構築することである。

　最大の特徴は何か。それは、ソフトウエアやハードウエアのインターフェースを参照する実装やコンポーネントを、無料ライセンスでオープンソースとして提供するのを狙っていることである。すべてのツールとコンポーネントは、物流分野で広く受け入れられるように、商

業的な用途には制限なく無料で提供されるそうである。会員企業は、自社のプラットフォームを拡張したり、新製品やビジネスモデルを迅速に立ち上げたりするために、これらを利用できる。オープンソースのアプローチによって、物流プロセスをデジタル化するためのオープンスタンダードを保証すると同時に、柔軟性が増し個々のカスタマイズも可能になる。

　オープンソースを使うと何がよいのか。オープンソースを使用している企業は、一般的に、生産性が高く、コストを削減でき、専用ソフトウエアに制約を受けない。また、ソフトウエアソリューションが孤

図3 ● 2021年10月に設立されたオープンロジスティクス財団

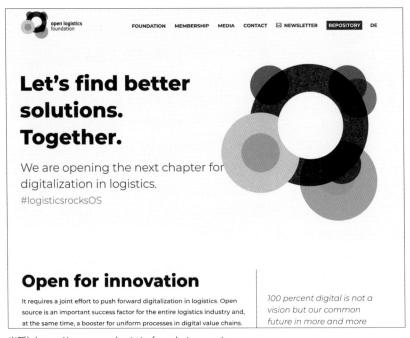

出所）https://www.openlogisticsfoundation.org/

立しているのではなく、すべてのコンポーネントに互換性があるため、企業の境界を越えたデジタルネットワーキングが容易になるという利点がある。

　この財団はどんなきっかけでできたのか。フラウンホーファー研究機構のマテリアルフロー・ロジスティクス研究所が、ドイツ連邦運輸・デジタルインフラ省から2500万ユーロの資金提供を受けて実施しているプロジェクト、「シリコンエコノミー」の一環として発足された。150人以上の研究者が、企業が自動化された方法で業務を処理し、企業の枠を超えてさまざまなプラットフォームでサービスやデータを安全に提供・利用できるようにするための、オープンソースのソフトウエアとハードウエアのインフラを開発している。2023年までのプロジェクト期間中に作成されたソフトウエアとハードウエア、そしてコミュニティーからの開発成果は、同財団のリポジトリの基盤となる見込みである。

　同財団は、すべての物流関連企業とそのIT開発者を対象としている。同じくベルリンで設立された資金調達団体であるOpen Logistics e.V.を通じ、産業界、小売業、サービス業、貨物輸送業者、政治団体など物流に関わるあらゆる分野からの新規会員を募集するとのことである。すでにGS1 Germanyの他、数多くの企業が資金調達団体への参加を表明しているそうである。

　ドイツを含むヨーロッパも、日本と同様に物流業界は、企業数でいうと中小・零細企業の数が大半を占めるフラグメントな業界とのことである。物流のデジタル変革を実現するには、中小の物流会社のデジタル変革を避けては通れない。ドイツのオープンロジスティクス財団設立は、そこを狙っているのではないだろうか。「ドイツと日本は物流事情が酷似しているからという理由でドイツのまねをすればよい」という短絡的な発想をする意図はないが、廉価なオープンソースで主に中小企業のデジタル化を推進し、デファクトスタンダードで物流プロ

セスの標準化を目指すというアプローチは、非常に参考になると考えられる。

4 おわりに

　本稿ではフィジカルインターネットに関連する海外での物流標準化の動きを取り上げた。

　2章で物流領域でのデジュールスタンダードの動きとして、UN/CEFACTとGS1を取り上げた。2つの標準化組織が目指す方向がぴたり一致していたことが、興味深い事実であった。実は筆者は2021年前半までは、物流標準化を進める際に採用するのはデジュールスタンダードであると思い込んでいた。正直申し上げると、他に選択肢はないと思い込んでいた。現在使われているEDIはデジュールスタンダードであり、今から30余年も前に生み出されたものである。極めてレガシーなものである。

　3章で物流領域でのデファクトスタンダードの動きとして、project 44社とオープンロジスティクス財団に言及した。物流領域でのデファクトスタンダードの動きは「始まったばかり」と呼べるかもしれない。しかし、今後の技術革新によっては物流領域でのデジタル変革を進める上で、対象によってはデジュールスタンダードではなくデファクトスタンダードを採用するという選択肢が現実味を帯びてくる可能性を感じた。

　日本でのフィジカルインターネットの実現に向けて、物流の標準化は避けて通れない。物流領域でのデジュールスタンダードとデファクトスタンダードの動きを今後も注視していくこととしたい。

参考文献

1. 貿易円滑化と電子ビジネスのための国連センター「マルチモーダル輸送のための統合されたトラック&トレースに関する白書」
   https://unece.org/sites/default/files/2021-03/ECE_TRADE_C_
   CEFACT_2021_INF4E-Integrated-T-T.pdf

2. Scan4TransportのMSWGのcall to action資料
   https://www.gs1.org/sites/default/files/scan4transport_cta_final.pdf

3. Visibility4CargoのMSWGのcall to action資料
   https://www.gs1.org/sites/gs1/files/docs/gsmp/visibility4cargo-cta.pdf

4. project44社のホームページ
   https://www.project44.com/about/press-releases

5. crunchbaseでのproject44社の情報
   https://www.crunchbase.com/organization/project44

6. project44's Freight APIs Connect Shippers and 3PLs to Capacity
   https://www.youtube.com/watch?v=1ZkomC7oOgg

7. オープンロジスティクス財団のホームページ
   https://www.openlogisticsfoundation.org/media/

持続可能なサプライチェーンにむけて

深井雅裕　日清食品　取締役Well-being推進部長　兼サプライチェーン企画部管掌
日清ホールディングス　サプライチェーン構造改革プロジェクト部長　兼DX推進部長

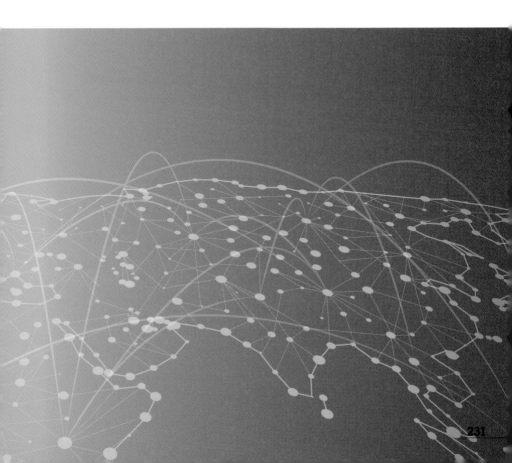

深井雅裕

（ふかい　まさひろ）

1989年、日清食品に入社。チルド食品の営業・マーケティング、その後、即席麺の営業を担当。2012年、タイ現地法人の社長に就任。2015年に帰国後、営業戦略部を経て、2019年から現職。「サプライチェーン構造改革」「DX」「物流」「組織開発」部門の責任者として、事業構造改革やDXの推進を担当。現在、未来の経営者を育成する社内研修プログラム「NISSIN ACADEMY」、デジタルを活用した「働き方改革」なども推進。

1 はじめに

「フィジカルインターネットの実現」について、皆さんはどのような感覚を持っているだろうか。実現すれば革新的な物流システムとなり、現在抱える多くの課題を解決できるのではないか、そのような期待感を持っていることだろう。とはいえ、まだよく分からないとか、理解はしているが実現するのは難しいのではないか、そのように考えておられる方々も多いのではないだろうか。

現在、既に物流の効率化のために様々な取り組みが進められているが、私たちはそれらの収れんされた姿が「フィジカルインターネット」だと考えている。たとえ小さくとも一歩一歩成果を積み重ねることで、やがてそれが大きな流れとなって社会全体が動き、結果として「フィジカルインターネット」が実現される、そう私たちは確信している。フィジカルインターネットの実現は、物流クライシスや2024年問題など、物流問題の解決にとどまらず、産業構造を変え、様々な課題解決を実現する。

現在、企業にはCO_2削減などの気候変動への対応、水や海洋資源の持続可能利用などの有限資源への対応、働き方改革の実現など、多くの社会課題への対応が求められているが、それら多くの課題を解決する有効な手段のひとつとなり得るのだ。また、サプライチェーンのレジリエンスを高めることも可能である。新型コロナウイルスが猛威を振るい始めた2020年2月には世界的にマスクの需要が一気に拡大し、マスクが手に入りづらくなった。「トイレットペーパーが不足する」との流言によって、店頭からトイレットペーパーが消えた。その後、感

染防止のために3月から、全国の小中学校・高校などに休校措置がとられると、即席めんやパスタ、冷凍食品などの食品も一時期店頭から消えた。当時、当社も前年の5倍以上のオーダーを頂き、商品やトラックの確保で現場は大混乱となった。多くの人々にとって当たり前だと考えている、欲しいときに欲しいものが必要なだけ手に入るということが、サプライチェーンの最適化によって維持されているということを実感させられる出来事だった。加えて、私たち事業者にとっても、事業継続という点でサプライチェーンの維持が経営上の重要な課題だと再認識させられた。トラックや倉庫の機能を最大限に活用し、サプライチェーンを最適化するフィジカルインターネットは、レジリエンスを高め、新型コロナウイルス感染拡大のような有事や様々な環境変化にも対応できる可能性がある。加えて、多くの企業にとって新たなビジネスチャンスになるのではないだろうか。

　コロナ禍において、楽天やAmazonなどのネット販売の利用が増えた方も多いだろう。現在、家にいながら欲しいものを簡単に買うことができる無店舗小売業（通信販売小売業）は、その利便性が再認識され、販売が大きく伸びている。彼らが実現している高度な物流サービスは、私たちの生活を支えていると言ってもよいかもしれない。

　しかし、新型コロナウイルスの拡大フェーズで露呈したように、私たちは彼らのようなレジリエンスの高いサプライチェーンを築けてはいない。なぜならば、多くの企業はAmazonのように巨額の投資による物流拠点や自社配送の仕組みの構築といった巨大な物流システムをつくり上げることは難しいからだ。フィジカルインターネットが実現し、インフラとして活用することで資本力のある大企業のみならず、荷主であるメーカーや運送事業者、大企業から中小企業に至るサプライチェーン上にある全ての企業が、様々なビジネスチャンスを獲得できるのではないだろうか。言い換えれば、「フィジカルインターネット」の活用による「新たなビジネス」は、「新たな価値」を生み出し、消費者

の生活をより豊かなものとし、わが国の競争力をも継続的に高めていくことができると考えている。今こそ思いを同じくし、一緒に行動する仲間が増え、わが国で「フィジカルインターネット」が実現されることを期待し、私たちの経験や思いをお話ししていきたい。

2 フィジカルインターネットとの 出会い

　私たちの取り組みを紹介する前に、当社について少し述べておきたい。

当社の事業紹介

　当社は1958年に、世界初の即席めんである「チキンラーメン」を発売し、創業した。現在は、同業の「明星食品」をはじめ、冷凍食品・チルド食品事業、飲料事業、菓子・シリアル事業など、国内に12社、世界16か国に34拠点を展開する食品メーカーである。食が足りてこそ世の中が平和になるとの「食足世平」、世の中のために食を創造する「食創為世」、美しく健康な体は賢い食生活からという「美健賢食」、食の仕事は聖職であるという「食為聖職」の4つの創業者精神をミッションとし、「Creative」「Unique」「Happy」「Global」というバリューのもと、常に新しい食文化を創造し続ける「EARTH FOOD CREATOR」として地球環境や社会課題を解決しながら持続的成長を果たすことを目指している。それらを加速させるため、2020年6月には中長期のサステナビリティ戦略である「EARTH FOOD CHALLENGE 2030」を策定。それに基づき、より高いレベルの環境対策の推進による持続可能な社会の実現と企業価値の向上に向けた取り組みを現在進めている。Scope3においても、2030年までにCO_2の排出量を18年度比で15%削減すべく様々な施策に取り組んでいる。

事業構造の中の物流費

　一方、物流クライシスや人件費上昇などの影響により、物流費はじりじりと上昇している。2010年度から20年度までの5カ年を対象とした「中期経営計画2020」では、目標であった「時価総額1兆円」と「営業利益475億円」をともに達成することができたものの、物流費の上昇はそれらに大きな影響を与えた。21年度からスタートしている「中長期成長戦略」においても、今後想定される物流費上昇は経営上の懸念事項となっている。

既に運べない

　物流クライシスは当社の経営陣にとっては物流費の上昇という側面だけではなく、事業を継続できるか否かという大きな問題だと強く認識されている。なぜならば、私たちは2019年に既に「運べない」という状況、出荷ができないために事業の継続が困難になるという経験をしたからだ。私たちは物流の効率化を目指し、バラ積みからパレット積みによる輸配送への切り替えや中1日受注※を進めてきた。2015年8月から工場から営業倉庫間の輸送の全面パレット化を、2018年1月から中1日受注を実施している。

※「中1日受注」：卸店への納品の前々日にオーダーを頂く受注の仕組み。それまでは納品日の前日に受注をしていたが、物量が確定してからのトラックの確保が難しくなってきたことに加え、短時間での荷揃えなど業務負荷は大きく、その対応も難しくなってきていた。

　そのような取り組みを進めている最中、2019年4月末に「運べない」リスクは顕在化した。長い取引関係にあった物流事業者から取引を解消したいとの申し出があり、そのエリアの物流が止まったのだ。たちまち社内は大混乱となった。すぐさま全国から有志を募り、まさに不眠不休で対応に当たった。幸い多くのお取引様のご協力も頂けたことで事態を収束することができたが、もはや「物流」はコストの問題だけ

ではなく、事業継続できるか否かという問題であるということを全社的に認識することとなった。

新部署の立ち上げ

「物流」が経営上の大きな課題だと認識されるとすぐ、2019年7月に組織改編がされ、事業会社である日清食品株式会社にサプライチェーン企画部を抱える『事業構造改革推進部』、日清食品ホールディングス株式会社に『サプライチェーン構造改革プロジェクト』が立ち上がった。それらの部署のスタートはひどいものだった。期中に急きょ新しい部署を立ち上げたために、それらの新部署は各部署から集められた素人集団だったのだ。日清食品ホールディングスの経営企画部、財務部、情報企画部、生産部、事業会社日清食品の営業本部など、様々な部門から集まり、改革がスタート。私自身も、それまでに物流関係の部門での経験はまったく無く、完全に素人だった。そのように集められた私たちだったが、スタート時から持続可能なサプライチェーンの構築をなし遂げるという強い思いを持っていた。

「サプライチェーンの"イノベーション"により、新たな価値を世界にとどける」という部門のパーパスのもと、私たちは活動を始めた。私たちは、様々な企業の物流担当の方々や行政機関、学識者の方々にそれぞれの取り組みについて教えを乞いに伺った。全ての方々が驚くほど丁寧に多くのことを教えてくださった。ある企業では、社内の具体的な数字、それを管理しているフォーマット、組織体制やその役割など、社外にそのようなことまで話していただいてよいのかと思うほど、詳細かつ丁寧にそれぞれの取り組みについてご説明いただいた。それらの活動を通して、私たちは当社の「物流」への取り組みがいかに遅れているのかを痛感するとともに、それぞれの企業で同じ問題に取り組む方々の思いや企業間での協調の大切さを知ることとなった。

フィジカルインターネットとの出会い

　そんなときに、誘われるままに参加した「フィジカルインターネット研究会」の第1回シンポジウムで、初めて荒木勉先生の講演を聞く機会を得たのだ。様々な問題を抱え、頭を悩ませていた私は、先生が語る「フィジカルインターネット」の世界はものすごくキラキラしたものに見えるとともに、それが私たちの求める「ありたい姿」だと確信した。そこで私は、シンポジウムが終わってすぐにアポイントを頂き、それから1週間もたたない間に先生のオフィスに伺い、さらに様々なお話を伺った。それが、私たちと「フィジカルインターネット」の出会いだ。当社の行動指針である「日清10則」の中に、「迷ったら突き進め。間違ったらすぐ戻れ。」という言葉がある。「フィジカルインターネット」の実現には、ハードルがたくさんあり困難な道だろうとは感じたが、私たちは突き進むことにした。

3 アライアンスの事例&
そこから見えてきた課題と可能性

2019年の部署立ち上げ以降、私たちは究極の共同配送であるフィジカルインターネットの実現を目指すべく、その一歩として標準化とアライアンスを進めてきた。標準化については大きく2つ、部門間のデジタル連携を進める「サプライチェーン清流化プロジェクト」と「配送のパレット化」を推進。アライアンスについては2017年のサントリーホールディングス様との北海道エリアにおける共同配送から開始した共同配送を推進している。ここではアライアンスの事例について2つご紹介したい。

事例1：アサヒ飲料様・日本通運様とのアライアンス

1つ目の事例として、令和3年度のグリーン物流パートナーシップ会議にて「経済産業省商務・サービス審議官表彰」を頂いたアサヒ飲料様と日本通運様との「異業種共同配送」についてお話ししたい。その取り組みを紹介する前に、私たちの製品の特性についてお話ししておきたい。当社の主力製品である「即席めん」は、寒い時期に需要が大きくなり、逆に暑い時期は需要が低くなる。最大需要期である12月は「カップヌードル」をはじめ、特に年末は「どん兵衛」が大きく動くため、6月の約2倍の物量となる。

近年、トラックを短期で確保することが難しくなってきており、この需要期におけるトラックの確保は私たちの大きな課題だった。最大需要期に合わせると、物量が減少する夏期は稼働率が大きく低下してしまうからだ。さらに、この季節波動はトラックの確保にとどまらず、

倉庫を確保するという点でも大きな課題となっていた。

　その季節波動に加え、当社の製品は軽量物である。主力である「カップヌードル」は78g/個（ケース重量2.2kg）しかないため、容積一杯に積載しても積載可能重量に余裕があった。一方、このアライアンス先であるアサヒ飲料様はどうかというと、清涼飲料水やビールなどは夏の暑い時期が最大の需要期。加えて、飲料は重量勝ちするので、満載はできずに荷室の上部空間は常に空いていた。当社製品とは真逆の特性を持っている。この「即席めん」メーカーと「飲料」メーカーのアライアンスは、季節波動を吸収し、重量物と軽量物の組み合わせによって積載効率を高めるという2つの効果を同時に得ることができる。（グラフ1）

グラフ1 ● 月別出荷量推移

日清

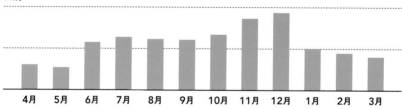

アサヒ飲料

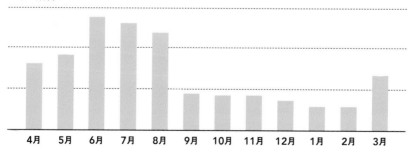

当初、製品の高さやパレットサイズ※が異なる2社の製品の混載輸送は困難かとも思われたが、アライアンスに加わっていただいた日本通運様の経験と現場力により、これを実現した。(写真1)

　定期運行を実現したコースでは、トラック台数を20%削減するとともに、CO_2の排出も20%削減する効果をもたらしている。これらに加え、現在は互いの倉庫の活用により、季節波動を吸収し、保管量を平準化する取り組みも進めている。

事例2：サッポロ様とのアライアンス

　2つ目の事例は、サッポロ様とのアライアンスだ。この事例も、先ほどと同様に軽量物と重量物の組み合わせを利用しトラックの積載率を上げようとするものであるが、この事例ではラウンド輸送での混載を

写真1

※当社はT12型パレット（サイズ1200×1000×130mm・重量12.4kg）を使用。一方、アサヒ飲料様はビールパレット（サイズ900×1100×150mm・重量19.0kg）使用。

実現している。ともに静岡県焼津市に生産工場を持つ当社とサッポロ様は、静岡〜大阪間の輸送において往路は両社の製品を混載し、復路は両社の空き容器などを混載するラウンド輸送のスキームを確立している。(写真2)

　往路は、重量物であるサッポロ製品のビール樽と、軽量物である弊社の即席麺を組み合わせて積載率を上げることができたが、復路は両社とも往路に比べて荷量が少なく、製品輸送では安定的な往復運行が困難だった。そこで、両社で実証を重ね、復路でサッポロ様の貨物だけでは荷台スペースに余裕がある場合について、弊社の空きパレットを混載することで往路復路ともに積載率を高め、実車率100%のラウンド輸送というルートを実現させた。(写真3)

　これらにより、個社ごとに輸送していた従来の方法に比べてトラッ

写真2

クの使用台数を 20%削減するとともに、年間約10tのCO$_2$排出削減を実現している。この2つの事例以外にも、異業種を含む様々な企業との情報交換を継続しながら、既に数社とは秘密保持契約を締結し、現在もアライアンスの拡大を進めている。

可能性1：積載率アップ・トラック台数削減

これらの取り組みを進めていく中で、多くの手ごたえを感じている。まず、積載率を向上させ、それぞれ約20%のトラック削減効果が得られている。これらの成果は、さらに面を拡大していくことで物流クライシスや2024年問題へ対応できる可能性を示すものである。

可能性2：環境対策

加えて、トラック台数の削減によるCO$_2$削減もできるため、当社が掲げるScope3でのCO$_2$削減への貢献も期待できる。

写真3

ただ、同時に多くの課題も見えてきた。データマッチング時の作業負荷、異なるオペレーションのすり合わせとルールづくり、クローズな情報による限定的な効果の3つだ。

課題1：データマッチング時の作業負荷

　まず、アライアンスの検討段階でのデータマッチング時の作業負荷についてお話ししたい。混載のマッチングをする際は、先方車両の空き容積を把握する必要があるが、実績データには重量データしかない場合が多く、容積換算に直さなければならない。

　また、往復運行でのマッチングをする際は、お互いのルート別輸送量を集計し、往復で荷量バランスが取れるルートを探す必要もある。データが標準化されていないために、データ集計とシミュレーションを手作業で進めることになる。それには2〜3日を要する。つまり、このデジタル化が進んでいる現在も担当者の手作業で進められているために、弾力的な運用や面の拡大が難しいということだ。自動的に効率的なマッチングができるような、データの標準化が課題となる。

課題2：異なるオペレーションのすり合わせとルールづくり

　また、混載を実現するには、荷揃えや荷受け時間の違いなどの現場のオペレーションや商習慣の違いも乗り越えなければならない。アサヒ飲料様とのアライアンスでは、荷揃えにおいて当社は前日宵積み、アサヒ飲料様は当日朝積みのため倉庫オペレーションを組み直す必要があった。また、両社の出荷指示データを同じタイミングでシステムに取り込むには、データの標準化や異なるシステムでの運用が課題となる。

　加えて、納品先によっては飲料と即席麺で入荷のバース・倉庫、さらにそれに伴う付帯作業が異なるので、納品場所を1カ所にする交渉や、付帯作業の標準化の交渉が必要だった。異なるカテゴリーのアラ

イアンスは季節波動を吸収し物量や作業量を平準化するためには有効だが、カテゴリーごとに異なるオペレーションや商習慣をどのように標準化していくかは今後の課題となっている。付帯作業を含む物流費と商品価格の一括提示という商習慣がオペレーションの役割分担の不明確化と物流コストの透明性を低下させ、アライアンスの推進をさらに難しいものにしている。

課題3：限定的な情報量

　課題の3つ目は、限定的な情報による効果の最大化の難しさだ。各社の物流の情報は当然クローズで、基本的に他社は知りようがない。そこで、まずは物流クライシスや環境対応について思いを同じくする企業を見つけることが必要だが、それが最初の壁となる。そのような相手先が見つからなければ、そもそもその先には進まない。しかも、そのような相手先が見つかっても、その先に進めるのはごく一部だ。なぜならば、各社の組織風土などの違いにより進め方も異なれば、良いマッチングが見つかるとも限らないため、具体的なアライアンスとして形にすることは非常に難しいのが現状だ。

　これら3つの課題以外にも、アライアンスを進めるには多くの課題がある。私たち荷主としても長い間取引のある既存の物流会社との取引関係を変更することは難しいうえに、既存の物流会社にとっても、車両台数減による売り上げの減少や新たに発生する作業負担などへの懸念から積極的な参画は難しいものとなる。さらに物流事業者とパートナーを組んだ場合は、当然自社の売り上げ拡大を目指されるため、着地地点が見つけづらくなるということも起こってくる。参加する全ての企業に、何かしらメリットが出るようなマッチングを見つけるということが非常に重要なポイントとなる。

4 当社が考える実現への ロードマップ

　これまでお話ししてきたように、私たちはフィジカルインターネットの実現というビジョンに向かって小さな成功体験を積み重ねてきたと同時に、様々な問題にぶつかってきた。しかし、この間に社内外に多くの理解者と仲間ができたことが、それらを乗り越える原動力となった。フィジカルインターネットのゴールだけ見ると、余りにも壮大で実現性について疑問に思うこともある。実際に取り組むとなると、腰が引けてしまうし、何から手を付けてよいのか途方に暮れるというのが現実のように思われる。

　しかし、ゴールに向けてアクションプランとして分解していくと、個々の問題の多くは既に関係者間での認識は一致しているとともに、経営環境の変化によって変革へのお膳立てはされているのではないだろうか。それらをベースに、私たちが考えるフィジカルインターネット実現に向けたロードマップについてお話ししたいと思う。

既にゴールは明確！

　これまで多くの会議体で議論されてきた「標準化」や「商習慣見直し」などの問題は、国土交通省が作成した「物流標準化アクションプラン」や経済産業省の「フィジカルインターネット実現会議」で整理され、統合されてきている。もはや、それを実行するだけになっていると言ってよいだろう。しかしながら、これを実行するのは非常に難しい。なぜならば、これらは個社で何かできるようなモノではなく、企業の枠を超えて、業界の枠を超えて、ゴールに向かって時間を掛けて一丸と

なって進まなければ実現できないからだ。これらについては、新たな
ビジネスによって豊かな社会をつくり、わが国の競争力を高めるとの
観点から行政に主導していただきながら、まず産官学連携ならびに産
業界が一丸となって推進していける体制が整うことを期待している。

スモールサクセスを積み上げよう!

　一方、実現に向けた取り組みは、ご紹介した私たちの取り組みや
F-LINE様など、既に多くの企業間で始まっているし、今まさに広が
りつつある。いきなりプラットフォームをつくろうとすると、取引関
係や関係者間の利害関係の調整が困難だ。まずは現在のように課題意
識を同じくする企業間でアクションプランに沿って水平連携、垂直連
携を積み上げていくことが重要だと考えている。水平連携は競合関係
にあるので情報の取り扱いなどで難しい点がある。逆に言うと、競合
関係にない異業種間でのアライアンスは進めやすいのではないだろう
か。しかも、異業種間のアライアンスは季節波動の吸収による平準化
などの効果も期待できるので、目の前に迫っている2024年問題の解決
にもつながる。

　垂直連携については幾つかの案件を進めているが、取引条件や商習
慣見直しが必要なため、弊社も取り組みそのものが遅れており、現在
かたちになっているものは無い。しかし、これらもいきなり業界全体
での変革というのは困難だが、特定の企業間での垂直連携は可能なフ
ェーズにあると考えている。なぜならば、物流クライシスや2024年問
題への対応、働き方改革の実現などは全ての企業が等しく抱える課題
のため、それらの解決のためには考え方を変える必要があるとの認識
が取引関係を超えて醸成されつつあるからだ。たとえ小さなアライア
ンスでも、トラックの積載率を高めたり、倉庫の稼働率を上げたりす
ることで、結果としてのCO_2削減は実現可能だ。いきなり難しいこと
には取り組まず、粘り強くスモールサクセスを積み重ねていくことが

重要だと考えている。

オープン化し、参画社を増やしていこう！

　そうは言っても、取り組みを小さなままで終わらせずに、面として拡大していかなければならない。そのためには、各社の取り組みを広く発信し、それぞれの取り組みに誰でも参画できるよう情報や仕組みをオープン化することが重要になる。仕組みを外に開いている状態にし、それらを活用する企業が増えていくことで、より効率的なマッチングが期待できる。

　当社としても、アライアンス相手の合意を頂けるのであれば、既に進めている幾つかの取り組みがそのような複数社間の取り組みへと進化していくことを期待している。当社はアライアンス実施時にはニュースリリースとして情報発信をするようにしているが、毎回多くのお問い合わせを頂き、その関心の高さに驚かされる。それらの中から、思いを同じくする仲間が増えるとともに、アライアンスなどの取り組みにつながることを期待している。

いずれプラットフォームとして収れんされる

　情報や仕組みがオープンな水平連携や垂直連携が多く生まれ、それぞれが実績を積み上げていけば、そもそもの目的である持続可能性の向上やコスト削減、社会課題の解決などの効果を最大化していく過程で、自ずと合従連衡し大きな塊となり、最終的にはプラットフォームと呼べるインフラとなっていくのではないだろうか。つまり、最初からプラットフォームの構築を目指すのではなく、積み上げた結果としてフィジカルインターネットが実現される、それが結果的には実現への近道だと考えている。それであれば、それをつくった一部の企業や団体が権益を独占するのではないかとの懸念や、現在の事業構造を大きく変えなければならないのではという困難さを払拭できる。

まずは小さなアライアンス内で参加企業がメリットを分け合い、そ
れが大きくなるとともに仕組み・ルールが形成され、社会全体に恩恵
が行きわたるインフラとして構築される、そんなイメージだ。そもそ
も、多くの企業の中で、標準化や商習慣見直しの意義や目的が共通認
識として広がらなければ、仕組みを作っても、それが活用されるのか
は疑問である。共通認識のもとで、同じゴールを見据え、たとえ手間
が掛かるとしても多くの企業の賛同を得て一歩踏み出すことさえでき
れば、今は難しいと思われる課題の解決も加速度的に進むのではない
だろうか。

標準化と情報の取り扱いがキー！

　情報や仕組みがオープンとなっていても、各社が個別のコード体系
や、固有の物流資材を使用していては、アライアンス推進のブレーキ
となる。とはいえ、今あるシステムや仕組みを変えるとなると、各社
にとっては大きなコストが発生する。だからといって、明確なアクシ
ョンプランが示された現在、それを避けて通ることもできない。なぜ
ならば、それが多くの社会課題の解決につながることが明確だからだ。
　であれば、標準化への投資はコストではなく、未来への投資と考え
るほかない。社会インフラであるフィジカルインターネットを活用し、
持続可能でレジリエンスの高い事業構造に変革し、さらに新たなビジ
ネスチャンスとする、そのような認識が必要だ。それらを新たなビジ
ネスチャンスとするためには、情報のオープン＆クローズや、競争領
域と非競争領域の、業界ごとの線引きも重要なポイントだ。業界ごと
に、それぞれの情報の価値は異なる。言い換えれば、事業ドメインの
差によってアライアンスの意味合いが変わるということだ。私たち荷
主にとっては非競争領域であっても、物流事業者にとってはまさに競
争領域という事案が出てくる。これは、業界ごとに異なるので、情報
についての共通認識の醸成も必要になる。

経営陣・関係部門を巻き込もう！

　このように、フィジカルインターネットの実現というゴールに向かって、様々な垂直連携や水平連携が立ち上がり、それが合従連衡していくことで、結果としてフィジカルインターネットが実現される、そんな世界を目指したいと考えている。そのためには、取り組みや仕組みのオープン化、様々な標準化が必須となる。私たちは今すぐにそれらに取り組まなければならない。しかし、それには私たち自身が考え方を変え、やり方を変える必要がある。時間もコストも掛かる。言い換えると、長期間にわたって経営陣や社内の関係者からバックアップをもらわなければ、それらを進めることはできないということだ。私たちが粘り強く明るい未来のビジョンを語り続け、スモールサクセスを積み上げ、それらをアピールし、より効果的な取り組みへと継続的に進化させていくことが必要だ。困難な道ではあるが、迷わず突き進んでいきたい。「ローマは一日にして成らず」と言うが、今後も多くの仲間とともにフィジカルインターネットの実現に向けて進んでいくことを宣言し、終わりにしたい。

5 謝辞

　日本人は古来より海外の技術を取り入れ、それを日本流にアレンジすることでさらなる価値あるものとすることを得意としてきた。つまり、このフィジカルインターネットは輸入した考え方ではあるが、それを私たちで進化させ我が国独自のモデルとして実装させることは得手なはずだ。アフターコロナを見据えた今がそのチャンスだ。今こそ業界の垣根を超え、産官学が連携して、様々な課題を乗り越えて実現していくべきではないだろうか。フィジカルインターネットを実現するには未だ長い道のりではあるが、このようなワクワクする変革に関われるチャンスを頂いた荒木先生や経済産業省の皆様、国土交通省の皆様、農林水産省の皆様、また、多くの協力を頂いているお取引様、同業企業の物流担当の皆様、そして、これらへの取り組みを応援、サポートいただいている当社経営陣や私のチームメンバーに心から感謝したい。

持続可能な加工食品物流プラットフォーム構築を目指して

堀尾 仁 味の素　上席理事　食品事業本部　物流企画部長

堀尾 仁
（ほりお　じん）

1985年4月味の素入社。人事労務、医薬事業、経営企画を経て、2014年7月物流企画部長。2019年上席理事　食品事業本部　物流企画部長、F-LINE非常勤取締役。同業他社と連携し、F-LINEプロジェクト、SBM会議（食品物流未来推進会議）を立ち上げ、持続可能な加工食品物流プラットフォーム構築を目指し、製配販三層や行政当局、業界団体と連携しながら物流改革を推進している。

Ⅰ 加工食品物流の危機

　私たち加工食品領域の物流は、今、大変な危機にある。トラックドライバーを始めとする物流従事者の減少に加え、時間外労働の上限規制（いわゆる「物流の2024年問題」）が目の前に迫っている。さらに、下記に挙げる固有の要因によって加工食品物流は物流事業者から嫌われている。

①納品先における長時間待機が、全産業の中で最も多い。

②「運ぶ」以外の作業（＝附帯作業）が非常に多い。

③繁閑、日々の数量変動の差が激しい。

④早朝の積み込み、夜間納品、深夜の仕分け作業など労働時間が不規則。

⑤業務全体のリードタイムが短く、物流事業者は常に追われており、見込みで車の手配などを行うため無理、無駄が多く生じている。

⑥日付管理が厳しく、何重にもわたる検品作業や、日付逆転防止のための様々な手間がかかっている。

　「2024年問題」により、トラックドライバーの1日の拘束時間は11.5時間、走行距離にしてエリア配送で150km、長距離幹線輸送で450〜500kmが上限となる。これに上記①〜⑥が、何の手も打たれずにそのまま続いていけば、加工食品物流が「嫌われる」どころか、「運んでもらえなくなる」という危機的状況に陥る。私たち加工食品業界では、この最悪の事態をなんとか回避すべく、以下に述べるような様々な活動を、関係する方々と連携して推し進めている。

2 持続可能な加工食品物流プラットフォームの構築を目指して

　私たちは現在、持続可能な加工食品物流プラットフォームの構築を目指す物流共同化の取り組みを進めている。「競争は商品で、物流は共同で」というスローガンを掲げて、カゴメ、ハウス食品グループ本社、日清オイリオグループ、日清製粉ウェルナ、Mizkan、味の素の6社による「F-LINEプロジェクト」を2015年にスタートした。

　伝票統一と庭先条件の統一、標準化KPI（「引き取りはしない」「緊急追加をしない」などの「荷主べからず」項目）などに基づいた共同配送を16年から北海道で、19年からは九州で開始している。北関東から北海道への共同輸送も実施している。また19年には戦略の具現化を目的とする全国規模の物流会社、F-LINEを加工食品メーカー5社の出資で発足させた。

　製配販の課題解決を主な目的とする「SBM会議（食品物流未来推進会議）」も16年に活動を開始している。F-LINEプロジェクトの6社に加え、キユーピーとキッコーマンが参加している。こちらは「ソフトのプラットフォーム」と位置付け、外箱表示統一化、賞味期限年月表示化（1/2ルール）、フォークリフト作業の安全確保、リードタイム延長、付帯作業、長時間待機などといった課題に取り組んできた。

　ただし、製配販にまたがる課題はメーカーだけでは解決できない。そこで18年には製配販と行政、物流業界関係者が参画する「持続可能な加工食品物流検討会」が設置された。メーカーからは味の素とキユーピー、卸から三菱食品と加藤産業、小売りからはカスミとシジシージャパン、マルエツ、行政からは経済産業省と国土交通省、農林水産省、

物流業界関係としてJILS（日本ロジスティクスシステム協会）とNX総合研究所が参加している。全体最適の視点から、商慣行の見直しを含む業務の改革と改善につながる解決策を生産性と品質のバランスを図りつつ、議論している。

図1 ● 持続可能な加工食品物流プラットフォームの構築 ＜これまでの活動＞

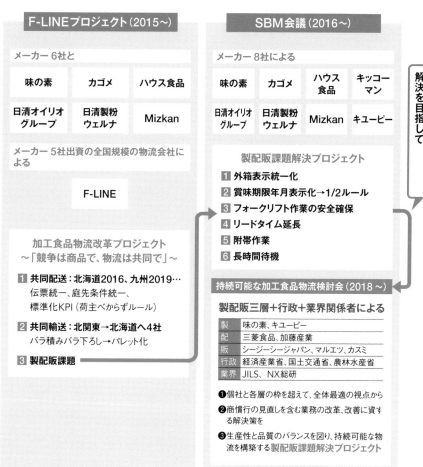

15年のF-LINEプロジェクト開始当初は加工食品メーカーが物流会社から「選ばれる荷主」となることを目的にしていた。しかし、それだけでは足りないことが徐々に分かってきた。私たちの商品をお客様に持続的かつ安定的にお届けするためには加工食品物流自体を物流会社から選ばれる仕事にしなくてはならない。

　そのため現在は「持続可能な加工食品物流の構築」を目的に設定している。ドライバーを始めとする物流従事者の労働環境改善へ向けた足元課題の解決策としては、これまで「納品リードタイム延長」「長時間待機撲滅」「附帯作業撲滅」「ASN（事前出荷情報）検品レス」「納品期限の緩和（いわゆる「賞味期限年月表示と1/2・1/3ルール」）などを進めてきた。これらの取り組みは、目の前で流れている"血"を止めるための取り組みであり「地ならし」と位置付けている。

　そして、20年から本格的に進めている新しい取り組みが「データプラットフォームの構築」だ。これは政府が進めるスマート物流サービスとも連動している。このデータプラットフォームの構築には標準化が欠かせない。先の「地ならし」に続く、標準化に向けた「前さばき」として次の四つのテーマを設定している。

　一つ目は納品伝票の電子化だ。20年7月に伝票電子化プロジェクトを始動した。加工食品メーカーや物流会社F-LINEに加え、小売り、卸、システム会社、スタートアップ企業などと連携して取り組み、検討を進めている。加工食品業界では現状、発注、受注、物流会社への発送指示、納品先での受け取り時のハンコまで全ての工程で紙が使われている。これをデジタル化する。最終的には全ての工程を電子化するのが目標だ。そのために、まずは物流会社が納品先へ行って受け取ってもらう際のハンコ部分を電子化することを目的に取り組みを進めている。伝票データをクラウドに上げ、荷物を受け取る側が商品の到着時に電子的なハンコを押す。21年度中の社会実装に向けた準備を開始している。

　トラックの長時間待機やセンターにおける附帯作業の実施状況は物

流会社へのヒアリングでしか実態を把握できなかった。しかし、プラットフォームにデータを集められれば、そのデータに基づいてメーカー、卸、小売りが物流課題をテーブルの上にあげた上で、対応策を協議することができる。それによって長時間待機や附帯作業などの物流の社会課題を解決し、さらにはデータに基づく効率化された未来物流、すなわち「持続可能な加工食品物流」の体制構築に結びつける構想だ。

図2 ● 持続可能な加工食品物流の構築に向けた現時点における全体構造

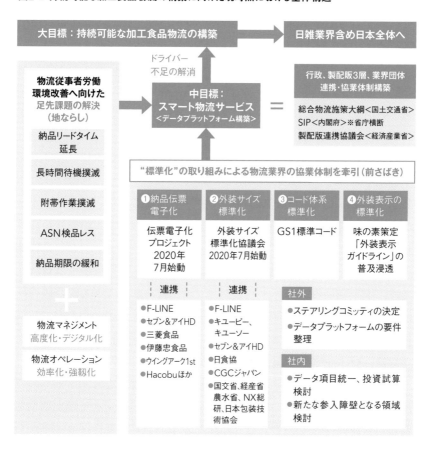

3 外装サイズ標準化 ガイドライン発行

　前さばきの二つ目は外装サイズの標準化だ。外箱のサイズに一定の
ルールを設定する。現在、加工食品メーカーの外箱は各社、各商品で
バラバラな状態となっている。各社がそれぞれ自社製品を取り扱いや
すいように外箱を設計している。メーカー単独で物流体制を組むので
あればそれでも構わない。しかし、共同化では大きな弊害になる。

　外装サイズが標準化されていないと、トラックの積載効率を高める
ことができない。物流拠点の自動化設備も利用できない。箱の重さや
高さがバラバラで、バンドがけやシュリンク包装などの規格が統一さ
れていないと、自動化ラインにかけられない。

　そこでサプライチェーンの全体最適の視点から外装サイズを標準化
するガイドラインの策定を目指し、20年7月に「外装サイズ標準化協議
会」が発足した。座長は流通経済大学味水教授にお願いし、メーカー
からは味の素とキユーピー、卸は日本加工食品卸協会、小売りからは
セブン＆アイホールディングスとシジシージャパン、メーカー系物流
会社としてキユーソー流通システムとF-LINE社、行政からは経済産
業省、国土交通省、農林水産省がオブザーバー参加しNX総合研究所
と日本包装技術協会が事務局を務めている。複数回の会合を経て、21
年4月15日にガイドラインを発行し、関係各所に送付した。（ガイドラ
インは、日本包装技術協会ホームページに掲載）

　同ガイドラインは各メーカーに外装サイズの変更を強制するもので
はない。製品の改廃時や新製品発売時などのタイミングで順次適用さ
れることを期待している。業界団体などを通じて普及を図り、3年から

5年後までには標準化を実現したいと考えている。

　そのために製品開発担当や包材開発担当にガイドラインの存在を周知して協力を求めていく。外装サイズの標準化はメーカーにとって直接的にはコスト増となることもある。しかし、それはサプライチェーンの最上流に位置するメーカーの責任であるという認知を広げていきたい。

4 データプラットフォーム構想

　前さばきの三つ目はコード体系の標準化だ。加工食品業界において
はサプライヤー、メーカー、卸、小売り・外食それぞれがPVコード
（プライベートコード）を使用している。さらにメーカーとサプライヤ
ー間、メーカーと卸間、卸と小売り・外食間の業界データベースでも
PVコードが用いられている。

　長い年月をかけて個別に作り込まれてきたPVコードを強制的に標
準化するのは現実的ではないと判断している。そこで各社・各業界の
PVコードを残したまま、データを「GS1（サプライチェーン効率化の
ための国際規格を策定する国際組織）」に準拠した標準コードに変換
することでサプライチェーンをシームレスにつなぐことを想定してい
る。

　ただし、テクノロジーは日進月歩であるため、PVコードをGS1標準
コードに変換せず直接連携させる仕組みも可能であるかもしれない。
複数の仕組みを並行して検討している。

　最終的にはデータを製配販の各層が参照して、データに基づいたサ
プライチェーンの効率化について手を打っていくというモデルになる。
それは内閣府が主導しているSIP（戦略的イノベーション創造プログ
ラム）のスマート物流サービスとも方向性が一致している。

　四つ目の外装表示の標準化については既に実装が進んでいる。従来
は外装の物流情報の表示位置に明確な決まりはなく、メーカーや商品
でバラバラだった。そこで外箱の右上に物流情報を集約する味の素の
「外装表示ガイドライン」を公開した。その普及促進に4年ほど前から

取り組んでいる。これも各メーカーには表示方法の変更を強いることはせず、あくまで各社が製品改定の際に切り替えてもらうよう提案することで徐々に変更が進んできている。

図3 ● スマート物流の目指すイメージ

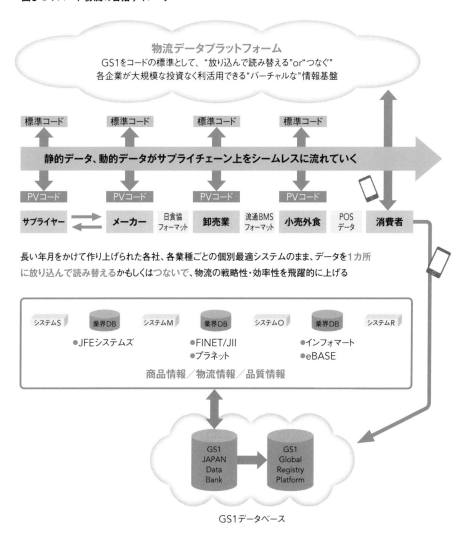

5 メーカーの協働から製配販の連携へ、そして行政当局、業界団体との連携へ

　当初は加工食品メーカーによる取り組みとして始まったプロジェクトだったが、現在は製配販三層の連携が必要な段階に入ってきている。加工食品メーカーによるF-LINEプロジェクトとSBM会議は卸の業界団体である日本加工食品卸協会の「物流問題研究会」と連動して取り組みを進めている。

　同研究会で議論されている内容の一つが納品リードタイムの延長だ。「納品リードタイム延長小WG」を設置して、メーカーと卸間でリードタイムの延長について検討を進めている。味の素、カゴメ、キユーピー、キッコーマン食品、ハウス食品、日本加工食品卸協会（日食協）、国分グループ、三菱食品、伊藤忠食品、加藤産業、日本アクセスなどが参画している。

　経済産業省が関与する製・配・販連携協議会に設置されている「ロジスティクス最適化加工食品小WG」とも密接に連携している。製・配・販連携協議会には「スマート物流構築推進検討会」も配置されており、データプラットフォームの構築に向けた議論が製配販三層で行われている。

　このような大がかりな連携を後押ししてくれる大きな力として「総合物流施策大綱」や「フィジカルインターネット実現会議」などの行政当局の動きがある。前回の大綱によって物流課題が表面化し、あらゆる面での共同化が進み、スタートアップ企業による技術革新を促し、物流危機そのものの認知度が世間において格段に上がった。それと歩調を合わせながらF-LINEプロジェクトの活動は発展してきた。今回の

大綱では、物流DX（デジタルトランスフォーメーション）への流れを示す一方で、そのベースとなるべき「標準化」にも焦点を当てその大切さに言及している。さらにその流れの中で、「To Do」項目をより明確に、かつ具体的に明示し、実現のためのロードマップを策定しようと

図4 ●「持続可能な物流」の実現へのステップ

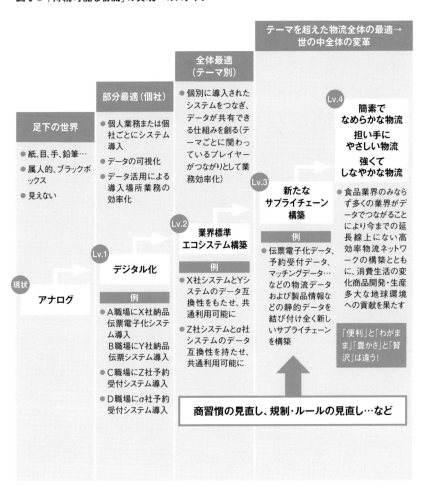

しているのが「フィジカルインターネット実現会議」とその分科会である。

　一方で、ここ数年、世の中の改善活動や改革活動（アナログからデジタルへ）が個々の場面で進んできたことも否めない。予約受付システムも、伝票のペーパーレス化もまさに、いわゆる「部分最適」で導入され、業務フロー全体の効率化には至っていない。上述した「プラットフォーム」を構築するのであれば、この部分最適のままでは進まない。様々なテーマにおいて「標準化」し、ルールを決めなければならない。「物流DX」や「フィジカルインターネット」という言葉が、目指すべき姿であることは疑いようのないことではあるが、なんでも「物流DX」という言葉を頭につければよいというものではなく、また、「フィジカルインターネット」と何百回唱えても実現できるものではない。その前に部分最適のデジタル化をデータの相互連携が可能になるように、サプライチェーン全体の業務フローを標準化し、コードを標準化し、理不尽な商慣行の改革などを下準備として実施しておかなければならない。これは現実としては「総論賛成、各論反対」そのものであり、これを打破し「各論賛成」にするための道しるべをまとめたのが今回の総合物流施策大綱であり、「フィジカルインターネット実現会議」だといえる。課題の全体俯瞰や方向性を指し示すだけにとどまらず、その実行に向けたKPIや推進体制まで踏み込んで論議し、明記したことは非常に意義が大きい。この二つを軸に、世の中の様々な物流改革が進むことを期待したいし、私たちの改革もさらに加速させていきたい。

図5 ● 行政・業界連携「製配」「製配販」＋行政の連携全体図

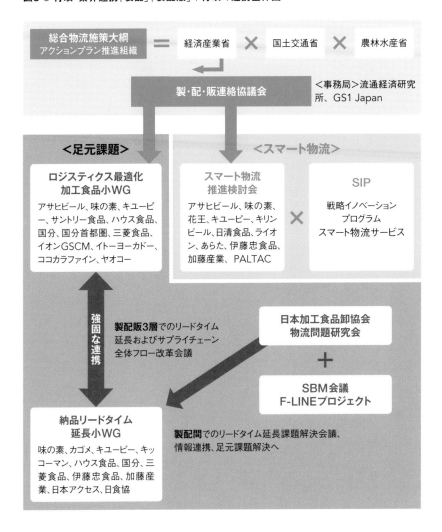

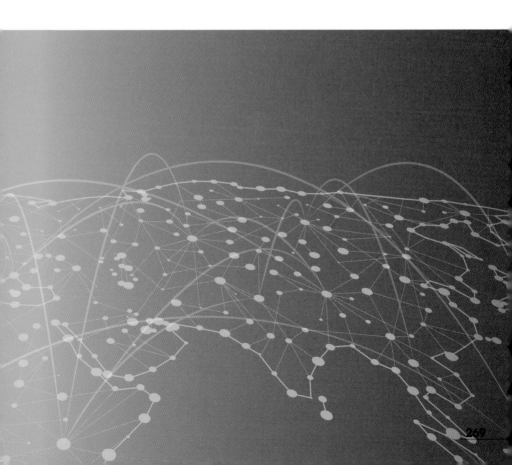

物流クライシスを乗り越える
新しい協働化のスタイル

スマート物流サービス「地域物流」への挑戦

早川典雄 セイノー情報サービス取締役

早川典雄
（はやかわ　のりお）

1984年西濃運輸入社。同年、セイノー情報サービスに出向し、90年に転籍。ITベースの物流システム・物流サービスの企画・設計・開発・運営に従事。現在、同社取締役（スマート物流推進担当・物流技術担当）。博士（工学）。JILS能力開発委員会ロジスティクス経営士専門委員会委員、東京海洋大学大学院非常勤講師。SIP地域物流ネットワーク化推進協議会事務局長。共著に「協調時代のサプライチェーン」、「物流セキュリティ時代」、「マッシュアップ時代のサプライチェーンロジスティクス」。

1 常態化する物流クライシス

　物流クライシスと呼ばれる状態が顕在化している。それによって、日本経済への影響も深刻化してきている。理由は大きく3つ挙げられる。

1. 人手不足
　日本では、労働時間が長く賃金が低いトラックドライバーは、職業としてあまり人気がなく、トラックドライバー不足が長く続いている。

2. ニーズの多様化
　インターネット通販や個人間売買など、個人向けの宅配需要が増加している。加えて、コロナ禍になってからは、店舗購入からインターネット通販にシフトする消費者が増えている。

3. 独特な商慣習
　トラックドライバーは、荷役作業や物流センターの手前での長時間待機など、大きな負担を背負っている。

　結果として、日本のトラックドライバーの労働環境が劣化している。この問題の解決は、運送事業者だけではできず、荷主企業（荷送人企業、荷受人企業）の協力が不可欠だ。このまま何の対処も施されなければ、経済の動脈である物流は弱体化し、商品の発送さえままならない日が来る恐れがある。

　このような物流クライシスの到来は物流業界の問題というよりも、社会全体の問題であるといえる。

2 拡大が続く物流需給GAP

　トラック輸送は、日本の国内輸送の9割を占めている（トン数ベース）。図1は、トラック輸送の需要と供給の推移を示したものである。2030年までにトラック輸送における供給は、約3割減る一方、需要は微増すると見込まれている。今までと同じやり方を続けた場合、3割の商品は顧客まで届けられなくなる恐れがある。言い換えれば、今から10年もしないうちに、荷主企業同士が輸送力を争奪し始めることになる。つまり、荷主企業は、商品を確実に顧客に届けるために、事前に輸送計画を立て、物流事業者と調整し、計画的に出荷する必要性がより増していくといえる。

　トラックドライバーの年間所得額は、全産業平均と比べて、大型トラックドライバーでは1割少なく、中小型トラックドライバーでは2割少ない現実がある。また、トラックドライバーの年間労働時間は、全産業平均と比べて2割長い。全産業を横断する物流に従事しているトラックドライバーは、重要な職務にもかかわらず、待遇および労働負荷の両面で厳しい環境に置かれているのだ。

　トラックの積載効率は、輸送トラックの積載可能な重量に対して、実際に輸送した重量の割合を指す。1993年は54％だったが、2018年には40％を下回ってしまった。なぜ、積載効率は低下し続けているのだろうか。主な理由は「多品種・小ロット輸送貨物の増加」と「時間指定された貨物の増加」の2つ。時間指定の貨物が増えると、トラックドライバーは長時間、待機をしなければならない。運送事業者が自ら指定時間を調整することは困難だからだ。したがって、トラックドライバー

の労働環境の改善は貨物輸送を委託する側、すなわち荷主企業（荷送人企業、荷受人企業）の理解が不可欠だ。理解してもらう荷主企業は、大企業だけに限らない。特定のサプライチェーンに加わる大手企業がいくら改善に取り組んだとしても、その改善には限界がある。

　日本の企業の99.7％は中小企業が占めているため、中小規模の荷主企業における物流革新はトラック輸送の積載効率を高める根源である。そのため、中小企業層をターゲットに物流課題の解決を考えることに大きな意味がある。

図1 ● 営業用貨物自動車の需給バランスの推移

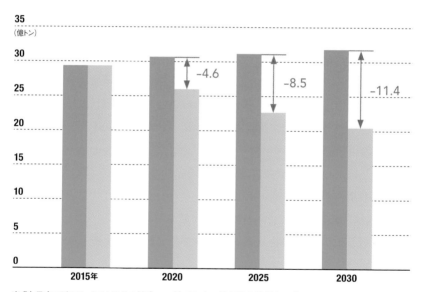

出典）日本ロジスティクスシステム協会　ロジスティクス総合調査委員会。『ロジスティクスコンセプト2030 デジタルコネクトで目指す次の産業と社会』より作成

3 スマート物流サービス 「地域物流」への挑戦

　前述したような日本の物流課題を解決する手段の1つに、共同輸配送がある。トラック台数・ドライバーが限られたとしても、積載効率を向上させることで増え続ける物量に対応することができる。共同輸配送という「連携・協働」による物流の効率化の取り組みは、同じ業種の企業間でみられる。サプライヤーや得意先と連携した効率的な物流の構築は、現状、大企業（業界内のリーダー企業など）が主導して進められている。大企業は東京などの大都市圏に集中しているが、地方では中小企業の割合が高くなる。また、地方の中小企業にとってみると、その企業が活動するエリア内で同じ業種の企業を見つけることが難しい。このように中小企業は、大企業にみられるような、同じ業種の企業間で協力して行う物流効率化に取り組みにくい状況にある。

　地方の中小企業が企業間の「連携・協働」による物流の効率化に取り組むことは、日本の物流課題を解決する糸口であることはもちろん、中小企業の割合が著しく高いわが国の産業の発展に寄与すると考えられる。「地域物流」は、スマート物流サービスへの挑戦の一環として、各地域にある中小企業の物流の連携・協働を支援する取り組みなのだ。

4 「地域物流」による持続可能な物流へのアプローチ

　地域物流は、図2の共同輸配送ネットワークモデルを基本としている。取扱対象は、「中ロットパレット貨物共同輸配送」であり、貨物量が1車に満たない、運送1件あたり1t〜5tのパレットに積載された中ロット貨物である。

図2 ● 地域物流における共同輸配送ネットワークモデル

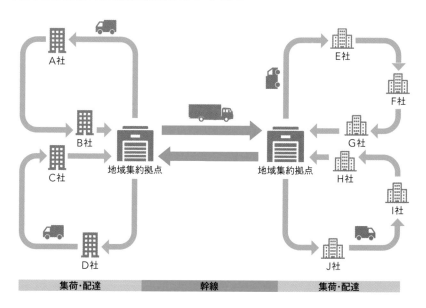

各荷送人企業から集荷された中ロット貨物は、集荷地域の集約拠点から、配達地域の集約拠点までの幹線を共同で輸送される。地域物流の仕組みは、以下4つの着眼点に基づき、検討している。

1. 直前の運送依頼を減らし、輸送計画を事前に共有する
2. 時間指定を緩和することで、非効率な配送を是正する
3. 中長距離の輸送力を安定して確保できる仕組みを構築する
4. 同じ業種に限定せず、異なる業種にまたがって共同輸配送を行う

5 生産管理手法を物流に持ち込む

　では、地域物流で何をどう変えるべきなのか。従来は、サプライチェーンのステークホルダー同士でPSI情報（プロダクション（Production：生産）、セールス（Sales：販売計画）、インベントリー（Inventory：在庫））が分断され、輸送の手配が直前に行われていた。このPSI情報を事前に共有し、輸送手配を計画的に行うことで共同輸配送を実現する。また、出荷日・納品日を調整して輸配送物量の山崩しと平準化のトランスフォーム（図3）を行う。

図3 ● PSI情報を活用した輸送量の平準化

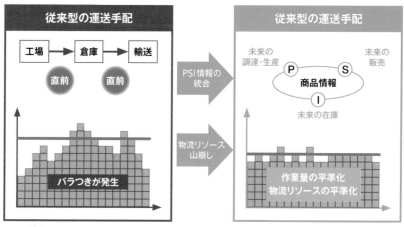

- PSI情報の分断
- 直前での運送手配（調整困難）

商流情報の早期共有に基づく計画的な共同輸配送が可能

具体的には、商流情報から輸送の見通しを立てて早期に配送計画を立案し、納期を調整することになる。こうすることで、必要な輸送リソース（トラック、ドライバーなど）が平準化され、輸送力を安定供給しやすくなる。

6 商流情報の早期共有による 計画的な輸配送への転換

　これまで物流業界では、荷送人企業が出荷直前に運送依頼を出すことが許容されてきた。しかし、輸送の需給ギャップが拡大していく今後は、できる限り早期に運送依頼を行う必要がある。図4は、一般的な製造業の受注〜運送依頼の流れを示したものである。今後、荷送人企業は出荷計画を確定する時期を前倒しし、出荷直前に運送依頼を出すのではなく、運送事業者との間で運送依頼（予定）を共有することになる。

図4 ● 計画的な輸配送への転換

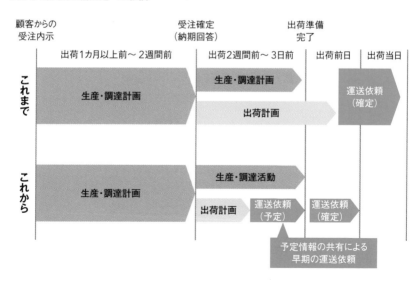

このような運用変更によって、運行モデルも新しくなる。図5は、「現行運行モデル」と「地域物流運行モデル」を対比したものである。現行の運行では、荷送人企業各社で、荷受人企業ごとに運行便を仕立てている。一方、地域物流の運行では、荷送人企業の最寄りの集約拠点から集荷し、配達地域の集約拠点まで幹線輸送を行い、配達地域の集約拠点から各荷受人企業へ配達が行われるようになる。

　運行モデルが変わることで、以下の2つも達成することができる。

・これまでの物流の在り方や商慣習を変革
・トラックドライバーの労働環境を改善

　地域物流は、こうした日本の物流課題の解決を通して、将来にわたる輸配送サービスの継続的かつ安定的な提供を可能とする社会を作ることを目指している。これは、価値創造型物流SDGsへの貢献といえる。

図5 ● 現行運行モデルと地域物流運行モデル

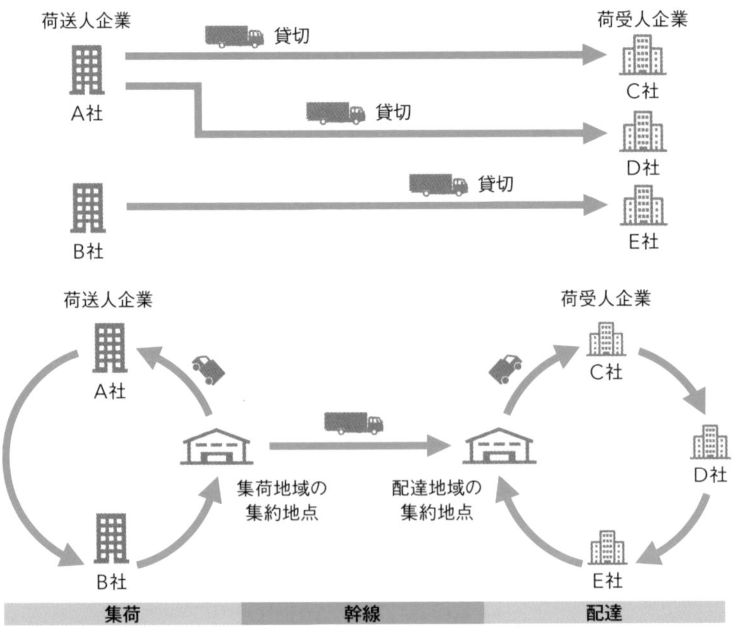

7 物流・商流需給オープンプラットフォームによる「つながり」の強化

　地域物流のプロジェクトでは、2つのオープンプラットフォームのプロトタイプを構築している（図6）。

・商流需給オープンプラットフォーム

　サプライチェーン企業間のPSI連携を支援するプラットフォーム

　商流需給オープンプラットフォーム上では、荷送人企業が取引する荷受人企業からの発注情報や、荷送人企業からの納期回答情報が共有され、その情報をもとに輸送計画を立案

・物流需給オープンプラットフォーム

　共同輸配送を支援するためのプラットフォーム

　商流需給オープンプラットフォーム上の受発注情報を輸送情報として物流需給オープンプラットフォームに連携し、トラックの空き情報（運送能力）を考慮して輸送リソースを準備

　これらの運行モデルを検証した結果、図7に示す効果が期待できることが分かった。地域物流運行モデルでは、まず、幹線トラックの積載効率が平均で22%上昇した。また、長距離ドライバーの拘束時間が平均で18%短くなった。トラックの積載効率は低下し続け、トラックドライバーの労働時間が長く厳しい労働環境であることを考えると、これは大きな効果だといえる。

図6 ● 物流・商流オープンプラットフォームの位置づけ

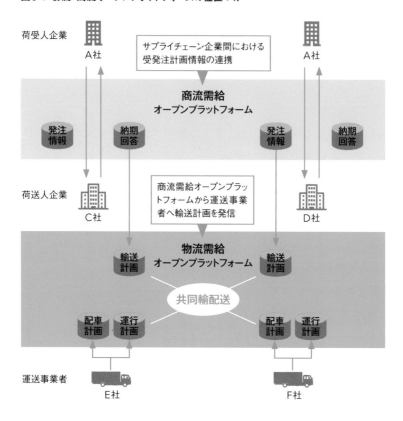

図7 ● 地域物流における期待効果の検証

※「地域物流」中ロット共同輸配送の運行結果と、従来の運行試算との比較（岐阜ー千葉間の幹線輸送）

8 ダイナミック・プライシングへの挑戦

　イノベーションのポイントは、荷主企業間における商流取引から発生した納期回答情報をもとに「物量を予測（フォーキャスト）」し、荷主企業に対して「納期調整（ネゴシエーション）」を行い、輸送のムダ・ムラ・ムリを無くす、ダイナミック・プライシングである。具体的には、早期割引、調整協力割引によって、より効率的な輸配送計画を実現することになる。荷主企業は、早い段階で出荷計画を立案し運送を依頼することで早期割引を受けられ、物流費を削減できる。また、荷主企業が出荷する荷物のピークを抑制することで、荷主企業自身が調整協力割引を受けられるだけでなく、ドライバーなどの物流リソースの平準化が期待できる。これは労働力不足に悩む運送事業者にとって、要員を増やすことなく利益を増やせることを意味する。

陸海空運「モーダルコンビネーション」の実現
貨物鉄道と「レールゲート」の活用

石田忠正 日本貨物鉄道（JR貨物）相談役

石田忠正
（いしだ　ただまさ）

1968年慶應義塾大学経済学部卒、日本郵船入社、98年、アジア会長（シンガポール）、2000年欧州会長（ロンドン）、2004年代表取締役副社長。07年日本貨物航空 代表取締役社長。13年日本貨物鉄道（JR貨物）代表取締役会長。18年取締役相談役。20年相談役。その他、東京大学特任教授。がん研究会常務理事。東京都港湾振興協会会長。東京水上防災協会会長。熊本県出身。

¦ はじめに

　世界はグローバル化の進展と貿易の急速な拡大により、サプライチェーンが逼迫していたところに新型コロナ禍が直撃し、物流の停滞が深刻化している。特に、日本ではドライバー不足にもかかわらず、トラックの積載率は減少を続け、半数以上が空輸送という、国全体では壮大な無駄が発生している。

　物流改革が議論される場合、トラックと倉庫の範囲で語られることが多いが、数十年先行してきた国際海運・空運の飛躍的発展と世界経済への貢献は大いに参考になる。国際海運は長い歴史と変遷を経て、巨大な3大アライアンスを中心に集約され、大規模な共同輸送のみならず、自動荷役、受け渡し、運賃精算に至るまで、デジタル化によるシェアリングサービスが実現している。すなわち、我々の目指すフィジカルインターネット（PI）がすでに導入されているのだ。

　その根底にあるのがコンテナサイズの統一である。海上コンテナの国際基準が統一されるまでには紆余曲折があったが、一旦統一されると世界中に急速に波及した。サイズの統一により、船舶の建造から大型化、港湾荷役の自動化が促進され、コスト・時間・安全性ともに大幅に改善し、生産者・販売者・消費者など、誰もが大きな利益を享受した。

　国内においても、物流改革を目指すPIを推進するためには、パレット化など輸送機材の統一、商品品質やデータなど多岐にわたる標準化が必要であり、全産業の川上から川下まで幅広い連携が必須である。その成功の秘訣は、海上コンテナと同様に、標準化に乗っていけばメリットを享受できる、乗らねば顧客に受け入れられない、生きていけな

い、との認識を国全体に浸透させることだ。輸出入依存度の高い我が国では国際海運・空運との連携も重要である。特に、データを送るようにモノを運ぶPIでは国際基準との整合性も外せない視点である。輸出入の商品は必ず国内輸送を伴うとともに、荷主企業の多くは国内、海外の両方を市場としているからだ。幅広い啓蒙活動など、やるべきことは多いが、官民、産官学挙げての取り組みが不可欠だ。

　先進国における物流の特徴の一つは鉄道輸送の重要性だ。欧米やアジアなど世界の主要港湾の輸出入コンテナを含め貨物鉄道の比率は非常に高く、物流の効率化に大きく貢献している。

　一方、我が国では貨物鉄道の割合はいまだに低く、活用の余地は大きい。鉄道の特徴は中長距離・大量輸送にあるが、CO_2排出量もトラックや船舶に比して極端に少なく、脱炭素化の効果も大きい。定時発着率、コスト競争力ともに高いため、経済の効率化や成長にも貢献する。

　日本貨物鉄道（JR貨物）の東京貨物ターミナル駅構内には、巨大なマ

図1 ●　オーシャンネットワークエクスプレス（ONE）の大型コンテナ船

ルチテナント型物流センター「レールゲート」を建設し、トラックのみならず、至近距離に位置する東京港や東京国際空港（羽田空港）との連携を強化しつつある。同様の物流施設「レールゲート」を全国の主要駅に建設を始めるとともに、貨物駅も自動化・ロボット化・デジタル化などを取り入れた「スマートステーション」に進化させ、物流の拠点・PIのプラットフォームの一環として貢献したいと考えている。輸送モードを国内・国際を結ぶ陸海空運にまで広げた「モーダルコンビネーション」の実現を目指すものだ。

　さらに、最近では新幹線による生鮮食料品などの輸送が始まっているが、将来は宅配など小口貨物や冷凍・冷蔵品を中心に新幹線を生かした大量輸送に発展する可能性をも秘めている。

　このレポートでは、共同運航・シェアリングサービスが既に実現している国際海運・空運の先進事例、および貨物鉄道の活用の現状と将来を見た上で、国内輸送改革の方向性につき検討してみたい。

図2 ● 全国を走るJR貨物列車

2 国際海運・空運における 共同運航・シェアリングサービスの発展

1. 海上輸送にコンテナが導入されてから60年以上が経過したが、専用の船舶と大量のコンテナへの巨大投資を必要としたため、かなり早い時期から複数船社による共同運航が主流であった。数年のうちに北米、欧州、アジアなど主要航路はコンテナ化され、さらにどの港にも決まった曜日に寄港する定曜日サービスが定着したため、利便性が高まり、製品輸送はコンテナ一色となった。輸送革命といわれるゆえんである。

　船社間の競争は激しく、木箱や袋物などをつり上げ、人力で積み込んでいた在来船は世界から姿を消した。欧州では時代の波に乗り遅れた大航海時代以来の老舗の多くが撤退した。自由競争の旗を振り続けた米国では、最大の船社やコンテナ化を始めた船社でさえも海外の新興船社に買収され、自国船社は消滅してしまった。日本では12社あった国際海運が6社に集約され、日本郵船、商船三井、川崎汽船の3社に併合、さらにコンテナ船部門は3社の出資会社オーシャンネットワークエクスプレス（ONE）に統合されてしまった。

　これら世界の主要船社は合従連衡を繰り返し、3大アライアンスを中心に集約され、今日の国際海上輸送は巨大な共同運航体制に編成された。熾烈な過当競争の結果であるが、主要産業における国際競争激化の先駆的事例となった。

　使用されるコンテナ船は当初の数百個型から今日では2万4000個型まで巨大化を続けた。世界中を走り回る数百隻の船隊のスケジュールを管理し、各港での積み上げを効率化し、個々の荷物の受け渡しや運

賃精算、船社間の費用分担などを的確に行うには、AI（人工知能）、IoT（モノのインターネット）、ビッグデータなどの活用が不可欠である。つまり、国際海上コンテナ輸送では、ハード・ソフト両面で標準化・共同化によるシェアリングサービスが導入されている、すなわちフィジカルインターネットが既に実現されているということである。

　コンテナ輸送の特徴は共同輸送により、大量輸送が可能になったこととともに、内陸の工場から海上輸送を経て外国の内陸の販売店や工場などへ、コンテナのまま海陸一貫輸送が可能になったことであり、今日の総合物流の基盤ともなったことである。

　このグローバルで巨大な輸送革命を可能にした基本は輸送機器・コンテナの20フィート、40フィートへのシンプルな仕様統一である。コンテナ化の進展に伴い、海上輸送は早く、安く、安全な輸送体制となり、メーカー、販売店、消費者など誰もが支持し、WIN-WINの関係となったことから、世界貿易、経済の発展にも大きく貢献することとなった。

　2.航空業界においても、グローバル化と規制の緩和などから競争は激烈で、世界の大手航空会社は全日空を含むスターアライアンス、日本航空を含むワンワールド、およびスカイチームの3大アライアンスに集約された。共同運航（コードシェア）により旅客はマイレージを共有できるほか、各社は機体や事務所、整備拠点の提携などによりコスト削減も実現している。

　貨物においても複数のアライアンスが存在し、それ以外にも各社間で貨物機の共同運航、貸し借り、スペースチャーターなどが行われている。航空貨物においても海運同様に、コンテナサイズは国際標準化されているため、機体・スペース・コンテナの有効利用により、自動化された効率的な運航が実現している。日本には日本航空、全日空のほか、日本貨物航空が大型貨物専用機で国際線に就航し、世界の航空会社と連携している。輸出入貨物の国内輸送はトラック、航空機、および鉄道などに接続されている。

3 貨物鉄道の共同輸送とフィジカルインターネットの活用

1. JR貨物は全国に約240の駅を配し、毎日約420本の貨物列車を定期運行している。

その延べ走行距離は1日当たり約20万キロメートル、地球約5周分に相当する。

2. 貨物の内容は多岐にわたり、食品、農産品、家電、情報機器、機械、工業品、紙、化学品、薬品、宅配便、積み合わせ貨物などのコンテナ列車と、石油や鉱石類などの専用列車がある。

3. 鉄道の特徴は中長距離・大量輸送にあり、大型トラック65台分を運転士1人で運び、トラックドライバー不足、道路渋滞などの対策としても力を発揮している。さらに、CO_2排出量は同じ重量を同じ距離運ぶ場合、トラックの13分の1、船舶の約半分と非常に少なく、国内全体では貨物鉄道によるCO_2排出量の削減量は東京都面積の2.11倍の植林面積に相当する。国の目指す脱炭素化への大きな貢献である。また、定時発着率もコスト競争力も高いため、国民経済の成長や効率化を物流インフラとして支えている。

4. このような観点から国土交通省は鉄道へのモーダルシフトを積極的に推進し、経団連（日本経済団体連合会）など経済団体も支援している。

5. コンテナ列車のほとんどはコンテナごとに積載された多品目の共同輸送であるが、宅配便など小口貨物だけの貸し切り専用列車や自動車部品の貸し切り列車も多く、便数は年々増加している。また、列車のうちの全部または一部車両を貸し切るブロックトレインも増加している。

6. 複数の荷主が共同して列車を仕立てる例も年々拡大している。イオンのケースは先駆的な動きであった。同社は膨大な商品を全国の様々なメーカー、サプライヤーから調達しているが、低積載や片荷輸送など非効率であったため、2014年から専用列車「イオン号」を仕立てた。東京発、大阪発で同時に専用列車を運行することで、効率、経済性、CO_2排出削減量ともに飛躍的に向上した。鉄道を利用した共同輸送はビール大手のキリンとアサヒが着手し、大手4社に拡大した。食品業界でも味の素、カゴメ、ハウス食品、ミツカン、日清製粉ウェルナ、

図3 ● モーダルシフト

鉄道へのモーダルシフト ～環境意識向上とドライバー不足の時代に～

1 貨物鉄道のCO_2排出量はトラックの1/13

自家用トラック　1,166
営業用トラック　225
内航海運　41
鉄道　18

$\frac{1}{13}$

鉄道のCO_2排出量は、営業用トラックの1/13
内航海運の半分以下

2 貨物鉄道は最大でトラック765台分を一度に輸送

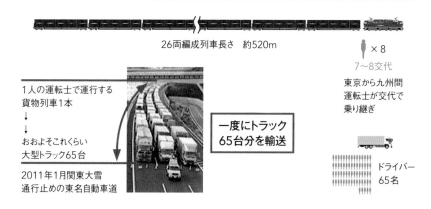

26両編成列車長さ　約520m

× 8
7～8交代

東京から九州間
運転士が交代で
乗り継ぎ

1人の運転士で運行する
貨物列車1本
↓
おおよそこれくらい
大型トラック65台

2011年1月関東大雪
通行止めの東名自動車道

一度にトラック
65台分を輸送

ドライバー
65名

日清オイリオグループなどF-LINEによる共同輸送も注目を集めた。現在は異業種間でも同様の取り組みが行われ、コスト・時間・CO_2の節減が多くの産業に広がっている。

7. PIのベースとなるデータの活用では当社は早い時期に「IT-FRENS」という情報システムを構築した。GPSを使った列車の運行管理はもとより、RFID(電子タグ)を用いたコンテナ動静の把握により、貨物の現在位置や到着時間、運賃決済など、あらゆる情報が既にお客様ともリアルタイムで接続されている。このようにデータを活用し、最適な組み合わせの共同輸送を行う貨物鉄道は既にPI化を相当程度実

図4 ● ITを駆使したシステム制御

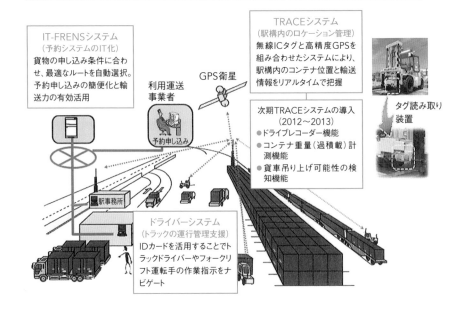

40年以上にわたる「コンテナ取扱業務」の構造的改革(勘と経験による"人海戦術型"から、全国の貨物駅をネットワークで結んで、"システムによる自動制御方式"へ)

(2009年8月全機能稼働開始)

IT-FRENSシステム
(予約システムのIT化)
貨物の申し込み条件に合わせ、最適なルートを自動選択。予約申し込みの簡便化と輸送力の有効活用

利用運送事業者
予約申し込み

GPS衛星

TRACEシステム
(駅構内のロケーション管理)
無線ICタグと高精度GPSを組み合わせたシステムにより、駅構内のコンテナ位置と輸送情報をリアルタイムで把握

次期TRACEシステムの導入
(2012〜2013)
●ドライブレコーダー機能
●コンテナ重量(過積載)計測機能
●貨車吊り上げ可能性の検知機能

タグ読み取り装置

駅事務所

ドライバーシステム
(トラックの運行管理支援)
IDカードを活用することでトラックドライバーやフォークリフト運転手の作業指示をナビゲート

現しているとも言えよう。

　8. 海陸の物流の結節点となる港湾も、PIを考える上での一つのキーになる。国交省が中長期政策PORT2030で打ち出す「スマートポート（Smart Port）」では、港内の省力化、自動化のみならず、国際・国内間の情報をつなげる取り組みも掲げている。ハード面ではさらに、港湾に貨物鉄道を引き込む計画がある。米国・欧州やアジアの主要港で、オンドックレール施設を有していない港湾はほとんどない。数年前、膨大な取扱量を誇るドイツ・ハンブルク港を訪れた際、港内に乗り入れる鉄道の輸送比率は輸出入全体の実に42%に達していた。コンテナを

図5 ● 暮らしを支える宅配便輸送鉄道利用

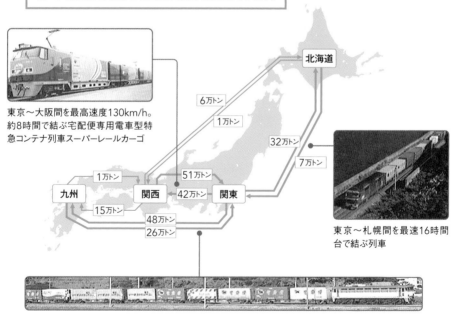

定時制やリードタイムが評価され、中長距離の幹線輸送において宅配便、郵便等の相当量が鉄道で運ばれています。

東京～大阪間を最高速度130km/h。約8時間で結ぶ宅配便専用電車型特急コンテナ列車スーパーレールカーゴ

北海道

6万トン
1万トン
32万トン
7万トン
1万トン
51万トン
42万トン
15万トン
48万トン
26万トン

九州　関西　関東

東京～札幌間を最速16時間台で結ぶ列車

東京～福岡間を最速17時間台で結ぶ列車

搬出入するトラックについても全て予約制で、本船やトラックの動静からつり橋の上下動まで可視化できるなど、デジタル化された港湾運営に感銘を受けた。ドイツ政府が提唱する「インダストリー4.0」の考え方が港湾や道路、鉄道など全産業に浸透し始めたことを実感した。オランダのロッテルダムや、英国のサウサンプトン、スペインのバルセロナなども鉄道比率の向上に努めていた。北米やアジアの主要港においてもカーボンニュートラルの観点から、鉄道の輸送比率の増勢は今後ますます高まっていくものとみられる。

9. 国内でも、JR貨物は国交省や東京都などと連携し、オンドックレールに関して共同研究を行ってきた。横浜市も港湾への鉄道乗り入れを積極的に検討している。現在、国内でトラック輸送されている大量の標準型海上コンテナは全国の幹線鉄道で輸送可能である。標準型を超える背高コンテナはトンネルの高さ制限に対し、低床シャーシーの研究も進められている。

10. 背高を含む海上コンテナ（20フィート、40フィート）の専用列車は東京―盛岡間で毎日運行しており、国内も含め往復の貨物を組み合わせることで、空荷輸送の縮小にも貢献している。また、秋田県大館市は東北・北海道のハブとしてインランドデポ（内陸保税蔵置場）を建設し、鉄道で東京港と直結することで輸出入の拡大を目指している。

東京港を始め、多くの主要港湾は海上コンテナの鉄道利用に対し、補助金を設定している。

さらに、東京都は道路渋滞と環境対策として、20フィートに満たない小口の混載貨物をJR貨物の12フィートコンテナに積み替え、東京港に隣接する貨物駅から鉄道で輸送する輸出入貨物に対し、昨年、補助金を設定し、利用は順調に拡大している。

11. JR貨物は東京貨物ターミナル駅構内にマルチテナント型物流センター「レールゲート」を建設し、トラックのみならず、至近距離に位置する東京港や羽田空港との連携を強化しつつある。その「東京レー

ルゲートWEST（延べ床面積7万2039平方メートル）」は2020年2月にフル稼働を開始した。さらに22年7月には、はるかに大規模な「EAST」（同17万4400平方メートル）が稼働開始する。東京港と隣り合わせで、羽田空港にも近接した陸海空の結節点という特性は、PIの考え方とも合致しており、電子商取引を含む、幅広い物流事業者、荷主から要請が強く、「WEST」に続き満床でスタートする計画である。22年5月には札幌にも「レールゲート」が完成し、その後も仙台、名古屋、大阪、福岡など、全国の主要駅に同施設を建設、ハード・ソフト両面での全国ネットワークを構築する計画である。

　貨物駅自体も自動化・ロボット化・デジタル化などを取り入れた「スマートステーション」に進化させ、陸海空運の拠点・PIのプラットフォームの一つとして貢献していく方針だ。

図6 ● JR貨物が取り組む国際複合一貫輸送の3つの柱

1　ダイレクト輸送サービス

定期コンテナ船で輸出入されるISO企画の国際海上コンテナ（20ft・40ft）を、そのままダイレクトに貨車輸送。東京⇔盛岡間ではハイキューブ（背高）コンテナも対応可能。

2　SEA&RAIL輸送サービス

フェリー＋JRのレールネットワークを活用した国際複合一貫輸送パッケージ商品。高速かつ小口対応でさらには、鉄道ならではの内陸部発着のドア・デリバリーに強み。

3　クロスドック輸送サービス（海コン⇔JRコン積替輸送）

東京貨物ターミナルを中心に「駅ナカ」にて、または、お客様手配の倉庫にて、海上コンテナとJR12ftコンテナ間で貨物を迅速に積み替え、全国約150駅を網羅するレールネットワークをフル活用。

4 トラック輸送の問題点と 改革への視点

1.トラック輸送は国内の9割を占めるにもかかわらず、6万社を超える事業者間の過当競争と荷主との長年にわたる商習慣などから、低運賃、低賃金、ドライバー不足に悩まされてきた。労働者不足が叫ばれる中、電子商取引の増大による荷物の小口化、高頻度化などから、トラックの積載率は年々低下を続け、最近では4割に低下、すなわち国全体では半数以上のトラックが空輸送という壮大な無駄を生じている。

これに対し、規制の適正化、荷主対策、標準的な運賃の告示を骨格とする画期的な法改正が実現し、業界は輸送体制の見直しとともに、契約や運賃の適正化にも取り組んでいる。

2.積載率の改善や運行の効率化については、AIやIoTを駆使した地域別、および業界別の共同輸送が一部で始まり、PI研究会などでもその成果が報告されている。

また、「ラクスル」の物流シェアリング　プラットフォーム「ハコベル」など、多数のトラック業者の貨物を共同輸送する動きも活発化し、JR貨物との連携も進んでいる。

3.主要港湾を持つ自治体の多くは鉄道の利用を奨励しており、国内海運、および鉄道へのモーダルシフト・コンビネーションをさらに推進する必要がある。

4.道路輸送では自動走行や隊列走行の実験が進められ、さらにドローンや自動配送ロボットも導入され始めている。

5.倉庫業界においては共同輸送に取り組むほか、ロボットの導入やフォークリフトなど輸送機器の自動運転、さらには大型物流施設の建

設による自動化、近代化を推進している。

　6. 人流の世界でも、ICT（情報通信技術）を活用して全ての交通手段を一本化するMaaS（Mobility as a Service）が積極的に検討されている。バス業界では一部の路線で複数の会社が相互乗り入れをしたり、中にはバス5社で共同運行をするほか、共通定期券や運賃プールの採用など、独禁法適用除外を前提に検討する地域まで現れてきている。

　7. コロナ禍で旅客数と旅客機の急減した航空業界では、貨物の重要性が高まり、需給が逼迫状況にあるため、アライアンスを始め航空会社同士の連携が求められている。

図7 ● 貨物専用の大型航空機

5 まとめ

1. 第1章、2章で見てきた通り、国際海運・空運におけるアライアンスや共同運航の実現は国内トラック輸送の効率化を進める上で大いに参考になろう。ハード・ソフト両面での連携が不可欠であるが、特に中小事業者にとってはITの設備・人材の整備が課題だ。また、トラック業界の過当競争からの脱却のためにも、海運などにおけると同様、合従連衡が起こる可能性は十分あり得よう。または、幾つかのグループに属する、あるいは各企業が最小限のITを整備した上で、PIで結ばれるという構図も考えられる。いずれにせよ、現在の乱立・非効率な体制のままでは国際競争に勝ち抜くことは難しく、独占禁止法の範囲内で何らかの対策が不可避となろう。

2. 国際海運はアライアンス化することでグローバルネットワークを張り巡らし、あらゆる貨物に対し最適ルートを提供している。この手法はトラック事業者間の連携にも適用し得るが、特に自然災害の多い我が国においては臨機応変の対応にも有効である。国際海運も最近はコロナ禍により多大な影響を受けているが、アライアンスによる共同運航とデジタル化がなければ、サプライチェーンの混乱はさらに深刻化していたことであろう。

3. 国内輸送の効率化にはトラック事業者同士の連携強化が先決であるが、中長距離輸送では貨物鉄道の活用が有効である。ドライバー不足などによりトラックから鉄道へのモーダルシフトはかねて進んできたが、トラック会社や協会からは、特に長距離輸送では、鉄道と一括提携することで荷主への輸送責任を果たしたい、との声が高まってい

る。 JR貨物では平ボディのトラックでもコンテナへの積み下ろしができる積み替え施設を駅構内に増強している。各モードが特性を発揮しつつモード間の結節性を高め、サプライチェーンの最適解を求めていくモーダルコンビネーションの考えに立ち、トラックとの連携がさらに強化されれば、鉄道の大量輸送能力が遺憾なく発揮され、効率化はさらに進むことになろう。

4. 輸出入貨物は内航船によりフィーダー輸送されている部分も多く、国内海運の大量輸送、環境性能の高さを有効に活用することも重要である。地域、品目などにより、それぞれの輸送モードの強みを最大限活かし、効率的に組み合わせる努力が必要だ。

5. 陸海空のモーダルコンビネーションを可能にする巨大な総合物流施設「レールゲート」が東京貨物ターミナル駅で稼働し、今後は札幌を始め全国の主要駅に拡張する計画だ。さらに自動化・デジタル化を装備した「スマートステーション」が仙台を始め全国に建設されるので、PIをフルに活用した物流プラットフォームの一環として大きな効果を発揮することとなろう。

6. カーボンニュートラルの観点から、鉄道の活用が世界的に見直されているが、フランスでは航空から鉄道へのシフトが、英国では廃止鉄道の復活が真剣に採り上げられている。国内でも同様だが、地域によっては、バスやタクシー、鉄道などでの人と貨物の混合輸送が行われている。

7. 新幹線による生鮮食料品などの輸送が既に始まっているが、今後は宅配など小口・一般貨物や冷凍・冷蔵貨物などを中心に、新幹線を活用した、自然災害にも強い大量・高速輸送に発展する可能性を秘めている。そうなれば、日本の物流はPIとの相乗効果も生かし、画期的な変貌を遂げることとなろう。

8. PIを導入する上で、成功の秘訣の一つは海上コンテナの飛躍的発展で見た通り、共同輸送を可能にする輸送容器などの標準化にある。荷

図8 ● 東京レールゲート

東京レールゲートWEST
（2020年2月竣工）

東京レールゲートEAST
（2022年7月竣工予定）

DPL札幌レールゲート
（2022年5月竣工予定）

仙台

東京レールゲート
WEST・EAST

京都

福岡

横浜

大阪　名古屋

図9 ● 将来のスマートステーション（イメージ）

- 先進技術の連携で、物流結節点となる貨物駅における省力化やオペレーションの効率化を図る
- 駅構内トラックの隊列走行、フォークリフトの運転操作支援、入れ替え機関車の遠隔操縦などの開発に取り組む

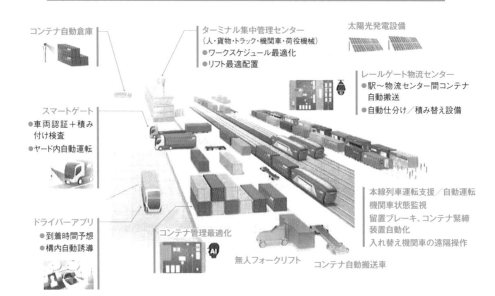

コンテナ自動倉庫

ターミナル集中管理センター
（人・貨物・トラック・機関車・荷役機械）
●ワークスケジュール最適化
●リフト最適配置

太陽光発電設備

レールゲート物流センター
●駅〜物流センター間コンテナ自動搬送
●自動仕分け／積み替え設備

スマートゲート
●車両認証＋積み付け検査
●ヤード内自動運転

ドライバーアプリ
●到着時間予想
●構内自動誘導

コンテナ管理最適化

無人フォークリフト

コンテナ自動搬送車

本線列車運転支援／自動運転
機関車状態監視
留置ブレーキ、コンテナ緊締装置自動化
入れ替え機関車の遠隔操作

主の要請に配慮する必要はあるが、各社区々では混乱するばかりで収拾がつかない。標準化に乗っていかねば出荷ができない、顧客に受け入れられない、という認識を共有化し、結果としてメーカーも販売店も消費者も誰もが物流改革の効果、生産性向上の利益を享受できる体制をつくらねばならない。また、輸出入に大きく依存する我が国では、国際基準との整合性が重要であり、再びガラパゴス化しないよう、注意が必要だ。

9.物流改革を実現するためには輸送業者のみならず、官民、産官学挙げての取り組みが不可欠であるが、政府はサプライチェーンの抜本的効率化を目指し、本格的に取り組み始めた。

国交省は従来からあった物流審議官の範囲に人流も加え、公共交通・物流政策審議官に強化し、昨年は新型コロナ対策やカーボンニュートラル対応も踏まえた「総合物流施策大綱（2021年度〜2025年度）」を閣議決定した。この中で、「物流DXや物流標準化の推進によるサプライチェーン全体の徹底した最適化」を基本とし、物流デジタル化、自動化・機械化、物流標準化、物流・商流データ整備、人材の育成などの重要性を指摘している。

内閣府はSIP（戦略的イノベーション創造プログラム）を立ち上げ、その中で物流改革も採り上げている。経済産業省は日本経済の生産性が低下した主因の一つとして物流の非効率性に注目し、初めて専門部署を設立した。経産省と国交省はPI実現会議を開催し、2040年までのPIロードマップの審議など、目標達成に向け大きく踏み出した。

農林水産省はNIPPON FOOD SHIFT運動を提唱し、サプライチェーンの強化に力を入れている。

さらに、紙とハンコに代表されるアナログ行政や民間の惨状に対し、政府主導でデジタル庁も本格的に立ち上がった。

政府のみならず、全国の地方行政も動き出し、地方創生の動きも官民ともに活発化している。

30年前には世界一の国際競争力を誇った日本は、生産性も、賃金上昇率も、経営力も、経済成長率も、何もかも先進国の最下位水準に凋落し、今や中進国にも抜かれようとしている。その中で、人の命を支える血流と同様に、日本経済の生命線ともいうべき物流・サプライチェーンがひっ迫し、回復のブレーキともなりかねない状況に立ち至っている。

　コロナ禍を契機に、行政や商習慣の後進性やデジタル化の遅れに対する気づきと反省が国民全体に広がり、日本経済を根本から再建しようとの機運が沸き起こってきた。官民挙げて取り組む体制も整った。何をどのように、行うべきかも見えてきた。今度こそ本物だ。

　国内・国外ともに、陸海空運をハード・ソフト両面でつなぐモーダルコンビネーションを実現し、強く・大きく・効率的でしなやかなサプライチェーンを構築することで、失われた30年から脱却し、日本再生を果たす足掛かりにしたい、と強く願っている。

　フィジカルインターネットはこの根本問題を解く鍵となる。

　問われているのは、取り組む覚悟だ。

フィジカルインターネットの実現に向けて
ヨーロッパの視点

エリック・バロー パリ国立高等鉱業学校教授

訳：水谷禎志

エリック・バロー
（Eric Ballot）

パリ国立高等鉱業学校の産業
経営・サプライチェーンの教授。
科学経営研究所副所長、フィ
ジカルインターネット講座のディ
レクターを兼任。1995年カシ
ャン国立高等師範学校で機
械工学の博士号を取得、99年
からパリ国立高等鉱業学校で
助教授、後に教授。持続可能
なロジスティックスの研究に注
力。フランス国内および国際
的なパートナーとの多数の研
究プロジェクトを主導。2012
年にフィジカルインターネットパ
ラダイムの共同提言を実施。
最近は国際フィジカルインター
ネットイニシアティブのフランス
での主要メンバーとして活動。
元MIT客員研究員、香港大学
の客員教授。また、パリ高等法
院の認定専門家でもある。

はじめに

　フィジカルインターネットというパラダイムが提案された。その最初の成果として2014年に、古典的なロジスティクスネットワークの構成より、フィジカルインターネットのほうが明らかに優れているという可能性が示された[1]。それから8年が経過した現在、フィジカルインターネット実現方法を模索するという課題が生じている。フィジカルインターネットは、生産におけるジャストインタイムと同様に、完全で一貫性のあるフレームワークである。フィジカルインターネットを実現するための選択は、単純なものではないのだ。

　ロジスティクスネットワークが相互に接続されるとはどういうことか。サービス契約の条件を事前に決め、輸送の担い手をある事業者から別の事業者に切り替えられるという点で、現在の商慣行と異なるものだ。これにはコミットメント、プロセス、監視、相互運用のための完全に標準化されたデジタルツールと物理的な道具が必要となる。この相互運用性により、コンピューターデータネットワークや現在のコンピューティングパワーと同様に、一層効率的な方法で共有資源を割り当てられるようになる。

　ヨーロッパにおいて、フィジカルインターネットで採用されている戦略はどういうものか。それは、産業界や物流会社の現在のニーズや、公的機関の要求および技術開発に基づいて、複数の軸の可能性を並行して探っていくというものだ。これらを探求する際には、利益が創出されることを実証すること、成功した場合でも修正が必要な場合でも一般化できるような基礎を築いておくことの2つが肝要だ。

現在、フィジカルインターネット開発の一環として、複数の技術が研究されている。それぞれの技術が解決するべき課題の一部に対応したものだ。ヨーロッパで実施されたすべての研究を代表するものではないのだが、ここでその一部を紹介しておこう。参照したのはALICEナレッジプラットフォームである。公開された科学論文に加え、ヨーロッパで実行されたすべてのプロジェクトに関する情報が得られる、最良の情報源である[2]。

　以降に紹介するプロジェクトは網羅的ではないのだが、[1]で説明したフィジカルインターネットのオープンロジスティックス相互接続モデルの4つの層（物理層、リンク層、ルーティング層、サービス層）に対応したものである。説明の中に登場するプロジェクトは、Geodis、GS1、Orange、P&Gといった、パリ国立高等鉱業学校のフィジカルインターネット研究所の会員企業とのパートナーシップで実施された、あるいは、会員企業との共同研究から生まれたものである[3]。

2 物理層：
ハンドリングボックス、モジュラーコンテナ

　第一層の物理層は、ヨーロッパで平均60%という車両積載率の問題に直接取り組むことで、輸送手段から排出される環境負荷を抑制するという要請に応えるものである。地球温暖化ガスと汚染物質が、トラックへの荷物積載量にあまり影響を受けないことが知られている。たとえば、トラックがフル積載の場合の環境負荷を100%とすると、トラックが空車の場合の環境負荷はその70%に相当する[4]。そのため、あらゆる努力がトラック積載量最大化のために投入されているが、それは単位重量あたりの環境負荷排出量を直接に減らすことに寄与するのだ。このように地球温暖化ガス排出量の削減は、エンジン燃費向上の技術革新ではなく、積載率改善を通じて進められることになる。

　フィジカルインターネットでは、輸送用コンテナとハンドリングボックスという2つのレベルのコンテナ化が定義されている[5]。ハンドリングボックスはMODULUSHCAプロジェクトで、輸送用コンテナはCLUSTERS 2.0プロジェクトで研究されてきた。この種のイノベーションはコンセプトの確立、ステークホルダーとの研究、コミットメント、パイロット、フィードバックおよび展開など、多くの段階を経て行われてきた。

　ボックスの取り扱いという点で課題が3つある。

1. 層状に積み重ねられたパレットをボックスに置き換えたり、パレットに積む荷物の高さを高くしたりして輸送量を増やすこと。この効果は産業界から見た場合に有効である。出荷量が均一でない場合や、サプライチェーンの下流に位置する場合は一層重要となる。

2. ハンドリング作業の生産性を向上させること。ハンドリングボックスを標準化することは、生産ラインの末端、配送センター、店舗でのハンドリングや仕分け作業自動化に有利に働く。たとえば、標準化されたボックスは、積み重ねた場合の安定性を気にしたり、パレット上に積まれた段ボール箱から抵抗を受けたりすることもなく、格納棚に商品が陳列される順序の通りに積み重ねることが可能になる。

3. サプライチェーンでの、新しいハンドリングツールを管理すること。ハンドリングボックスの導入には、その可用性、再配置、検査およびメンテナンスが必要である。

ザ・コンシューマー・グッズ・フォーラムと共同で調査が行われた。その結果、ハンドリングボックスに最も有利な製品は、サイズが小さく、回転率が低く、価値が高いものであることが判明した。その製品とは日用雑貨、すなわち、ヘルスケア製品、洗剤、化粧品などである。パイロットを通じ、その節約額は日用雑貨分野の物流費の約20%を占めることがわかった。この数値は実際に運用を展開する際には、改めて確認することが必要である。

GS1ドイツによって開発されたスマートボックスの取り組みで現在、節約額の測定が進められている。2022年末にはドイツ国内のメーカーと小売企業における共通ハンドリングボックス展開の経済性が評価される予定である。そこで肯定的な結果が得られた場合、これらの企業が展開しているヨーロッパ内の他国や他の製品群でハンドリングボックス使用が広がるものと期待される。

ハンドリングボックスを使っても、製品の包装は今までと同じである。また、荷役機器を適応させる範囲も最小限に限定されている。これらの条件から、実際の利益はごくわずかなものにとどまってしまう。もっと多くの節約額を得るための余地が残っていると捉えてよいだろう。

3 リンク層：
位置の記述から一意な識別子へ

　アドレスという概念は、当然のことながら、ロジスティクスとコンピューターネットワークの間で共有されるものとなっている。これは、一切の曖昧さを伴わずに、データまたはパケットを受け取るべき相手に届けるために極めて重要な情報である。データが受取人に至るまでに、どの中継拠点を経由するかがわかるのだ。

　ご存じの通り、コンピューターネットワークでは、アドレスはインターネットプロトコルv6で定義されている。一方、ロジスティクスの分野では、当然のことながら郵便番号や地理的座標が使われている。しかし、これらのアドレスでは、異なるシステムの間でデータの一貫性を保ったり、受取人を正確に識別したりするという点では、何も保証されていないのだ。

　といいながら、港、空港、そしてすべての物流拠点を識別するために標準化された参照システムが既に存在している。それはGS1 Global Location Number（GLN）標準である。GLNを使うと、企業に関連づけられた種々の機能の場所を一意に、かつ、明確な方法で識別できる[6]。この標準を使うことにより、各企業は位置情報だけでなく、その施設と関連する機能を記述できるようになる。GLNから別のGLNにデータが送られる場合、エンド・ツー・エンドで経路が特定されるだけではなく、アドレスの集合が、中継拠点が詳細に指定された形で階層的に示される。

　一例を挙げよう。オランダのロッテルダム港がGS1と協力し、グローバルレベルだけではなく、港湾区域内のターミナル施設に必要な詳

細情報を把握できることを狙いとして、中立的なグローバルロケーションデータプラットフォームを構築した（下図を参照）[7]。

図1 ● 港湾区域内のターミナル施設の階層的表記の例

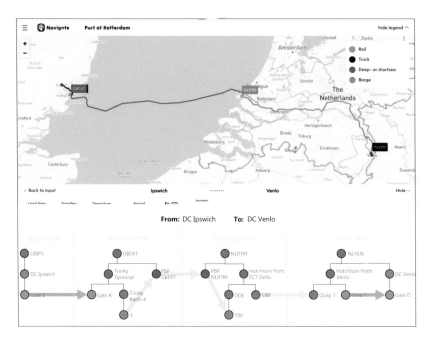

4 ルーティング層

　出荷オーダーが決まり、それを運ぶために利用可能な輸送サービスがわかると、2つの経路決定問題が生まれる。それぞれ概要を説明しておこう。

　1つめの経路決定問題とは、荷物の出発地と目的地を結ぶのに最適な経路を、中継拠点での荷物の積み替え作業を含めて決める問題である。その中には、モジュラーコンテナに詰められた荷物の仕分け作業や、ボックスの荷役作業も含まれる。これはインターネットの世界でいえば、ルーターの中にあるルーティングテーブルを用いて解かれる最短経路問題に相当する。

　2つめの経路決定問題とは、インターネットの世界には存在しないのだが、ロジスティクスの世界には常に存在するものであり、車両などの輸送資源の経路を決める問題である。

　この2つの経路決定問題の特徴は、複数の物流会社が取り扱う荷物の経路と、トラックや貨物鉄道などの輸送資源の経路を同時に決定することである。簡単な例を以下に示そう。2つの物流会社がいて、合計で4つのボックスの輸送経路を決めるアイデアを説明したものである。上側にある、左右に並ぶ2つの図では、物流会社2社がそれぞれ荷物を2つずつ運ぶのだが、輸送オペレーションが互いに独立していることがわかる。一方、下側の図は、物流会社2社が協力し、配送エリアの中央部にある中継拠点で荷物の混載・積み替えが行われることが示されている。上と下を比べると、物流会社2社が独立して荷物を運ぶ場合の輸送距離は計5単位であるが、2社が協力する場合はそれが計3単位に減

ることがわかる。

　この問題はフィジカルインターネットにとって本質的なものである。まずは規模の小さい問題を解き、次に規模の大きな問題を解くことになる。そこで輸送効率が高い経路を決定するためのルールが設計されるだろう。現在、このテーマの研究活動がいろいろな大学で進められている状況にある。

　輸送経路決定で、どのようなメカニズムが働くのか。メカニズムの一例は参考文献[8]に掲載されているのだが、そこでは物流会社が仮に荷物を混載して運ぶ場合、輸送サービス価格が提示されると想定されている。輸送需要量の増減に応じて輸送サービス価格が決まるという動的な環境では、運送業者がそれをうまく活用するための価格決定メカニズムが必要だ(参考文献[9]を参照)。動的環境での価格決定メカニズムの可能性とそれを実装する際の障壁を、経営者に理解してもらうことを狙いとして、Freight Transportation Game(貨物輸送ゲーム)がパリ国立高等鉱業学校のフィジカルインターネット研究所で開発された。

図2 ● 中継拠点での荷物の混載・積み替えによる輸送距離の削減

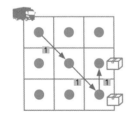 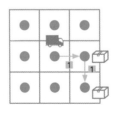

物流会社2社の輸送オペレーションが独立している場合、輸送距離は計5単位(3単位＋2単位)となる。

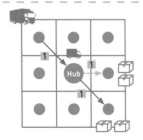

物流会社2社が協力し、中継拠点で荷物の混載・積み替えが行われる場合、輸送距離は計3単位となる。

5 サービス層：
スマートシティ、トラフィック

　高い輸送効率で貨物を運ぶ経路を決定するためには、利用できる貨物輸送サービスを発見できなければならない。そして、このテーマに関する関係者の問題意識を高めるべく、関係者間で起きる相乗効果をわかりやすく示す必要がある。既に多数のマーケットプレイスが存在している。しかし、残念ながら、相乗効果が潜在的にどれくらいあるのかの全体像をつかめてはいない。

　新しい技術により、企業秘密や個人のプライバシーを尊重しながら、物流サービスの可視性を高めることができるようになった。これは、よりよい経路決定を行うために統合を進める上で不可欠な過程である。ここで技術を2つ紹介しておこう。

　1つめの技術は、輸送における相乗効果を高めることを狙いとしたものである。移動体通信ネットワークのシグナルデータを用いて、トラックの走行経路と駐車場所を特定する技術である。

　2つめの技術は、Internet of Things（モノのインターネット）とデジタルツイン構築能力に基づく技術である。都市内での配達に必要な、すべての資源のデジタルツインを作ることが想定されている。スマートシティでは、配送先や駐車場だけでなく、配送車両も接続されることになる。仮に「これらオブジェクトが自らを特定し、許可が得られた相手と通信し、非常に動的な方法で輸送サービスが生み出される」といった技術が開発されたとしたら、それは非常に興味深いものになる。

　都市内で配達する際には、様々な不確実性に対処しなければならない。その不確実性はすべての事業者に影響を及ぼすものだ。「本来は、

この時間帯に駐車場を使いたくないのだが、配達時間帯に駐車場を確保できなくなることを避けるため、配達時間帯の相当前の時刻から駐車場を予約する」ことを余儀なくされることもある。しかし、このような方法に頼っていてはいけない。賢明なのは、リアルタイムの駐車場空き状況に応じて、すべてのドライバーが配達を最適化できるようになることである。このような観点に基づいて、Orange社のThing'In技術を活用した最初の共同研究で、パリ市内のケーススタディが実施されることになった。

　Yu Liuが考案した4段階アプローチでは、IoTを活用し、接続されたすべてのリソース（車両、道路、空き駐車場）の状態に基づいて、リアルタイムで意思決定が行われるようになっている[10]。

図3 ● 都市内配達での駐車場決定のための4段階アプローチ

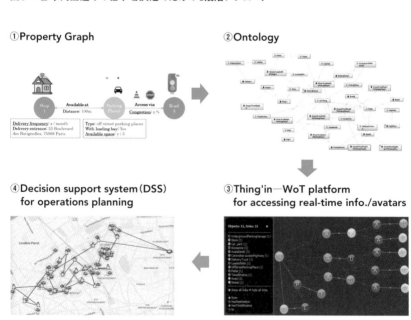

①Property Graph

②Ontology

④Decision support system（DSS）
　for operations planning

③Thing'in─WoT platform
　for accessing real-time info./avatars

6 おわりに

　欧州の新興企業や研究機関によって研究が行われてきた。その成果は、欧州技術プラットフォームALICEのメンバーがフィジカルインターネットのロードマップを策定するのに貢献した。この分野での研究進捗状況を評価する次のタイミングが、3年後の2025年となっている。研究の進展を期待したい。

参考文献

1. Ballot, E. et al. (2014) The Physical Internet: The Network of Logistics Networks. Paris, France: La Documentation Française.

2. Alice European Technology Platform knowledge: knowledgeplatform.etp-logistics.eu

3. Chaire Internet Physique, https://www.cip.minesparis.psl.eu/

4. Joumard, R. and INRETS (1999) Methods of estimation of atmospheric emissions from transport: European scientist network and scientific state-of-the art COST 319 final report. Bron: INRETS.

5. Montreuil, B., Ballot, E. and Tremblay, W. (2014) 'Modular Design of Physical Internet Transport, Handling and Packaging Containers', in MHI (ed.) International Material Handling Research. Charlotte, NC: MHI.

6. GS1 Global Location Number Data Model Solution Standard, Release 1.0, Ratified, Nov 2021

7. Open Port Master data at https://www.portmasterdata.com/home

8. Lafkihi, M., Pan, S. and Ballot, E. (2020) 'Rule-based incentive mechanism design for a decentralised collaborative transport network', International Journal of Production Research. Taylor & Francis, 58 (24), pp. 7382–7398.

9. Qiao, B., Pan, S. and Ballot, E. (2018) 'Revenue optimization for less-than-truckload carriers in the Physical Internet: dynamic pricing and request selection', Computers and Industrial Engineering. doi: 10.1016/j.cie.2018.12.010.

10. Liu et al. (2022) Connected Freight Parking in Smart City Logistics,. Transport Research Arena 2022.

欧州におけるフィジカルインターネットの動向

ALICE Alliance for Logistics Innovation through Collaboration in Europe

訳：藤野直明

フェルナンド・リエサ
（Fernando Liesa）

セルジオ・バルバリーノ
（Sergio Barbarino）

ALICE事務局長。ALICE(Alliance for Logistics Innovation through Collaboration in Europe)はロジスティクスとサプライチェーンのイノベーションを実施する欧州の大手企業や専門家の同盟。2001年スペイン・サラゴサ大学で化学工学の修士号、2004年同大学で博士号を取得。2006年から14年までサラゴサ・ロジスティクス・センターで知識移転ディレクターとして、2007年から14年までスペインの物流技術プラットフォームLOGISTOPのジェネラルマネージャーとして従事。2013年にALICEの事務局長に就任。2015年に欧州委員会で設立されたデジタル輸送・物流フォーラムのメンバーに任命。

P&Gブリュッセルイノベーションセンター R&Dリサーチフェロー。ALICE副議長。1991年イタリア・フェデリコ2世ナポリ大学で化学工学の修士号、2004年ソルベイ・ビジネススクールでMBAを取得。ホームケア事業のプロセス専門家であり、大規模な共同研究プロジェクトでオープンイノベーションの実践を主導。2007年P&G初のサプライチェーン&ロジスティクス研究開発グループを設立、その後MODULUSHCAなど物流プロジェクトで科学リーダーを歴任。2016〜19年にALICE議長。P&Gでの学術提携の責任者としてパリ国立高等鉱業学校、ケベック・ラヴァル大学、ジョージア工科大学等の客員教授を務める。

┃ はじめに

　ALICEにより推進された欧州でのフィジカルインターネットフィジカルインターネットのアイデアは、モントルイユ教授によって、2009年にフィジカルインターネット・マニフェストとして提唱され、2012年[1]にコンセプトが具体化された。バロー教授は2009年にこのアイデアをヨーロッパの専門家や企業に紹介。その中にはP&G社のセルジオ・バルバリーノ氏も含まれていた。彼は当時、ホリゾンタル・ロジスティックス・コラボレーションに関する欧州プロジェクトCO3[2]の技術リーダーであり、またヨーロッパ・グリーンカー・イニシアティブの官民パートナーシップ委員会のメンバーでもあった。

　フィジカルインターネットのコンセプトは、2012年から2016年まで続いたEUプロジェクト、モジュルーシカ（MODULUSHCA[3]）コンソーシアムにも大きなインスピレーションを与え、2013年にはALICEが誕生した。ALICEは、2030年までに物流の効率と持続可能性を30%向上させることを目的とした組織である。2014年には、フィジカルインターネットとその提唱者らがサイエンス（Science[4]）に紹介された。

　ALICEはフィジカルインターネット構想を採用した。ALICEの議長は、2013年にタリンで開催されたカンファランスTEN-T daysでのハイレベルなパネルディスカッションにおいて、サステイナブルで競争力のある物流機構を実現する具体的な方法としてフィジカルインターネットを位置づけ、2050年までに完全な実現を目指すことを提案。2015年にはモントルイユ教授らは報告書を発表し、フィジカルインターネットの基礎が確実なものとなっていった[5]。

2017年ALICEのロードマップは2つの主要な点で見直された。

1. 2050年に想定していたフィジカルインターネットの実現は、2040年を目標とし、2030年には先進的な業界での実装を期待するようになったこと

2. ALICEの2050年までの長期目標は、ゼロエミッション物流を実現することであり、アセットとエネルギーの移行を安価に実現するためにもフィジカルインターネットが重要であると宣言された

ALICEは、これに従い「ゼロエミッション物流へのロードマップ」[6]と、後に「フィジカルインターネットへのロードマップ」[7]を作成した。ALICEは2021年に物流量の増加が著しい"都市物流"を重点テーマとすることにした。都市物流についてALICEはPOLIS（地域交通のための革新的技術開発と政策開発に協力する欧州諸都市・地域・企業コンソーシアム）と共に2030年までにゼロエミッションを推進するための共同指針を発表した[8]。

図1には、フィジカルインターネット、ゼロエミッションロードマップ、都市物流の共同ガイド、ALICEで取り組んだ主要テーマとの関係が示されている。

上位政策レベルでは、欧州委員会が2050年までに気候変動に左右されない欧州を目指し、2030年までに温室効果ガス排出量を55%以上削減するとの目標を宣言[9]。これらの目標は、輸送と物流に関して「スマートかつ持続可能なモビリティ戦略[10]」やALICEの「持続可能性を実現する都市モビリティフレームワーク[11]」として具体化されている。

図1 ● ALICEロードマップと主なプログラム

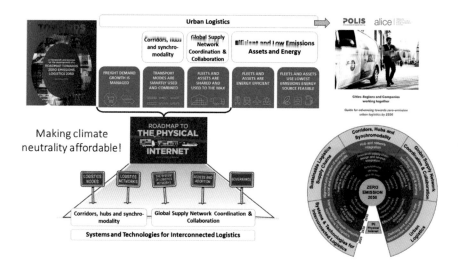

2 フィジカルインターネットの研究開発に対するEUの支援

　ALICEからの勧告を受け、フィジカルインターネットの開発・実験・実証活動は、EUが行う物流分野での研究イノベーション活動の優先事項となった。

　具体的には、MODULUSHCA、ATROPINE、CLUSTERS 2.0、SENSE、ICONETなど多くのプロジェクトが資金援助を受け、フィジカルインターネット実現のための基礎を開発し、フィジカルインターネットの有効性についての信頼を高めてきた。例えばICONETプロジェクトでは、物流サービスプロバイダー、物流サービスユーザー、業界団体、専門機関、政府規制機関、政策立案者などの上級意思決定者向けに、フィジカルインターネットの有効性を実証する4つのケーススタディを開発した[12][13]。

　現在、PLANET や ePICenter など、グローバル、欧州双方の輸送ネットワークやノードでのオペレーションを対象としたシンクロモーダル輸送や相互接続回廊に焦点を当てたプロジェクトがいくつか実施されている。LEADとULaaDsは、都市物流の領域でフィジカルインターネットのコンセプトをさらに具体化し、Stargateは、エアカーゴ・ベルギーによるプロジェクトであるが、航空貨物分野航空貨物分野でのフィジカルインターネットの実現を目指していると発表されている。DISpATchとPILLプロジェクトはベルギーのフランダース政府から、PhysICALプロジェクトはオーストリアから資金援助を受けている。

　さらに、Physical Internet Roadmapの"物流ノード"の機能開発を支援する2つの新しいEUプロジェクトの募集が2022年中に開始され

る予定だ。また、ALICE Roadmapの"PIネットワーク"と"物流ネットワーク"を対象として少なくとも2つの追加プロジェクトが2023年に開始され2025年までに結果が公表される予定である。

これらのプロジェクトやその他の研究イニシアチブは、様々な領域や業界におけるフィジカルインターネットの実現のための基本的な考え方と重要なヒントを提供している。

欧州の輸送・物流デジタル化戦略：フィジカルインターネットのためのデータ共有のバックボーン

EUは2025年8月に、ペーパーレス物流に向けた貨物輸送情報の電子化（eFTI規制）[14]を完全施行する計画だ。FENIX & FEDERATED プロジェクトが支援する Digital Transport and Logistics Forum[15]は、サプライチェーンの連携を容易にする貨物・物流データの共有の仕組みを開発している。

この他、複数の業界でSCMを完全にデジタル化する類似のプロジェクトがある。（例:国際航空運送協会、IATA、デジタルコンテナー海運協会、DCSA、国際港湾コミュニティシステム協会、IPCSA、ターミナル産業委員会、TIC 4.0)[16]。

最近設立されたOpen Logistics Foundation[17]は、オープンソースを活用した物流とSCMのデジタル化促進に加え、デファクト標準を活用した物流業務の標準化推進を目的として、ヨーロッパのオープンソースコミュニティが組織したものだ。

上記プロジェクトは、フィジカルインターネットのデジタルバックボーンを整備するものと言ってよいであろう。

フィジカルインターネットを実現する欧州のスタートアップ企業

欧州では、既にフィジカルインターネットのコンセプトで活動している数多くのスタートアップ企業が登場している。例えば、CONTAI, CRC-Services, Last Mile-Team, Mix Move, OGOSHIP, PONERA, Stock booking, TRANSMETRICS, TRI-VIZOR, VINTURAS 等だ。

さらに興味深い事例は、スペインの書店ネットワークの TODOSTUSLIBROS.com だ。このプラットフォームでは、600以上の書店のオーナーが本の在庫をプールし、宅配会社のサポートにより、そのネットワーク内の顧客がこのプールされた在庫にアクセスできる仕組みを提供している。

　フィジカルインターネットのコンセプトに関連する事業をスタートした全ての企業は、ゲームチェンジャーまでにはまだ至っていないとしても、確実に市場で存在感を増しているといえるだろう。

3 欧州におけるフィジカルインターネットに関する主なプロジェクト

SMARTBOX[18]は再利用可能な輸送用のボックスで、物流プロセスの効率とサステナビリティを高めるための革新的なツールだ。これは、Modulushcaプロジェクトの成果を基にした「smartBOX」プロジェクト[19]の枠組みの中でGS1が開発した。ポイントは、再利用可能な容器としてのsmartBOXの技術設計に加え、フィジカルインターネットの原則に従って標準化されたプーリングシステムの設計であった。Procter & Gamble、L'Oréal、Beiersdorf、Henkelなどの製品メーカーと、dm-drogerie markt、Edeka、Müller、Rossmannなどの小売業者が、このオープンでシェアリングされたシステムの実装に既に参加している。

ECLIC協会[20]は、関係者間での「化学品の物流に関連する安全なデータ共有」を促進することを目的としている組織だ。ECLIC は、関係者間での共同でのデータシェアリングを促進するためのマルチパーティ・ケミカルロジスティクス・プラットフォーム（複数主体での化学品物流プラットフォーム）であり、フィジカルインター ネットのクラスタ駆動型実装の象徴的な組織です。

2021年6月アントワープでTRI-VIZORが始めた都市型協働物流機構（Collaborative Urban Logistics & Transport[21]）は、大都市近郊の物流業務に関連する複数企業から構成される優れたコミュニティだ。

4 結論

　ヨーロッパでは、フィジカルインターネットのコンセプトに対する関心が高まってきている。フィジカルインターネットのコンセプトをサポートするALICEのイニシアチブは、欧州全体の物流イノベーションのエコシステムと並行して発展してきた。

　多くの独立したイニシアチブ、企業、研究機関、起業家がこのコンセプトに触発されて基本戦略を立案し、SENSEプロジェクト[22]が強調したように、徐々に市場での実装も進んできた。またEUではカーボンニュートラルとデジタル化を推進しているため、EUはフィジカルインターネット推進のために多くの研究開発プロジェクトに出資し、フィジカルインターネットへの移行を加速しようとしている。

　パリの国立高等鉱業学校のバロー教授主催の下で最近開催されたフィジカルインターネット会議では、日本政府により2022年3月に作成された「フィジカルインター ネット・ロードマップ」が報告された。日本が現在直面している"物流業務の急拡大"に対する解決策として、フィジカルインター ネットが検討され、政府と主要な民間プレーヤーが強い信頼関係の下で結束して、政治的なコミットメントが行われたことが紹介された。一方、ヨーロッパでは、ALICEの努力にもかかわらず、まだ多くのイニシアチブが個別の独立した活動に留まっていることは、フィジカルインターネットの実現を加速していくことを考えると少し問題であるようにも思えるほどだ。

参考文献

1. モントルイユ, B. 2012.フィジカルインターネット宣言(https://es.slideshare.net/physical_internet/physical-internet-manifesto-eng-version-1111-20121119-15252441)

2. CO3,コモダリティFP7プロジェクトのためのコラボレーションコンセプト。http://www.co3-project.eu/

3. 共有コモーダルネットワークにおけるモジュラーロジスティクスユニット。https://cordis.europa.eu/project/id/314468

4. https://www.science.org/doi/abs/10.1126/science.344.6188.1104?cookieSet=1

5. Ballot É., B. Montreuil, R. Meller(2015), The Physical Internet: The Network of Logistics Networks, Documentation Française.

6. アリスとLEARN EUプロジェクト。2019 ゼロエミッションロジスティクス2050に向けたロードマップ。https://www.etp-logistics.eu/?p=3152

7. SENSEプロジェクト成果物D2.3「フィジカルインターネットへのロードマップ」2020。ロードマップは http://www.etp-logistics.eu/?p=3980

8. アリス-ETP & POLIS, 2021.都市-地域と企業が協力しています。2030年までにゼロエミッションの都市物流に向けて前進するためのガイド。(https://www.etp-logistics.eu/polis-and-alice-launch-their-joint-guide-for-advancing-together-towards-zero-emission-urban-logistics-by-2030/)

9. https://ec.europa.eu/info/strategy/priorities-2019-2024/european-green-deal_en

10. https://ec.europa.eu/info/law/better-regulation/have-your-say/initiatives/12438-Sustainable-and-Smart-Mobility-Strategy_en

11. ICONETプロジェクト(2021)。D4.1 PIが欧州のT&Lセクターの戦略的進化をどのように強化するかについてのロードマップ。

12. https://ec.europa.eu/info/law/better-regulation/have-your-say/initiatives/12916-Sustainable-transport-new-urban-mobility-framework_en

13. ICONETプロジェクトのケーススタディ（https://www.iconetproject.eu/case-studies/）

14. 電子貨物輸送情報に関する2020年7月15日の欧州議会および理事会の規則（EU）2020/1056（EEAに関連するテキスト）。

15. https://transport.ec.europa.eu/transport-themes/digital-transport-and-logistics-forum-dtlf_fi

16. 詳細については、IPIC 2021 Plenary : Pioneer Industries Development Open Standard Process and protocols : Practical Examplesを参照。https://knowledgeplatform.etp-logistics.eu/course/view.php?id=245#section-5

17. https://www.openlogisticsfoundation.org/

18. https://www.gs1belu.org/sites/gs1belu/files/2021-04/GS1%20Innovation%20Caf%C3%A9%20GS1%20SMART-Box.pdf

19. https://packagingrevolution.net/gs1-smart-box-is-going-live/

20. https://www.eclic.eu/index.php

21. https://www.cultcitylogistics.be/

22. SENSEプロジェクトの成果物 3.4.フィジカルインターネット開発モニタリングに関する最終報告書（2020年）研究論文、プロジェクト、企業の詳細については、ALICEのナレッジプラットフォームをhttps://knowledgeplatform.etp-logistics.eu/でご確認されたい。

フィジカルインターネット実現の旅に乗り出す

ブノア・モントルイユ ジョージア工科大学教授

訳：水谷禎志

ブノア・
モントルイユ
（Benoit Montreuil）

ジョージア工科大学産業システム工学部教授、Coca-Cola Material Handling & Distribution講座担当。同大学フィジカルインターネットセンターのディレクター、サプライチェーン・ロジスティクス研究所の共同ディレクターを兼任。1978年カナダ・ケベック大学トロワ・リビエール校を卒業、80年ジョージア工科大学でインダストリアルエンジニアリングの修士号、82年同大学で博士号を取得。国際フィジカルインターネットイニシアティブを主導。主な研究テーマは急速に発展するハイパーコネクテッドな世界におけるビジネス、サプライチェーン、価値創造ネットワークを創造するためのコンセプト、方法論および技術開発。

1 はじめに

フィジカルインターネット (PI) の本格的な導入と普及に向けた道のりは、国、業界、企業だけでなく社会と経済全体にとって重要であり、かつ、要求の厳しいものである。この論文では現実に即した3つの視点から、その旅に乗り出すためのヒントを提供したい。

第一の視点は、新型コロナウイルス感染の大流行とそれに伴う混乱がサプライチェーンや物流システムにどのような影響を及ぼしたか、そしてそれがPIにどのような影響を及ぼしうるかである。

第二の視点は、北米を中心とした産業界におけるPIへの取り組みの勢いを評価するものである。主要な大手企業、ベンチャー企業、新興企業、業界全体の変革リーダーがPIにどのように取り組んでいるかを中心に取り上げる。

最後の第三の視点は、PI実現の旅に乗り出すための指針についてである。特に、政府が複数のステークホルダーで構成される会議を通じて戦略的なロードマップを策定し、PI実現の旅に乗り出した最初の国である日本に焦点を当てる。

2 パンデミックと フィジカルインターネットの関連

　2020年から2022年にかけて、新型コロナウイルスのパンデミックが発生した。罹患者、入院者、死亡者が世界中で急増し、人類に衝撃を与えた。世界は利用可能な手段と技術を用いて、このパンデミックをどう封じ込めて闘うかを学ばなければならなかった。同時に、新型コロナウイルスによって世界中のサプライチェーンと物流に混乱が起きた。それを食い止め、対処する方法も学ばなければならなかった。

　このような変化は、サプライチェーンやロジスティクスの視点で幅広くとらえると、世界的な危機を引き起こし、世界貿易を揺るがし、世界中の地域経済や住民に影響を与えた4つの現象からうかがい知ることができる。以降で4つの現象を見てみよう。

　まず第一に、世界的なコンテナ輸送危機が発生した。世界中の港、特に米国西部の重要な海上ゲートウェイであるロングビーチ港やロサンゼルス港、そして輸出入貿易の要である中国の大規模な港に影響が及んだ。前例のないことが起きた。港の閉鎖、港の沖合での長い待ち時間、コンテナ運搬車の遅延と不足。コンテナ輸送の所要時間が長くなり、費用も高騰した。

　第二に、衛生上の理由から自宅待機や旅行が制限されたため、その代わりに世界中の人々が電子商取引を利用するようになった。電子商取引で15年分に相当する量の需要が増加し、受注処理量と配送量も同様に増加した。実は、新型コロナウイルス感染を通じて、電子商取引

による小売りとフルフィルメントが高いパフォーマンスを示したのである。特に、その持続性と回復力は予想外であった。電子商取引によって、人間が持っている、モノに対する要求を大規模に充足することはもはや逸話ではなくなった。「電子商取引は、能力に限界があるチャネルとは見なさない」ということが世界の良識となったのである。

このパフォーマンスを達成するために、電子商取引のサプライチェーンと物流に関わるすべての人が迅速に対応し適応しなければならないという大きな圧力が生まれている。その範囲は、サプライヤーやインバウンド輸送から、新型コロナウイルスの影響で従業員が不足しがちな施設でのフルフィルメント、そして注文した商品を顧客に届けるまでに広範囲に及ぶ。そのため、リーダーは処理能力と性能を効率的かつ持続的に維持・拡大するという困難な課題に取り組むことに迫られている。

また、他の多くの産業にも副次的な影響が及んでいる。特に影響を受けているのが長距離トラック運送業界だ。電子商取引配送の急増により、注文された商品を輸送・配達するために多くのトラック運転手が必要となった。そのようなサービスの提供者はあらゆる分野から、特に長距離トラック運送業界からトラック運転手を採用した。毎日家に帰れるなど生活の質の面と金銭面で魅力ある条件をトラック運転手に提供するようになったのである。その結果、トラック運転手が長期間自宅を離れるという業務慣行のある業界から、長距離トラック運転手が流出することになった。このように多くの製造業、流通業、輸入業で輸送・配送に影響が及んだのである。

第三に、パンデミック対策に不可欠なマスクなどの個人防護具、検査、ワクチンなどのニーズが、世界中で、かつてない規模で高まったことが挙げられる。世界の至る所で、職場や旅行先、買い物などでマスクを着用するように勧告や規制が行われ、世界全体の供給容量をし

ばしば超えるほどの大きな需要の高まりを見せた。国、地域、組織、家庭は、人々を保護し、検査勧告を支援するために、迅速かつ信頼性の高い検査の供給を要求した。ワクチンの開発から認証、製造、流通に至る時間は桁違いに短縮された。地球上のすべての人にワクチンを繰り返し接種するべきであるという認識が高まり、その規模も桁違いに大きくなった。マスク、検査、ワクチン、その他多くのパンデミック対応に必須なサービス、装置、機器について、買い占め、保護主義、投機、高値、パワープレー、公平性、誤報などの現象が全面的に起きた。世界中がその状況を目の当たりにし、打撃を受けたのである。

　第四に、産業全体が大きな打撃を受けている。従業員は新型コロナウイルスの影響を受け、政府はパンデミックを抑えるために企業活動の多くの部分を停止し、サプライヤーは顧客に製品を時間通りに、あるいは、まったく出荷することができず、輸送は停滞し、大幅な価格変動や需要急増に見舞われた。ジャストインタイム（JIT）の納品や、時間、生産能力、在庫のバッファーを最小限に抑えた生産など、リーン生産方式を個社判断で採用している企業で起きている混乱は激しいだけでなく、それが多頻度で発生すること、さらに混乱の内容が多様であり、関連するステークホルダーも多い。ほとんどの企業では、オペレーションの基礎となる基本的な作業仮説が崩れ、大きな打撃を受けている。

　世界の自動車産業は、接続性、自律性、グリーンエネルギー（特に電動化）の進歩によって、既に大きな変革の渦中にいる。自動車産業は前述のすべての影響を受け、生産能力と生産高が世界的にかつてないほど減少している。自動車サプライチェーンの下流では、あらゆる輸送の混乱と長距離トラック運転手の不足が深刻化し、新車を販売店や顧客に届けることが難しくなった。一方、上流側では自動車用チッ

プ不足の危機により、組み立てラインで自動車を完成させることができなくなった。そこで、生産台数を大幅に減らしたり、未完成ではあるものの、いつでもアップグレードできるような状態の販売用車両を組み立てラインから取り出したりしている。

　このような状況から、社会、経済、産業全体にとってのサプライチェーンとロジスティクスのパフォーマンスの重要性が、かつてないほど明確に浮き彫りになった。現在では、サプライチェーンとロジスティクスの適応性、敏捷性、有効性、公平性、持続性、反応性、弾力性、堅牢性、安全性、セキュリティの強化が極めて重要であることを多くの人が認識している。その重要性は、必需品である食品・医薬品・在宅勤務用の電子機器などのサプライチェーン、マスク・検査・ワクチンのサプライチェーン、幅広い経済活動に影響を及ぼすという点で重要な自動車やマイクロエレクトロニクスのサプライチェーンなどで顕著に表れている。

　前述したサプライチェーンとロジスティクスで起きている問題を解決するには、特定の一社のサプライチェーンにおける個々の企業や組織の関与が必要である。加えて、複数のサプライチェーンや物流ネットワーク、しばしば業界全体や地域全体のサプライチェーン、物流システム、ひいてはグローバルなサプライチェーンや物流エコシステム全体での協力が必要となることも明らかだ。

　新型コロナウイルスは、他の多くの大規模な危機や災害と同様に、社会的・経済的に大きなマイナス効果をもたらした。その一方で、長期的に見ればプラス効果をもたらしうる、ニューノーマルへの変化に向けての大きな刺激となった。世界が危機に瀕している間、産業界、政府、学界の積極的なリーダーは、何が変わり、何が機能し、何が機能しなかったかを評価した上で、ニューノーマルとその中での自らの役割について問いを発し、ブレインストーミングし、ビジョンを示してきた。このニューノーマルの中で生き残り成功するために、組織、技

術、ビジネスモデル、価値提案、サプライチェーン、物流システムなどをどう形成するかを計画、行動、検証してきたのである。

　これは、実はフィジカルインターネットイニシアチブ（Montreuil, 2011）がその発足当初からとってきた視点である。サプライチェーンや物流の能力、効率、回復力、持続可能性を桁違いに高めるという世界規模の壮大な課題に取り組むための視点である。新型コロナウイルスは、PIとそのハイパーコネクテッドサプライチェーンおよびロジスティックシステムを広範囲に実装・採用し、ターゲットを絞ってプラスの影響を生み出すための重要な触媒となる可能性があるといえる。

3 北米での業界レベルのフィジカル インターネットへの取り組み

　大手の電子商取引企業の中には、サプライチェーンや物流の課題を解決するための新たな代替手段としてPIを戦略的に評価し採用する企業が存在している。そのことを対外的に発表している企業はほとんどいないのだが、それらの企業はPIを採用し活用するための学習、微調整、最適化、強化を進めている。その進歩的な活動によって競合他社より一定期間は優位に立てると考えているからだ。現在の主要なテーマは、(1)ハイパーコネクテッド輸送・配送、(2)ハイパーコネクテッド配送・フルフィルメントである。いずれもオープンにアクセスできる資産やリソースの共有とオープン型のフロー統合を活用し、より魅力的な価格で、より便利に、顧客の需要をシームレスに満たすことを狙いとしたものだ。

　ほとんどの電子商取引企業はデジタルインターネット、イントラネット、クラウド・コンピューティング、Software as a Service (SaaS)などの概念に精通している。多くの企業はそのような知識や能力を高く評価することを学んできた。例えば、アマゾンは、アマゾンウェブサービス (AWS) を立ち上げ、もともと社内用に開発した機能をベースに、一連の主要な価値提案を外部企業に提供することで長期にわたって利益を獲得してきた。これと同様に、PIを利用する方法を学ぶことは、アマゾンにとって難しいことではない。再びアマゾンを例にとってみよう。アマゾンは何年も前に、進化する電子商取引分野で成功するための鍵がフルフィルメント機能であると認識した。そしてアマ

ゾンは、米国内外の最先端のフルフィルメントセンターのネットワークの設計、実装、運用に投資し、初期段階のフィジカルイントラネットを社内で構築し始めたのである。このフルフィルメントネットワークを使いこなせるようになった後、フルフィルメント・バイ・アマゾン（FBA）を立ち上げた。2022年現在、既にアマゾンの出品者の73%が、迅速な配送を確保するためにFBAを活用して商品を展開し、短納期を実現している。輸送面では、アマゾンが全米で2日間のネットワークから1日間のネットワークに切り替えた際にも、アマゾンはPIのコンセプトとアプローチを活用した。特に短納期を要する商品の配達には初期段階のモジュラーコンテナが採用された。また、Shopifyのように、電子商取引の顧客の注文処理を促進するために、PIの方向性を最初から取り入れている電子商取引のイネーブラーも存在している。

　次は物流業界の話である。一部の大手物流業者は、自分たちがPIの優れたプレーヤーになれることを認識し、PIを実現する重要な担い手として戦略的な変革を始めている。そのためには、自らのよりどころとなるもの、すなわち、自分たちはどのような存在であるのかという位置づけを保ちながら、今までとは異なる考え方、異なる組織化、異なる戦略、異なる契約を結ぶ必要がある。彼らはどうすれば機能するかを理解し、徐々にテストし、初期の成功を積み重ねながら、旅を続けている。アメリコールド・リアルティ・トラストはそのようなサービス提供者の一社である。コールドチェーンロジスティクスサービスのトップ企業である同社は、米国内に200カ所近くの温度管理された物流施設を擁している。顧客であるコナグラ・ブランズやクラフト・ハインツなどのメーカー、アルディやクローガーなどの小売企業が商品を保管し、契約に従って必要なときにアメリコールドの物流施設に商品を出し入れしている。従来は、複数年の契約を結び、時間や場所の制約を受けることが多かった。アメリコールドはPIを採用し、ハイパー

コネクテッド・コールドチェーンロジスティクスサービスプロバイダーとなることを目指している。特に、より機敏でスマートな契約によって、顧客自身によって物流施設への商品出し入れを保証するよりも、顧客がネットワーク全体を活用して全国に在庫を動的に展開し、迅速かつ容易に顧客の需要に応えられるようにすることを目標としている。そのために同社は、サプライチェーンのデジタル化という点でよりスマートになり、記述的、予測的、および処方的な分析能力を開発する必要があった（Boerger and Montreuil, 2020）。

　サプライチェーンや物流の分野では、設立当初からPIのプレーヤーとして位置づけられるベンチャーやスタートアップが複数存在している。Flexe.comは、倉庫業のAirBnBになることを目指し、早くから参入してきた先駆者的存在である。オンデマンドの倉庫プラットフォームとは何かを本質的に定義し、米国内の多数の関係者から1000カ所以上の倉庫のネットワークへのオープンアクセスを提供している。物流と技術の交差点で進化し、技術を駆使したオムニチャネルロジスティクスプログラムを顧客に提供し、世界最大級の小売企業やメーカーが迅速に、大規模に、かつ、正確に動けるようにしている。

　新しいプレーヤーの一社がShipwire.comだ。同社はエンドツーエンドのオーダーフルフィルメントとロジスティクスに注力しており、120以上のグローバルフルフィルメントセンターのネットワークと、注文および在庫管理機能を備えたオムニチャネルテクノロジープラットフォームを利用している。そのフォームは、200種のeコマースショッピングカート、マーケットプレイス、ERP コネクタを備えている。

　アトランタ生まれのStord.comは、Physical Internet Venture Awardを受賞したスタートアップだ。同社は2021年時点で10億ドル以上の評価額を誇る最新の倉庫業ユニコーン企業でもある。Stordは港湾から軒先に至る完全統合物流を中心に、B2C および B2B 向けのフル

フィルメント、倉庫、運送サービスを提供しており、顧客のサプライチェーンを指揮し最適化する統合ソフトウエアも提供している。Stordの顧客は、自身の拠点を含む1000以上の施設で保管容量を柔軟に変更でき、米国市場の99％が地上配送で2日以内に配達される。必要に応じてフルトラック積載、トラック混載、ドレージ、温度管理輸送を選択できる。同社の主要なアプローチは、クラウドサプライチェーンと呼ばれるものだ。そこでは、デジタルツールとフィジカルツールが統合され、サプライチェーンの調整、拡張、最適化が行われる。クラウドの容易さ、スピード、柔軟性が一役買っているのだ。

　他にも多くのベンチャーやスタートアップが存在している。前述した企業は選択肢の上位にある企業ではなく、米国でPIを指向する新世代のプレーヤーが活発に活動していること、そしてそれを超える動きが出始めていることを示すものである。いずれも発展途上にあり完璧ではないが、エキサイティングな可能性を反映している。現在、サプライチェーンやロジスティクスの新興企業やベンチャー企業への投資はかつてないほど熱狂的である。特に、技術に焦点を当てた企業や技術に裏付けられたサービス提供により、急速な成長と高い拡張性を期待できる企業への投資が活発化している。実は、それらの多くがPIの概念、原則およびモデルを活用しているのだ。

　サプライチェーンのデジタル化が大きなテーマとなっている。それはクラウド化、デジタルプラットフォームの構築と運用、情報および取引の流れの緩和、顧客とサービスプロバイダーの動的なマッチングの最適化（Uber FreightやConvoy.comなど）である。この流れに沿った新興企業やベンチャー企業の多くはPIを有効活用しており、PIの大規模導入を進める上でのハードルを下げているものといえる。

　PIの概念、原則およびモデルを用いて産業界全体の課題に取り組むために、大規模なプロジェクトが立ち上げられた。ここではジョージ

ア工科大学フィジカルインターネットセンターが産業界との共同研究で主導的な役割を果たした2つのプロジェクトを紹介する。

第2章で紹介した長距離トラック運転手不足の危機は、そのようなプロジェクトのきっかけとなった。PIの文献を研究している人は皆、ロジスティクスハブネットワーク全体を横断して複数の主体が中継輸送を活用することで、効率的でありながら、注文から配送までの時間を大幅に短縮できる方法があることを知っている（Montreuil, 2011；Sarraj他、2014；Hakimi他, 2015）。この方法では、トラック運転手が希望すれば毎日家に帰ることができる。トラック運転手不足の危機に伴って、「これは実現可能なのか？」「どうすれば実現できるのか？」「どうすれば共同で実現できるのか？」と関心を寄せる企業が増えている。この問題を解決するためのソリューションが業界で求められているのだ。

ジョージア工科大学フィジカルインターネットセンターでは、自動車業界関係者とともに港、鉄道基地、工場、配備センターから全米のディーラーや顧客への車両配送に焦点を当てたプロジェクトに取り組んできた。最初のフェーズでは、ある大手自動車メーカーとその輸送サービスプロバイダーに焦点を当て、フィジカルイントラネットモードがどのように機能するかが調査され、ハブ間の移動を可能にする物流ハブのメッシュネットワークが設計され、オペレーティングシステムのプロトタイプが作られた。また、業界データに基づくシミュレーション実験により、コスト効率、トラック運転手の生活の質への影響、注文から配達までの時間、エネルギー消費、温室効果ガス排出の観点から、潜在的にパフォーマンスがどれだけ向上するかが厳密に評価された。次の段階として、規模、範囲、複雑さを増したパイロットテストのロードマップを進め、複数の自動車メーカーや輸送会社に拡大していく予定である。

もう一つのプロジェクトは、業界全体の変革において、PIが主導的な役割を果たすというトレンドがわかるものだ。業界全体の変革には、コアビジネスとオペレーティングモデルだけでなく、それを支えるサプライチェーンとロジスティックシステムも必要だ。このことは、PIの専門家が、次世代の産業とサプライチェーンを創造し形成するために、そのような変革を構想し実現しようとする業界のリーダーと緊密に連携していることを意味する。

　具体例を挙げよう。ジョージア工科大学フィジカルインターネットセンターが、MiTek Corporationのリーダーや業界のパートナーとともに、分散型建設に焦点を当てたプロジェクトに参加する機会を得た。同センターは、そのプロジェクトでPIの概念を活用した拡張性の高い分散型建設プラットフォームの設計を最初から支援した。このプロジェクトには、モジュラー構造の見直し、BIMシステムの活用、ハイパーコネクテッドな新しいタイプの生産・配送施設の構想と設計、サプライヤー、生産、配送、配送施設と建設現場間のすべてのフローをサポートするハイパーコネクテッドな物流システムの設計とエンジニアリング、さらにハイパーコネクテッド分散型建設を支えるデジタルアーキテクチャーとプラットフォームの設計と実装が含まれている。このテンポの速い破壊的プロジェクトは、既にフィールドベースのパイロットテストモードに入り、本格的な展開に向けた次のフェーズが計画されている。

4 フィジカルインターネット実現の旅に乗り出した日本に焦点を当てる

　日本の政府と産業界が、公式のフィジカルインターネット実現会議と戦略的なPIロードマップをもとに、2040年までにPIの実装と導入に向けた旅に出るという決定を下したことは、極めて重要なことである。日本は、これが大きな潜在的利益を伴うものの、厳しい旅になることを明確に理解している。この段落では日本がPIの旅に出るにあたって、謙虚な姿勢でガイダンスを提供したい。

　PIを実現する旅と、トヨタ生産方式の成功に端を発し、世界的にリーン生産方式とサプライチェーン運動の中核となったJIT（ジャストインタイム）を実現する旅の間には、重要な類似点がある。JITの旅は、小規模でシンプルで実用的でありながら、革新的な概念と原則から始まった。そしてそれは日本中および世界中の産業界、製造業、サプライチェーンを変革するまでに成長した。PI実現の旅とJIT実現の旅には同様の影響がある。日本は、PIがどれくらい複雑なのかと、どのような関与が必要なのかを理解するのに適した立場にいるのだ。日本は長い間、サプライチェーンのエコシステムと相互作用や相互接続の重要性を理解してきた。PIは、既に日本で達成されていることをさらに一歩推し進めるようなものだ。したがって、日本は優れた影響力を持つPIプレーヤーになるために適したポジションにいるといえるのだ。

　非常に重要なことは、PI実現の旅を進めるために、政府、産業界、学界が互いに激しく話し合うプロセスが既に始まったという事実である。このプロセスは、多様な視点と優先順位を十分に尊重し、長期にわたって継続されなければならない。

PI実現の旅に出るには、多くのステークホルダーが目標と包括的な
PIのビジョンを理解する必要がある。そのためには、このビジョンを
完全な成熟度で描くことに重点を置き、利害関係者が現状のシステム
とあるべきシステムの違い、このような変革を実現することで目標と
する利益は何か、どのようにすべてが組み合わされるのかを把握でき
るようにすることが必要だ。しかし、このような成熟したビジョンは、
数年のうちに最小限の努力で達成できるものではないことは明らかで
ある。それには時間がかかるのだ。そのためには、意思決定と行動の
指針となるロードマップがダイナミックに更新される必要がある。初
期の集中的な行動から成功を積み重ねる推進力も必要だ。PIビルディ
ングブロックを徐々に組み上げていくことに重点を置くべきである。
すべての主要な利害関係者が考慮され、段階的な学習が行われ、大規
模なPI実装が行われ、目標とする利益がもたらされるという確信と信
頼が高まるように、常に注意を払う必要がある。

　特に、PI実現の旅の初期には、PI実装対象を慎重に選ぶことが重要
である。候補は、変化が必要な場所、現在のやり方が明らかにうまく
いかずに大きな問題を引き起こしている場所、PIを採用することで鮮
やかに改善できる可能性のある場所だ。この目標が成功裏に達成され
れば、前途がきっと容易になるはずだ。

　日本には、目標達成に向けたコミットメント、計画性、徹底的な取
り組みなどを示してきた長い歴史がある。これはPI実現の旅に絶対に
必要なことだ。それは既成概念にとらわれない創造性と、古いやり方
やパラダイムを打破して前進する勇気が結びついたものでなければな
らない。

　PIの導入・普及に関していうと、日本は島国であり、領土の大きさ
が限られており、人口や産業の密度が高いという利点がある。このこ
とをPI導入の過程で、できるだけ多くの方法で活用することが重要
だ。日本国内の領土、東京や大阪などの大都市圏、日本列島の主要産

業、サプライチェーン、物流システムなどに焦点を当てる必要がある。

しかし、PIの変革は日本国内だけで考えるべきものではない。日本の物流ネットワークやサプライチェーンは、他のアジア諸国、世界各国、そして世界中に広がる産業やグローバルなサプライチェーンと相互に結びついているからだ。

5 結論

　人々、企業、産業、政府、地域、国家は、PIの本格的な全面的実装と普及を可能にし、それを活用するための旅に出ることを検討している。彼らは能力、効率、回復力、持続可能性で桁違いの改善を目標としている。PI導入に踏み切るには通常、4つの重要なステップが必要である。

　第一のステップは自分たちの組織、ステークホルダー、そして世界全体が直面している壮大な課題を認識することだ。それは、サプライチェーンとロジスティクスのパフォーマンスを桁違いに向上させ、広い意味では、人類が必要とするモノとそのサービスの能力、効率、回復力、持続可能性を高めるということを意味する。

　第二のステップは、PIがこの壮大な課題にグローバルに、あらゆる規模で取り組むために構想されたことを認識し、PIの構想がその使命を果たすのに本当に適していると納得のいく形で評価することである。

　第三のステップは、PIが達成不可能なユートピアではなく、むしろ大胆でありながら達成可能なソリューションであると認識することである。具体的には、PIが広範囲にプラスの効果をもたらすこと、PIは既に胎動していること、PI実現の旅に乗り出す際にどんな決断をしたとしても形を変えて成長し進化していくことである。

　第四のステップは、PI実現の旅に出れば、まず自分の組織のために、そして徐々に範囲を広げて人類と地球のために、変化をもたらせると認識することである。そのためには、PI実現に向けた小さな貢献が重要であること、初期の行動やプロジェクトでの成功が次の段階のPI構

築と価値創造に向けた信頼醸成の足がかりとなること、そして自分た
ちが率先してその初期段階を成功させることができると確信すること
が必要である。

　ここ数年は新型コロナウイルスの大流行によって世界中が混乱し、
多くの人が最初の2つのステップを踏み出すことになった。実際、サプ
ライチェーンとロジスティクスを支配する現在のパラダイムとシステ
ムは、大きな影響を及ぼす混乱と不確実性に直面したときに、その不
十分さと脆弱性が白日の下にさらされることになった。このような望
ましくない事態を回避するために、また、ニューノーマルを構築する
ために、PIを有効な代替手段として検討するようになったのである。

　第三および第四のステップは、「他の人が取り組んでいる」「この取
り組みに勢いがある」ことがわかるような鮮明な事例があれば、容易
に踏み出すことができる。このように4つのステップを踏めば、PI実
現の旅を始められるのだ。やることは、明確な関与、投入する資源の
コミットメント、PI実現を可能にするビジョンの想像と共有、軌道を
示したロードマップの作成、主要な初期アクションの実施だ。これは、
まさに日本が最近行ったことである。日本のPI実現の旅は始まり、今
後数年間は多くの国によって注意深く監視され、分析されることにな
るであろう。

参考文献

Boerger, J., B. Montreuil,(2020). Data-driven analytics-based capacity management

for hyperconnected third-party logistics providers, Proceedings of IPIC 2021 International Physical Internet Conference, Shenzhen, China, 11 p., https://www.pi.events

Hakimi D., B. Montreuil & A. Hajji(2015). Simulating Physical Internet Enabled Hyperconnected Semi-Trailer Transportation Systems, 2nd International Physical Internet Conference, Paris, France, 2015/07/06-08, 11 p., https://www.pi.events

Montreuil B.(2011). Towards a Physical Internet: Meeting the Global Logistics Sustainability Grand Challenge, Logistics Research, Vol. 3, No. 2-3, p. 71-87. https://doi.org/10.1007/s12159-011-0045-x

Sarraj R., E. Ballot, S. Pan, D. Hakimi & B. Montreuil(2014). Interconnected logistics networks and protocols: simulation-based efficiency assessment, International Journal of Production Research, Vol. 52, No. 11, p. 3185-3208. https://doi.org/10.1080/00207543.2013.865853

荒木 勉（あらき・つとむ）

上智大学名誉教授。金沢市出身。早稲田大学理工学部卒業、経営工学の生産・ロジスティクスを専門とする。早稲田大学大学院理工学研究科博士後期課程修了。1988年から上智大学経済学部助教授、教授。1994年からミュンヘン大学客員教授。2017年から東京理科大学大学院技術経営専攻教授、2019年から経営学部教授。現在は一般社団法人ヤマトグループ総合研究所専務理事、一般社団法人日本自動認識システム協会理事、一般社団法人日本ロジスティクスシステム学会理事、NPO法人食品流通高度化推進協議会理事長、内閣府SIPスマート物流サービスサブ・プログラムディレクターなどを兼務する。

フィジカルインターネットの実現に向けて
産官学と欧米の有識者の熱い思い

2022年6月23日　第1版第1刷発行

編　者	荒木 勉
発行者	北方 雅人
発　行	株式会社日経BP
発　売	株式会社日経BPマーケティング 〒105-8308　東京都港区虎ノ門4-3-12
装丁・デザイン・ 本文DTP・図版制作	株式会社エステム
校　閲	聚珍社
編集協力	尾越まり恵、岸のぞみ（株式会社ライフメディア）
印刷・製本	図書印刷株式会社

本書の無断複写・複製（コピー等）は著作権法上の例外を除き、禁じられています。
購入者以外の第三者による電子データ化および電子書籍化は、私的使用を含め一切認められておりません。
本書籍に関するお問い合わせ、ご連絡は下記にて承ります。
https://nkbp.jp/booksQA
ISBN978-4-296-11246-3
©Tsutomu Araki, 2022 Printed in Japan